Hannelore Kohl

Was Journalisten
»anrichten«

Liebe Leserinnen und Leser,

wie Sie selbst immer wieder feststellen, reißen die Nachrichten aus der „Gerüchte-Küche" nicht ab, besonders dann, wenn „heiße Eisen" angepackt werden. Schon mancher hat sich dabei die Finger verbrannt.

Ich hoffe, daß Ihrer Zunge dieses Schicksal unter dem Motto „Nichts wird so heiß gegessen, wie es gekocht wird" erspart bleibt, wenn Sie den wohlgemeinten Koch-Empfehlungen Folge leisten, die von sonst mit scharfer Zunge und spitzer Feder arbeitenden Journalisten geschrieben wurden, ohne dabei Fettnäpfchen aufzustellen.

Schon beim Durchblättern werden Sie feststellen, daß Ihnen ein Vielzweck-Werk vorliegt:

– ein abwechslungsreiches Kochbuch mit einer Vielzahl von kulinarischen Anregungen

– ein humorvolles Bilderbuch und

– ein unterhaltsames Nachschlagewerk, das Journalisten aus allen Medienbereichen in einem sonst für sie ungewöhnlichen Rahmen darstellt.

Darüber hinaus haben Sie mit dem Kauf dieses Buches Hilfe und Unterstützung geleistet für eine vom Schicksal schwer getroffene Gruppe unserer Gesellschaft. Aus dem Verkauf eines jeden Buches fließen DM 10,– dem Kuratorium ZNS zu, das mit diesen Mitteln Unfallopfern mit Schäden des zentralen Nervensystems bei der Wiedereingliederung in den Alltag – in Familie, Beruf und Gesellschaft – hilft. Für Ihren Beitrag möchte ich Ihnen als Präsidentin des Kuratoriums ZNS danken.

Ich wünsche Ihnen viel Spaß und Freude, Erfolg beim Ausprobieren der Rezepte sowie Kurzweil beim Studium der Bilder und Stories und hoffe, daß Sie das Kuratorium ZNS auch weiterhin unterstützen werden.

Ihre

Hannelore Kohl

Herzlich danke ich all'
denjenigen, die es durch
Ihre Mitarbeit möglich
gemacht haben, dass die-
ses Buch zugunsten not-
leidender Menschen her-
gestellt werden konnte.

Ich danke allen Journalis-
ten für ihre gelungenen
Beiträge, ich danke Herrn
Professor Helmut Rumpf für
die meisterliche Gestaltung
des Titelblattes und der
Randzeichnungen und ich
danke der Werbeagentur von
Mannstein für die wertvolle
Beratung.

Ganz besonders herzlich aber
danke ich der Geschäftsführung
und den Mitarbeitern der

Pfälzischen Verlagsanstalt,
die mit professionellem
Sachverstand, aber auch mit
viel Herz für unser Anliegen
die Gesamtproduktion des Buches verantwortlich übernommen
haben.

Sie alle haben geholfen, unsere
Arbeit für hirnverletzte Unfallopfer ein großes Stück voran-
zubringen.

Hannelore Kohl

Vorwort

Ernst Dieter Lueg

Was Journalisten »anrichten«

Das Salz in der Suppe wollen sie sein: die Journalisten. Was sie anrichten, soll pfeffrig, gewürzt, ja, manchmal sogar bitter schmecken. Diesmal und in diesem Buch, was manchem nur recht ist: versuchen sie, die berufsmäßigen Zaungäste, sich mit den gleichen Zutaten. Aber, mit einem, was den Konsum angeht, weitaus bekömmlicheren, weil nahrhaften Zweck!

Da staunt der Laie, und der Berufskoch wundert sich! Diejenigen, die sonst in fremden Töpfen rühren, tun es diesmal auf eigenem Herd. Was dabei herausgekommen ist? Ein, wie ich finde, breit gefächertes, kulinarisches Sonderangebot. Kochbücher, das hatte meine Großmutter von Henriette Davidis, der Königin der Kochbücher, gelernt, sind zu ernst, um nicht ernst genommen zu werden. Wie hieß es eingangs immer in Frau Henriettes Lexikon des Leckeren: Man nehme…

Man nehme dieses Buch, nehme es natürlich auch ernst, aber eben nicht immer. Die lieben Kollegen – sie machen, wie immer, auch ein Informations-angebot. Für die Küche daheim. Sie berichten, sie informieren, was sonst auch ihr Job ist. Doch: Leitartikel zur Kochkunst, Analysen und Dossiers über den Sinn und die Grenzen des guten Essens – in diesem Buch findet man nichts davon. Im Gegenteil. Hier sind Feinschmecker am Werk, für das gehobene und das deftige Kochwerk! Hier sind diejenigen, die sonst gern belehren und alles, oder fast alles besser wissen, Ratgeber für Lebens-qualität. Solche, die nur anregen wollen und nichts bewegen wollen.

Mit einem beachtlichen Spürsinn für das, was schmeckt, haben sie, die Profis der Feder, mit Herzblut das niedergeschrieben, was ihnen besonders bekommt. Jedes Rezept ist natürlich nachkochbar. Enten: Fehlanzeige! Einige der Chronisten-Zunft fordern zu Hochleistungen in der Küche auf, andere begnügen sich mit Hausmannskost. Also, auch ein ausgewogenes, fast plurales Nachschlagewerk für unterschiedliche Ansprüche!

Dieses Buch will gelesen werden – wie alles, was Journalisten schreiben. Man kann in ihm aber auch nur blättern und dabei schmunzeln. Kein Kurs-buch für pedantisch disponierte Leser und doch eine Offerte für alle, die etwas Gutes und Schmackhaftes schätzen. Und mancher wird am Ende der Lektüre – das sei ihm gegönnt – wohl gern sagen: Journalisten als Nur-Köche wären ihm eigentlich die liebsten!

Reihenfolge der Rezepte

Wohlan denn…

Eduard Ackermann: „Dicke Bohnen"

Von meiner frühesten Jugend an war ich immer ein Freund von gutem Essen und Trinken.

Wenn meine Mutter mir eine besondere Lieblingsspeise zubereiten wollte, meinetwegen am Geburtstag oder bei anderen Anlässen, habe ich mir regelmäßig dicke Bohnen mit groben Kochwürsten und Kasseler und dazu frische Kartoffeln gewünscht. Die dicken Bohnen stammten aus dem eigenen Garten. Sie wurden nach dem Kochen mit einer Specksoße angedickt. Um sie besonders würzig zu machen, wurden dann die Würste und das Kasseler zusammen mit den Bohnen in der Specksoße noch einmal aufgekocht.

Als Abrundung des Menüs gab es meistens noch einen Schokoladenpudding mit Mandeln, Rosinen und einer Vanillesoße.

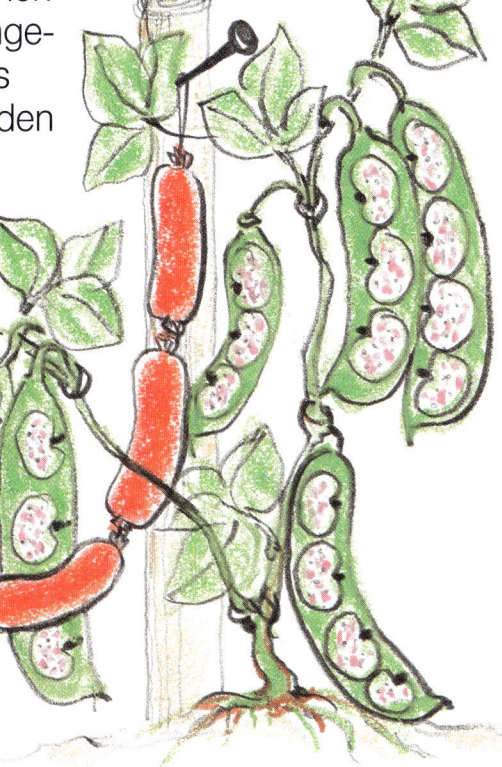

Feine Leberpastete im Speckmantel nach Christoph-Michael Adam

Ein feines Restaurant im südlichen Elsaß, die Tischrunde wählt zwischen fünf- und siebengängigen Menüs. Einer am Tisch sorgt für Erstaunen, er verschmäht die Schnecken, den Salm und Coq au Riesling, er wagt das Unerhörte, einem elsässischem Küchenchef zu nahe zu treten, ein Menu zu verweigern. Er bestellt – nach reiflichem Überlegen und in einer bestimmten Folge – vier verschiedene Pasteten, viermal „nur eine Vorspeise".

Die Reaktion? Sie verblüffte meine Tischnachbarn. Ich wurde nicht des Lokales verwiesen, kein Kopfschütteln des Obers, kein beleidigter Küchenchef. Und niemand rief laut oder tuschelte es: „Also der, der hat aber keine Kultur".

Das wäre auch ungerecht gewesen, sage ich. Denn Pasteten sind für sich gesehen schon Kultur, im Elsaß weiß man das und langsam auch bei uns.

Und jede Pastete mit der dazugehörenden Sauce kann so eigen sein, daß man aus mehreren auch ein Menü gestalten kann. In dem feinen Restaurant im südlichen Elsaß durfte ich das, und deswegen lasse ich mich anderswo auch nicht mehr davon abhalten. Vorausgesetzt, ich bin in einem wirklich feinen Restaurant. Und das muß sich ja mit mindestens vier Pasteten zieren. Wenn nicht, esse ich „normal".

Sie haben es gemerkt, ich bin ein Pastetenliebhaber. Wenn ich Freunde zu einer Weinprobe in meinen Keller einlade, dann wissen sie, mindestens zwei Pasteten gibt es bei Adams sicher. Und sie freuen sich darauf, so, wie ich es nach Jahren noch jedesmal tue.

Regelmäßig servieren wir unsere „Hauspastete":

Rezept

(für 8 Personen)

500 g Kalbs- oder Schweineleber
1 große Zwiebel
250 g frischen Speck
10 Sardellenfilets
2 Eier
40 g zerlassene Butter
60 g Mehl
Salz, Pfeffer
ein zehntel Liter Sahne
150 g fetter Speck
Zum Garnieren:
Tomaten, Gurkenscheiben, Gewürzgurke, 1 hartgekochtes Ei, Oliven u. a.

Leber, Zwiebel, Speck und Sardellenfilets durch den Fleischwolf drehen. Eier, zerlassene Butter und Mehl untermischen. Mit Salz und Pfeffer würzen. Sahne steif schlagen und unterheben. Speck in dünne Scheiben schneiden. Feuerfeste Form am Boden und an den Seiten damit auslegen. Pastetenmasse einfüllen. Fettpfanne mit Wasser füllen. Form hineinstellen und mit Pergamentpapier bedecken. Im vorgeheizten Ofen im Wasserbad garen.
Backzeit: 95 Minuten
Elektroherd: 180 Grad
Gasherd: Stufe 3 oder ein Drittel große Flamme.
Pastete aus dem Herd nehmen, 24 Stunden auskühlen lassen. Stürzen und garnieren.

Dazu zwei Saucen:

Aprikosensauce

1 kg frische Aprikosen
125 g Zucker
ein Achtel Weißwein
2 Eßlöffel Limettensaft
(oder Zitronensaft)
Aprikosen heiß häuten,
entsteinen, Fruchtfleisch
klein schneiden, mit
Zucker und Wein bei
geringer Hitze zu einem
dicklichen Mus kochen,
passieren und mit
Limettensaft würzen. Kalt
servieren.

*Sahne-Meerrettichsauce
mit Preißelbeeren*

Ein Viertel Liter Schlag-
sahne geschlagen (oder
Crème fraîche)
3 bis 4 EL Preißelbeeren
3 bis 4 EL geriebenen
Meerrettich
1 EL Cognac.

Dazu ein knuspriges, vielleicht ofenfrisches französisches Weißbrot oder ein
kräftiges Roggenbrot, am
besten beides.
Als Wein empfehle ich
einen trockenen Weißwein,
am besten einen Riesling
oder Gewürztraminer. Da
aber vieles Geschmack-
sache ist, können Sie auch
„halbtrocken" trinken, dann
aber Riesling.

Franz Alt: Quarkwaffeln mit Vanille-Sauce

Franz Alt (Unterschrift)

SWF

Ich mag dieses Rezept deshalb, weil ich, wenn meine Frau den Teig gerichtet hat, selbst backen kann. UND: Unsere Kinder mögen es sehr – es geht schnell und wir haben dann Zeit zum Spielen und Reden.

Rezept:

3 Eier
100 g Butter
125 g Magerquark
2 Eßl. flüssg. Honig
abgerieb. Schale von einer Zitrone (als Abweichung zwei bis vier Eßl. Rum) etwa eine Tasse Milch
150 g Weizen – frisch und fein gemahlen mit der Schrotmühle.

Heiße Vanille-Sauce
1 Vanilleschote,
1/4 l Milch
1-2 Eßl. Ahornsirup
1 Prise Salz
3 Eigelbe

Die Eier trennen. Die Butter schäumig rühren. Den Quark, den Honig, die abgerieb. Zitronenschale (bzw. Rum), die Eigelbe und die Milch zugeben, dann das Mehl unterrüh-ren. Den Teig 30 Minuten ruhen lassen. Das Waffel-eisen vorheizen. Die Flächen mit Butter einpinseln. Die Eiweiße steif schlagen und unter den Teig ziehen. Etwas Teig in das Eisen füllen. Die Waffeln backen und mit einer echten Vanille-Sauce servieren.

Die Vanilleschote auf-schlitzen und das Mark auskratzen. Das Vanille-mark mit der Milch, dem Sirup und dem Salz in einem kalt ausgespülten Topf zum Kochen bringen. Den Topf von der Herd-platte nehmen. Die Eigelbe mit 3 Eßl. heißer Vanille-milch verrühren, dann zur Milch geben. Die Flüssig-keit mit den Quirlen des Handrührgerätes so lange rühren, bis die Sauce leicht cremig ist, sofort servieren.

Reinhard Appel: Blinys mit Kaviar

Wenn ich in einer besonderen Stimmung bin – diese kann durch Freude oder Ärger entstehen –, habe ich gelegentlich das Bedürfnis, Entspannung in einer außerordentlichen Mahlzeit zu suchen.

Essen und Trinken sind für mich auch Ausdruck meines jeweiligen Empfindens, meiner Neugierde und meiner Erfahrungen. Sie bilden eine Harmonie. Natürlich gelingt es mir nicht jeden Tag, diese gewünschte Harmonie herzustellen, aber wenn ich Zeit und Muße dafür finde, strebe ich sie an. Der Rahmen eines Essens spielt dabei allerdings auch eine Rolle; es ist wichtig, mit wem man die Mahlzeit zusammen genießt, und übrigens auch, wie sie serviert wird.

Ein Beispiel für eine Mahlzeit zu besonderen Gelegenheiten sind für mich russische Blinys mit Kaviar. Bei einer Reise nach Moskau hatte ich viel Interessantes und Eindrucksvol-les entdeckt, und eine Entdeckung waren Blinys, mit denen uns die Frau eines Kollegen am Abend überraschte, nachdem ihr Mann und ich den ganzen Tag über mit dem sowjetischen Fernsehen Gespräche geführt und einen Vertrag erfolgreich abgeschlossen hatten. In Moskau damals genossen wir die Blinys mit Kaviar, aber man kann sie ebenso mit saurer Sahne oder mit Kompott anrichten.

Die Hefe lösen Sie in der leicht gezuckerten Milch auf und verquirlen sie mit dem Zucker, der zerlassenen Butter, dem Ei und der Prise Salz. Dann arbeiten Sie das Mehl darunter und schlagen den Teig mit dem Kochlöffel, oder kneten ihn mit der Hand so lange, bis er Blasen wirft.

Der Teig muß nun, mit einem Geschirrtuch zugedeckt, an einem warmen Ort aufgehen. (Bitte nicht auf der Heizung oder in der Sonne, das würde der Hefe nicht bekommen.) Nach etwa 20 bis 30 Minuten rühren Sie unter den aufgegangenen Teig so viel Milch und Sahne (das Verhältnis liegt in Ihrem Belieben), bis er so dickflüssig ist, daß Sie ihn in einer mit Butter aus-gestrichenen Pfanne zu etwa 10 cm großen und 5 mm dicken Blinys hellbraun backen können. Der Teig muß so fest sein, daß er nicht zu einem großen Fladen verläuft.

Rezept:

500 g Weizenmehl
oder 250 g Weizenmehl
und 250 g Buchweizenmehl, das etwas dunkler ist
als Weizenmehl, im
Reformhaus erhältlich
20 g Hefe
gut ein Viertelliter Milch
eine ordentliche Prise Salz
20 g Zucker,
1 Eßlöffel Butter, 1 Ei
(Alle Zutaten müssen Zimmertemperatur haben.)

Sauerkraut-Rouladen von Tim Arnold

Tim Arnold (Unterschrift)

Die „Neue Westfälische", größte Zeitung in Ostwestfalen und Lippe, ist ein durch und durch heimatverbundenes Blatt, das die Heimat ehrt, aber nie in Heimattümelei verfällt. Ich halte es deshalb wie unsere Leser, die ja auch nicht dauernd Pickert essen, das oft genug beschriebene Leibgericht der Ostwestfalen, gelegentlich übrigens „westfälische Pizza" genannt.
Wir in Ostwestfalen gucken eben über den Tellerrand unserer liebenswerten Region. Darum empfehle ich Ihnen ein gaumenschmeichelndes Gericht, das überall und von jedem nachgekocht, nachgeschmort werden kann.
Ich stelle mir zwei Personen vor, die über einen Schmortopf verfügen und kaum mehr benötigen als

Rezept

zwei behutsam beklopfte Schweineschnitzel, ausreichend Sauerkraut, Wein- oder Champagnerkraut als Füllung, Tomatenmark, Ketchup und süße Sahne für eine schlanke Tomatensoße, schließlich all das, was zu einem guten Kartoffelpüree (Stampfkartoffeln) gehört.

Die Schweineschnitzel werden mit Fingerspitzengefühl gesalzen und leicht gepfeffert. Sie dienen als Wickel für das Kraut. Ohne Küchenkauderwelsch: Sie rollen eine unkomplizierte Roulade, umwickeln das Gerollte mit Zwirn oder verwenden Spieße. Zahnstocher tun's auch.
Die freundlichen Klumpen drapieren Sie im Schmortopf, schmoren bei mittlerer Temperatur, bis das Fleisch so bräunlich wie gar wirkt. Derweil wird die

Tomatensoße aus Mark, Ketchup und Sahne zusammengerührt. Am Ende geben Sie die sämige Mixtur zum Rouladensud, verrühren das Flüssige und haben fast schon ihre Mahlzeit, zu der Kartoffelpüree (mit einem Hauch Muskatnuß!) serviert wird.

Passendes Getränk: ein trockener, leichter Rotwein.

Falls Sie Sauerkraut, das getrost aus der Dose stammen darf, übrigbehalten haben, geben Sie Öl zum Kraut, einige Apfelstückchen und feingehackte Zwiebeln. Damit gewinnen Sie eine delikate Beilage, die gesund ist und zudem der guten Verdauung dient.

Nur Mut, die Sauerkraut-Roulade schmeckt, ist noch nicht allzu bekannt und braucht zur Herstellung keine professionellen Küchenkenntnisse.

Belegte Kartoffeln à la Janos Bardi

Janos Bardi

wetzlar druck

Die Kartoffeln kochen. Die Pellkartoffeln abpellen und in Scheiben schneiden. Die harten Eier und die Knackwurst ebenfalls in Scheiben schneiden. Eine feuerfeste Schüssel fetten, eine Reihe Kartoffeln hineinlegen, salzen, dann eine Reihe Eierscheiben, diese mit saurer Sahne begießen, dann wieder eine Reihe Kartoffeln, darauf die Reihe Knackwurst und wieder saure Sahne. Dies so lange wiederholen, wie die Zutaten reichen. Obenauf sollen Kartoffeln liegen, diese reichlich mit saurer Sahne begießen und feingeschnittenen Räucherspeck darübergeben. Das Ganze ca. 20 Minuten bei mäßiger Hitze backen, bis die oberste Schicht schön rotbraun ist.

Rezept

1 1/2 kg Kartoffeln
5 Eier
300 g Knackwurst
Fett
0,3 - 0,4 l saure Sahne
Räucherspeck

Lieblingsrezepte aus Salzburg
von Gerd Bacher

[Unterschrift]

ÖSTERREICHISCHER RUNDFUNK

Die zwei Rezepte beschreiben zwei meiner Leibspeisen im Salzburger Gasthof Brandstätter, Sitz einer der besten Küchen, auf die man in Österreich und nicht nur hier stoßen kann. Wesentlich ist, bei der österreichischen Bezeichnung zu bleiben, denn Aprikosenknödel wären mit Marillenknödeln auch bei größtem Bemühen nicht vergleichbar. Sowohl für die Marillenknödel wie für die Kutteln in Riesling empfiehlt sich ein leichter, säuerlich-trockener Weißwein, wie sie etwa Jamek und Prager aus der Wachau liefern. Das Bemerkenswerteste an dem an sich

schon sehr bemerkenswerten Gasthof ist die Wirtin, Frau Elfi Brandstätter. Ihr sind nicht nur die hervorragende Küche und ein ganz besonders gepflegtes Milieu zu danken, sie ist an und für sich ein ästhetischer Genuß, der freilich nicht jedermann zur Verfügung steht.

Rezept

(für zirka 4 Personen)

Kutteln in Riesling

50 dag Kutteln
1 Zwiebel
1 Karotte
1/4 Sellerie
1/2 Stange Lauch
1/4 l Riesling
1/8 l Rahm
1/4 l Kuttelfond
Salz, Kümmel, Knoblauch und weißer Pfeffer aus der Mühle

Die Kutteln (ganz) in 1 l Wasser mit bißl Salz, Kümmel und weißen Pfefferkörnern ca. 3 - 4 Stunden kochen. Im Sud erkalten lassen, herausnehmen und in feine Streifen schneiden. Kleingeschnittene Zwiebel

in Butter anschwitzen, mit Riesling ablöschen, Kuttelfond dazugeben, dickflüssig einkochen und den Rahm dazugeben. Abschmecken.
Gemüse in feine Streifen schneiden, in Salzwasser kochen, abseihen, mit den Kutteln in die Soße geben.

Als Beilage servieren wir frisches Weißbrot oder Erdäpfelkrapferl.

Butter mit Salz und Zitronenschale schaumig rühren, das verschlagene Ei einrühren, Topfen und Mehl beimengen.

Marillen entkernen und mit 1 Stück Würfelzucker füllen.

Brösel und Staubzucker leicht anrösten, etwas abkühlen lassen, zerlassene Butter druntermischen.

Salzwasser aufkochen lassen, die Knödel einlegen und zirka 10-12 Minuten ziehen lassen (keinesfalls kochen). Mit Siebschöpfer herausnehmen und in den Butterbröseln wälzen.

Rezept

(zirka 14 Stück)

Marillenknödel

250 g Topfen
150 g griffiges Mehl
60 g Butter
1 ganzes Ei
geriebene Zitronenschale
1 Prise Salz
Marillen
Würfelzucker
Staubzucker
Brösel
Butter

Otto Wolfgang Bechtle: Zwiebelrostbraten

Rezept

4 Zwiebeln
4 Rostbraten
Salz, Pfeffer, Öl
4 Eßlöffel Butter
1 kg Sauerkraut
100 g geräucherten
Schweinebauch
100 g Gänseschmalz
weißen Pfeffer
Wacholderbeeren
etwas Brühe
ein bißle Weißwein
und eine
rohe Kartoffel

ESSLINGER ZEITUNG

Ich empfehle Zwiebelrostbraten mit Filderkraut und Spätzle, dazu einen Esslinger Trollinger (Schenkenberg). In meinen Augen ist der Zwiebelrostbraten mit Filderkraut eine Esslinger Urform des Schwäbischen Rostbratens. Das kommt nicht von ungefähr. Die Esslinger haben ja der Sage nach im Mittelalter den Teufel mit einer Zwiebel vertrieben. Genauer gesagt: einer Marktfrau wird dieses listige Stückchen zugeschrieben. Sie hatte den „Fremden", der bei ihr einen Apfel kaufen wollte, rasch durchschaut, weil unterhalb seines Hosenbeins ein Pferdefuß zum Vorschein kam. Prompt reichte die Marktfrau dem Teufel statt eines Apfels eine große, schöne, saftige Zwiebel. Voll Gier biß der Teufel in die Zwiebel, verzog das Gesicht und schrie: „Das sollen Äpfel sein? Zwiebel sind es, scharfe Zwiebel! Und deshalb sollt Ihr künftig nicht mehr Esslinger heißen, ihr stolzen Reichsstädter, sondern Zwiebel". Sprach's und stieb davon. Schelme sagen: in Richtung Stuttgart.

Mit einem Rostbrätle wiederum könnte man Engel anlocken, denn es schmeckt köstlich. Im Gegensatz zum Wiener Rostbraten gehören zum Schwäbischen Rostbraten keine Bratkartoffeln, sondern Sauerkraut und Spätzle. Zu dem Rostbraten, von dem hier die Rede ist, nimmt man auch kein Allerweltskraut, sondern ein Kraut, das auf den Fildern wächst, einer Hochfläche, die sich von der Autobahn Stuttgart – Ulm bis zur südlichen Grenze der Stadt Esslingen erstreckt. Dabei ziehen Einheimische die spitzigen Filderkrautköpfe den runden vor.

Den Rostbraten leicht klopfen, mit Salz und Pfeffer bestreuen, mit Öl bepinseln und dann in der Pfanne zartrosa braten. Vorher hat man bereits mit der Vorbereitung des Sauerkrautes begonnen: Zwiebeln und Speck in Schmalz andünsten, Wacholderbeeren und Weißwein dazugeben, zugedeckt etwa anderthalb Stunden kochen, mit einer rohen geriebenen Kartoffel abbinden.

Der Rostbraten wird dann auf das angerichtete Sauerkraut gelegt. Obendrein werden Zwiebel angeröstet und auf den Rostbraten gestreut. Als Beilage kommen die handgeschabten Spätzle hinzu.

Nach dem Motto „zu einem dunklen Fleisch gehört ein roter Wein" empfehle ich Trollinger vom Esslinger Schenkenberg, von einem Weinhang, der sich im Westen der Stadt Esslingen entlang der Bahnlinie Paris – Stuttgart – Ulm – München erstreckt. Apropos: Zu den Esslinger Weinsorten gehören nicht nur Trollinger, Burgunder, Portugieser, sondern auch die Weißweinsorten Silvaner, Müller-Thurgau, Kerner und Ruländer. Und auch das kommt nicht von ungefähr. In Esslingen ist der Weinbau so alt wie die Stadt selber. Nämlich über 1200 Jahre.

Wen es nun noch nach einem Nachtisch gelüstet: Ich mag als Dessert zum Filderrostbraten am liebsten gebackene Apfelküchle mit Vanillesauce.

Goslarsches Ragout
von Ernst Eduard Becker

BRAUNSCHWEIGER ZEITUNG

Die alte plattdeutsche Redensart „Eten und Drinken hält Liv un Seel tosamen" zeigt, daß man auch im Niedersachsen-Lande die Nahrung als wertvollen Teil des Lebens zu schätzen wußte und auch heute noch schätzt. Was im Oldenburgischen das „Gröönkohl Äten", auf der Göteborger Inselfestung Nya Älvsborg das Wikinger Essen mit anschließendem Ritterschlag, den Hamburgern das „Matthiä-Mahl" (1356 vom Ehrbaren Rat eingesetzt) und den Bremern die Schaffermahlzeit bedeutet, ist in der altehrwürdigen Harzmetropole Goslar seit 1967 das „Goslarsche Pancket".

Es will und kann durchaus als Zeichen fortschrittlichen Denkens und zukunftsbezogener Imagepflege verstanden werden, wenn der Rat der bereits 922 erstmals urkundlich erwähnten und 1130 durch Stadtrechte privilegierten Stadt in ihren Mauern in zeremoniellem Rahmen Persönlichkeiten aus Politik, Kultur, Wirtschaft, Verwaltung und Medien alljährlich im März zu einem mittelalterlichen Schmaus in die historische Kaiserpfalz einlädt. Mit Reichsadler geschmücktem Brusttuch und Zeremonienstab verkündet bei Kerzenlicht ein Herold die Ankunft der Ehrengäste. Der Ehrengast kommt meist aus Bonn, 1985 war es Bundestagspräsident Dr. Philipp Jenninger.

Die mittelalterlichen Rezepte für das „Goslarsche Pancket" entstammen dem ersten in Deutschland erschienenen Kochbuch aus dem Jahr 1587. Es wurde verfaßt von „M. Harxen Rumpolt, Churf. Meintzischen Mundtkoch mit Römisch Keyserlicher Maiestat spezial Privilegio". Da im 16. Jahrhundert die Kartoffel noch nicht bekannt war, wird zu der Mahlzeit dunkles Fladenbrot gereicht. Getrunken wird in Einbeck speziell gebrautes „Einpöckisch Bier". Und das wurde 1985 beim „Goslarschen Pancket" gespeiset: „Von allerley Pasteten, so von Schlickkrapffen von Lactuca:

Nim weissen Salat/ der gequellt ist/ reib ein weissen Weck vnnd Parmesankäß/ schneidt Muscatennuß darvnter. Nim Eyerdotter vnd frische Butter/ die vnzerlassen ist/ schneidt Ochsenmarck darvnter/ vñ thu den Salat darvnter/ vnnd ein wenig gestoossenen Ingwer/ so ist es ein herrlich vnnd gute Füll/ mach ein Teig mit lautern Eyern/ arbeit ihn wol/ treib ihn fein dünn auß/ wie ein Schleyer/ daß er fein durchsichtig ist/ schlag die Füll darein/ vnd nim ein jeglichs viertheil vom Lactuca/ schlags in den Teig sampt der Füll/ vñ mach Krapffen darauß. Nim ein gute Rindtfleischbrüh/ vnd ein wenig gantz Muscatenblüt/ setz auff Kolen/ vnd laß auffsieden/ thu die Krapffen nacheinander hinein/ vnd laß gemach sieden. Also macht man Schlickkrapffen von Lactuca/ ist ein köstlich gut essen.

Von allerley Suppen, wie man sie zurichten sol:

Weinsuppen mit Eyern zugericht/ gelb vnd süß gemacht/ thu Ingwer vnd Zimmet darvnter/ laß mit Butter vnd Saltz auffsieden/ so wirt es gut vnd wolgeschmack.

Und schließlich der Hauptgang:

Von einem Beeren.

Nimm die Hinterlauff/Richts sauber zu/vnd spicks mit klein geschnittenem
Speck/denn wenn er grob geschnitten ist/so ist es nicht schön noch lieblich/
wirt auch der Speck nicht daran braten. Wann er gebraten ist/so magstu
jn warm geben oder kalt/gibstu jhn warm/so gib ein saur braun Brühlein/
das wol gepfeffert ist/darunter. Du magst solche Braten geben zu ein Sa-
lat/besonder in eine Schüssel/oder magst es zurichten in einem Mandelge-
scharb/sonderlich wenns abgebraten seyn/vnnd das gescharb eyngemacht/
schneidt den Braten in das gescharb/es sey gespickt oder nicht. Kanst auch
solche Braten in einem Vngerischen Pfeffer kochen/Mandel daran geschnit-
ten/vnd mit Pfeffer gelblicht angemacht/vnnd fein süß: Thu auch kleine
schwartze Rosein darein/pfeffers wol mit gestossenem Pfeffer. Vnd ein solchen Braten kanstu auch eyndämpffen mit Wacholderbeern/mit Zwiebeln
vnd Limonien. Oder kanst es eynmachen in ein warme Pasteten/oder in einen Ruckenteig eynschlagen/vnnd lassen backen/Laß darnach kalt werden/
so wirdt es gut/wenns wol gewürtzt ist. Also seindt sie gut auff vielerley ma-
nier zu zurichten.

Sodann wurde „Schwartze Heidel-
beer-Turten mit Zimmet und Zucker
angemacht".

Nachdem sich alle geistig gelabet
und ringsum kein Verstoß gegen die
Tischzucht vermeldet, die da (bei
Göttweiher) lautet: „Über Tisch nicht
krau dich. Greif nicht in den Busen
oder auf das Haupt, man meint
sonst, du seiest lausig und betaubt ...
– Wird dein Bauch zu Zeiten munter
und dein Hintern bezwing's besun-
der, Daß er nicht kräh vor der Zeit;
Mach dich von den Leuten weit. –
Red nicht mit vollem Mund, sei
mäßig, spei nit um dich, sei nicht
gefräßig ...", ermunterte der Herold:
„Nun sitzet nicht wie Stare auf den
Leimruten, sondern findet tunlichst
neue Nachbarn zum Parlieren ..."
Es versteht sich, daß ein solches
Mahl auch musikalisch mittelalterlich
untermalt wird und die „Speiß-Kart"
ein willkommenes Souvenir ist.
In diesem Zusammenhang ist es
nicht uninteressant zu wissen, daß
Herzog Heinrich IV. von Braun-
schweig Urheber der Speisekarte ist.
Im Jahr 1521 nahm der Herzog an
jenem denkwürdigen Reichstag in

Worms teil, auf dem das Edikt mit
Luthers Reichsacht und dem Verbot
seiner Lehre entlassen wurde. Heinrich IV. – ein großer Feinschmecker
– wollte wissen, was es zu essen
gäbe, damit er seinen Appetit für
seine Leibgerichte aufsparen konnte.
Er ließ sich vom Oberküchenmeister
die Speisefolge aufschreiben und
vorlegen. Seitdem gibt es Speisekarten, denn die Idee des Braunschweiger Herzogs verbreitete sich bald
über die Landesgrenzen hinaus.
Nach einer anderen Überlieferung
sei die erste Speisekarte 1571
hergestellt worden. Damals gab ein
gewißer Baulde-Cuvillon in Frankreich zur Hochzeit seiner Tochter ein
Essen. Weil er sich die reichhaltige
Speisefolge nicht merken konnte,
ließ er sie aufschreiben.

Daß sich im Harz nicht nur alles um
den deftigen Harzer Käse, die Harzer
Bachforelle dreht und nicht nur nach
dem Rumpoltschen Kochbuch von
1587 gekocht wird, zeigt das Rezept
eines deftigen *„Goslarschen Ragouts"*:

Rezept

Eine kleine Möhre
eine kleine Porreestange
ein kleines Stück Sellerie
750 Gramm mag. Rinds-
gulasch
eine große, gehackte
Zwiebel (80 Gramm)
etwas Salz
40 Gramm Butter
30 Gramm Mehl
je 1/8 Liter Fleischbrühe
und dunkles Bier
125 Gramm kleingew.
Gewürzgurken
(für 3 Personen gedacht).
Das Gemüse wird geputzt
und in Stücke geschnitten,
1/4 l Wasser aufkochen,
Gemüse und Fleisch dazu-
geben, salzen. In ca.
90 Minuten gar dünsten.
Die Zwiebeln in Butter
dünsten, Mehl hineinrühren
und hellbraun rösten.
Brühe, Bier und Schmor-
flüssigkeit vom Fleisch
darunterschlagen und
unter Rühren fünf Minuten
kochen. Gemüse entfer-
nen, Fleisch und Gemüse
entfernen, dann Fleisch
und Gurke in die Soße
geben und fünf Minuten
ziehen lassen. Mit Salz-
kartoffeln auftragen.

Dicke Bohnen mit Speck

von Helmuth Bendt

Rezept

2 kg dicke Bohnen
Salz, 1/8 l Wasser
2 Zweige Bohnenkraut
150 g durchwachsener Speck
1 große Zwiebel
1/2 Bund Petersilie
1 Stengel Basilikum
1/8 l Sahne
weißer Pfeffer
Etwa 2090 Joule/500 Kalorien pro Person. Zubereitungszeit: 50 Minuten.

Die Bohnen aus den Schoten lösen. Die Bohnenkerne in dem Wasser mit Salz und dem Bohnenkraut 30 Minuten bei milder Hitze zugedeckt garen.
Den Speck in Würfel schneiden, die Zwiebel, die Petersilie und das Basilikum feinhacken.
Den Speck in einer Pfanne auslassen und die Zwiebel darin glasig braten. Die Speck-Zwiebel-Mischung und die Kräuter zu den gegarten Bohnen geben. Die Sahne einrühren und das Gericht nochmals erhitzen. Die Speckbohnen mit Salz und Pfeffer abschmecken.

Dazu: Salzkartoffeln

Dicke Bohnen, andernorts auch Puffbohnen, Saubohnen und Pferdebohnen genannt, gelten als wichtiges Viehfutter. Mit feinen Kräutern zubereitet, munden sie auch dem menschlichen Gaumen.

Sylvia Bergmanns „Abendsalat"

Sylvia Bergmann

Die „bunte Mischung" in Portionsgläser füllen, auf eine Untertasse oder ähnliches stellen, rund um das Glas feingeschnittenen Endiviensalat legen. Für Rohköstler ein Tip: Von dem Salat im Glas bleibt so viel „Tunke" übrig, daß man den unangemachten Garnierungssalat zum Schluß halt kurz ins Glas „hält".

Das Ganze schmeckt so erfrischend, daß sich ein Getränk eigentlich erübrigt, aber wer möchte, ein Bier.

Rezept

1/2 Dose Ananas, in kleine Stücke schneiden, ebenso
2 säuerliche Äpfel,
1 Dose Mandarinorangen,
2 Bananen,
1 Dose Champignons (hierbei empfiehlt es sich, *nicht* die schon geschnittenen Pilze zu nehmen)
Zitronensaft
Salz, Zucker
2 Eßlöffel Mayonnaise
1/2 Becher Joghurt
1 Bund Petersilie
1 Endiviensalat

Da wir Journalisten bekanntlich „Nachtmenschen" sind (zumindest die meisten!), d.h. nur mit großer Anstrengung ins Bett finden und entsprechend schwer morgens aus den Federn kommen, knurrt uns zu nächtlicher Stunde oft der Magen. Und da wir ja nicht nur feiern, sondern hin und wieder auch schon mal arbeiten, müssen wir unserem Körper entsprechende „Stärkungsmittel" zuführen.

Nun wollen meine Freunde und ich stark bleiben beziehungsweise werden, aber auf keinen Fall dick. Ich strengte mein Köpfchen an und erdachte eine Kreation, die wir zu einer schönen Stund' „Abendsalat" tauften. Gibt's garantiert nur bei mir!

Martin Bernstorf: Gebratene Leber auf Buttermilchkartoffeln

Mork Bernstorf

CAPITAL

„Staun!" riefen meine Kinder in ihrer geliebten „Ächz-Stöhn-Seufz"-Sprache, als der Postbote den Brief von Hannelore Kohl brachte. Wer erhält schon Post von der Frau des Bundeskanzlers! Mich selbst hatte sie allerdings zuvor mündlich darauf vorbereitet, daß mir die Einladung zuteil werde, eines meiner Lieblings-Kochrezepte preiszugeben. „Was meint ihr", fragte ich, nachdem die beiden den Brief gelesen hatten, „welches Rezept soll ich Frau Kohl schicken?" – „Deinen Schweinebraten!" kam es wie aus der Pistole geschossen und auch fast genau so laut. „Ehrlich, Papa, dein Schweinebraten ist echt ätzend! Keiner macht eine bessere Soße, die ist total cool." Wer hieraus schließt, bei meinen

Zutaten spielten Salmiakgeist oder Senfgas eine Rolle und die Soße werde als besondere kulinarische Überraschung kalt serviert, der versteht halt die heutige Jugend nicht. Mein Schweinebraten (am besten vom Schinkenstück, also durchwachsen!) ist ein Schmorschweinebraten, wie er, leicht variiert, in allen deutschen Kochbüchern steht. Und meine Soße (etwas saure Gurke mitschmoren!) ist eine normale, pikante, dunkelbraune sämige Schweinebratensoße (nie ohne Thymian!), wie sie Millionen – allerdings wohl fast ausschließlich deutscher – Hausfrauen aufs Köstlichste zubereiten. Darum habe ich mich entschlossen, das Rezept meines Schweinebratens für mich zu behalten.
Ich empfehle stattdessen – zugegeben mehr für die kühle Jahreszeit, bei uns also ganzjährig – ein anderes Gericht unserer lobenswerten deutschen Küche, das mich seit meiner Kindheit begleitet, das ich aber noch in keinem Kochbuch gefunden habe – vielleicht, weil es so einfach ist.

Rezept

4 Scheiben Kalbs- oder junge Schweineleber.
Ist Ihr Metzger noch von der alten Schule, schneidet er sie vor Ihren Augen vom Stück. So sind Sie sicher, keine „ausgelaufene" Ware zu bekommen.
4 dünne Scheiben durchwachsenen Speck, etwa 2 x 6 cm
3 Zwiebeln
90 g Butter oder Margarine
750 g festkochende Kartoffeln
1/4 Liter Buttermilch
Etwas Mehl, Salz, weißen Pfeffer aus der Mühle, Zucker, Liebstöckl (getrocknet)

Die Kartoffeln waschen, denn wir kochen sie als Pellkartoffeln. (Bocuse empfiehlt übrigens mit seiner geballten Autorität, sie auch vor etwaigem Schälen stets zu waschen, weil es das Schälen erleichtert. Ich habe das schon immer getan.)

Während die Pellkartoffeln kochen, können Sie fernsehen oder in diesem Buch weiterlesen, denn für die übrigen Vorbereitungen bleibt noch reichlich Zeit. Die garen Kartoffeln abgießen, etwas abkühlen lassen, pellen und kaltstellen. Kalt lassen sie sich später besser schneiden. 30 g Fett in einem mittelgroßen Topf heiß werden lassen. Eine Zwiebel grob würfeln und hineingeben, anbräunen, mit Mehl überstäuben, nicht lange einbrennen lassen. Mit einem Schuß Buttermilch ablöschen. Dauernd mit dem Schneebesen rühren, damit die Milch nicht höttelt. Den Rest Buttermilch allmählich hinzugeben. Mit Salz, Zucker, Pfeffer und Liebstöckl stark würzen, denn die ungesalzenen

Kartoffeln kommen ja noch dazu. Ist die Buttermilchsoße zu dünn geraten, mit einem Soßenbinder (weiß!) nachdicken. Danach zur Probe nochmals abschmecken. Die in Scheiben geschnittenen Pellkartoffeln hineingeben, umrühren und warmstellen.
Weitere 30 g Fett in einer Pfanne erhitzen. Die restlichen 2 Zwiebeln in Halb-

ringe schneiden und hineingeben. Etwas salzen und pfeffern. Wenn die Zwiebeln braun werden, die Speckscheiben kurz mitrösten. Warmstellen. Für die Leber das restliche Fett in einer Pfanne langsam heiß werden lassen. Die Leberscheiben von etwaigen Röhren befreien und – unpaniert! – in das nicht zu heiße Fett geben. Vorsichtig je 2 Minuten auf jeder Seite braten. Dann die Hitze erhöhen und die Leber kurz beidseitig bräunen. Salzen und pfeffern. Die Buttermilchkartoffeln in einer Schüssel anrichten, die Leber darauflegen und mit den gerösteten Speckscheiben und Zwiebeln garnieren.
Dazu gibt es einen Salat der Jahreszeit und Bier. In meinem Fall Kölsch aus Bonn!

„Bio"-Menü à la Alfred Biolek

Alfred Biolek (signature)

WDR

Rezept

Welscher Salat

2 große Dosen gewürfelte Karotten
2 große Dosen Linsen
1 große Dose Sellerie
1 große Dose Erbsen
1 große Dose Gewürz-gurken (möglichst in Dill eingelegt)
300 g (mit Schale) Walnüsse, fein – aber nicht zu fein – gehackt
3 große säuerliche Äpfel mit Stiften vermengen und mit einer Sauce aus Magermayonnaise, etwas Zucker, Zitronen-Essig, Dill (frisch oder noch besser eingelegt in Essig), Schnittlauch, Petersilie, Salz und Pfeffer (je nach Geschmack kann ganz wenig sehr fein gehackte Zwiebel [französische Echalotes sind da gut geeignet] beigegeben werden) abschmecken.

„Letzte Rettung" (Geschnetzeltes)

Es kann dafür fast jedes Fleisch verwendet werden, aber es schmeckt am besten mit Kalbfleisch. Das Fleisch in kleine Stücke (Gulaschgröße) schneiden und beiseite stellen. In einer Pfanne klein gewürfelte Zwiebel in Butter, Margarine oder Öl glasig werden lassen (nicht rösten!). Das Fleisch nackt oder mit etwas Mehl bestäubt in der Zwiebel von allen Seiten anbraten (große Hitze, aber ständig in Bewegung halten). Dann Weißwein oder Fleischbrühe (aus Würfeln oder Konzentrat oder selbst gemacht) aufgießen, so daß das Fleisch knapp bedeckt ist. Auf mittlerer Flamme köcheln lassen, bis das Fleisch weich ist. Wenn nötig, Flüssigkeit nachgießen. Soße mit Crème fraîche verfeinern und mit Senf, grünem Pfeffer, rosa Pfeffer, Mango Chutney, Meerrettich, Estragon oder sonstigem Gewürz (jeweils nur eines davon!) würzen oder nicht. Auf jeden Fall Salz, Pfeffer aus der Mühle!

Zwei Bio-Desserts

1. Birnen schälen und fein reiben. Je nach Geschmack einen Teil der Birnen durch Äpfel ersetzen. Mit Joghurt, saurer Sahne oder Crème fraîche (am besten eine Mischung aus Joghurt und saurer Sahne oder Crème fraîche) vermengen und mit Zucker und Zitrone abschmecken.

2. Frische Ananas (aus Dosen schmeckt sie dafür nicht) schälen und achteln. Eine Creme aus geschlagener süßer Sahne und saurer Sahne (halbe/halbe) mit Zucker abgeschmeckt herstellen. Die Ananas gut gekühlt mit dieser Creme servieren.

Orientalische Lammkeule
à la Brigitte Blobel van Waasen

BILD UND FUNK

Rezept

eine zarte Lammkeule,
ca. 3 Pfund
4 Tassen Patna-Reis
1 Bund frische Minze
Bienenhonig
(kein Kunsthonig!)
Zimt, Kardamom
Salz, Öl
Pfeffer, 3 Gewürznelken

Einige Stunden vor dem Braten die Lammkeule von allen Seiten sorgfältig mit Honig bestreichen. In einer Schüssel 4 Eßlöffel Öl mit 1 TL Zimt, 2 TL Salz und gemahlenem Pfeffer verrühren. Die Lammkeule darin wenden und mehrere Stunden ruhen lassen. Für die Bratzeit rechnet man 90 Minuten. Die Lammkeule soll innen rosa, aber nicht roh sein. Den Ofen vorheizen, die Lammkeule in den Bräter legen, eine Tasse Wasser zufügen und die Gewürznelken. Sehr schnell bekommt die Lammkeule eine braune knusprige Haut, der Honig tropft

Schon als Kind war ich mehr von den Märchen aus Tausendundeiner Nacht fasziniert als jenen der Gebrüder Grimm. Und als ich – achtzehnjährig – zum ersten Mal nach Nordafrika reiste und die alten orientalischen Königsstädte Marrakesch und Fez besuchte, fand ich, daß die Wirklichkeit noch meine Träume übertraf. Wenn ich heute in den Orient reise, kann ich ganze Tage in den Souks verbringen, den überdachten verwinkelten Märkten der Medina eines jeden arabischen Ortes. Am liebsten halte ich mich bei den Gewürzhändlern auf, die in den schattigen Gassen all die Wohlgerüche Arabiens vor den Käufern ausbreiten: da riecht es nach Ingwer und Zimt, nach Rosenölen und Mandeln,

frischen Datteln und getrockneten Feigen, nach süßem Honigkuchen und gemahlenem roten Pfeffer, nach frischer Minze und starkem türkischem Kaffee, den die Männer in ihren bodenlangen Djellabahs gemächlich schlürfen.
Seitdem hat meine Sehnsucht einen Namen: Orient. Und meine Nase ist süchtig nach diesen Gerüchen, die den Reisenden überall begleiten. Für alle, die ähnlich fühlen, habe ich ein einfaches, aber aufregendes Rezept.

langsam herunter und gerinnt in dem Bratensaft zu trockenen schwarzen Klumpen, die man mit dem Schöpflöffel leicht herausnehmen kann. Die Lammkeule mehrfach wenden, damit sie von allen Seiten braun wird und häufig mit leicht gesalzenem Wasser über-gießen. In der letzten halben Stunde gezupfte und gewaschene Minzeblätter zufügen. Für den *Reis* berechnet man 20 Minuten Kochzeit. Den Reis mit 12 Tassen Wasser (pro Tasse Reis 3 Tassen Wasser) zum Kochen bringen, mehrfach umrühren, dann auf sehr kleiner Flamme weiter köcheln lassen. 1 TL Zimt, und 1 TL Kardamom zufügen (nach Belieben auch etwas Ingwerpulver).

Ich bringe die Lammkeule auf einer großen vor-gewärmten Keramikplatte auf den Tisch und tran-chiere sie erst dort. Sie können sie mit frischer Minze garnieren oder sie (nach orientalischer Sitte) auf einem Minzebett anrichten. Mit dem Braten-saft begießen.

Dazu serviere ich einen eiskalten, sehr trockenen Roséwein aus der Provence.

Dieter Bochows Superdatschi

Rezept

Man macht einen *Rührteig* aus
150 g feinem Mehl
50 g Weizenvollkornschrot
50 g Haferflocken
150 g Butter
125 g Zucker
2 Eier
dem Saft einer halben Zitrone
sowie
2 1/2 gestr. TL Backpulver und der nie zu vergessenden Prise Salz.

Die ganzen Sachen bitte im Bioladen besorgen, denn nur lederzüngige Fast-Food-Freaks können behaupten, den Unterschied nicht zu schmecken. Und nach dem rührenden Bemühen um den Teig wird derselbe dünn, ich wiederhole dünn, auf ein Backblech ausgestrichen und schön ordentlich dicht an dicht mit gehälfteten Zwetschgen (ratsamerweise ohne Kern) belegt. Darüber streut man 15 kleingeschnipselte süße Mandeln und darüber streut man wiederum so richtig Zimt-

Burda ▼

Als ich eines Nachmittags Hannelore Kohl in ihrem Bungalow in Oggersheim besuchte, um sie zu interviewen, da stand mitten auf der gedeckten Kaffeetafel im Eßzimmer eine Kuchenplatte, auf der sich wuchtig die Stücke eines hausgebackenen Pflaumenkuchens türmten. Das Wort Pflaumenkuchen kommt mir als seit Jahrzehnten in Bayern toleriertem Bürger nur schwer über die Schreibmaschine. Diese Köstlichkeit ist ein Zwetschgendatschi und ich bin ein begeisterter Datschist. Im Laufe meines Lebens habe ich jede nur mögliche Variation des Themas Datschi kennengelernt. Nur nicht die Kohl'sche. Weil das Interview mit Hannelore Kohl noch interessanter war als der wartende Datschi, verließ ich am Abend das Haus, ohne zu erfahren, wie der Nachspeisenexperte Helmut Kohl daheim wohl bedatscht wird. Wir deutschen Desserteure sind übrigens arm dran,

denn nichts ist in der Eßkultur unseres Landes so unterentwickelt, vernachlässigt und mißverstanden wie die Krönung des Mahles, der Abschluß. Doch das ist ein anderes Thema.

Das Thema ist: Deutschland, deine Datschis. Und kein Datschi, das sage ich ganz offen und ohne jedes Wenn und Aber, kann meinem Superdatschi die Zwetschge reichen. Natürlich ist mein Superdatschi nicht der meinige, sondern derjenige meiner mir angetrauten Ehefrau, aber das soll man nicht so eng sehen. Der Ruhm für sie, der Datschi für mich.

zucker. Rein damit in den Backofen auf den untersten Rost und bei 200 Grad mindestens 20 Minuten backen, bis der dünne Teigboden ziemlich dunkelbraun geworden ist. Dann kriegt er Charakter. Und für die-ses nussige, süßsauer und vollaromatische Gedicht nimmt man sogar den Krümelhusten in Kauf, von dem der Unerfahrene befallen werden kann. Runterspülen kann man das, falls man tatsächlich den wunderbaren Geschmack schon von der Zunge haben will, mit irgendwas. Nur nicht mit dem, was ich eigentlich gerne zum ganz normalen und allem anderen bevor-zugten hausmannsköst-lichen Essen trinke: Mit einem frischgezapften Hellen. Eine Vorliebe, in der ich mich nicht von anderen ernstzunehmen-den Gourmets (siehe Foto) unterscheide.

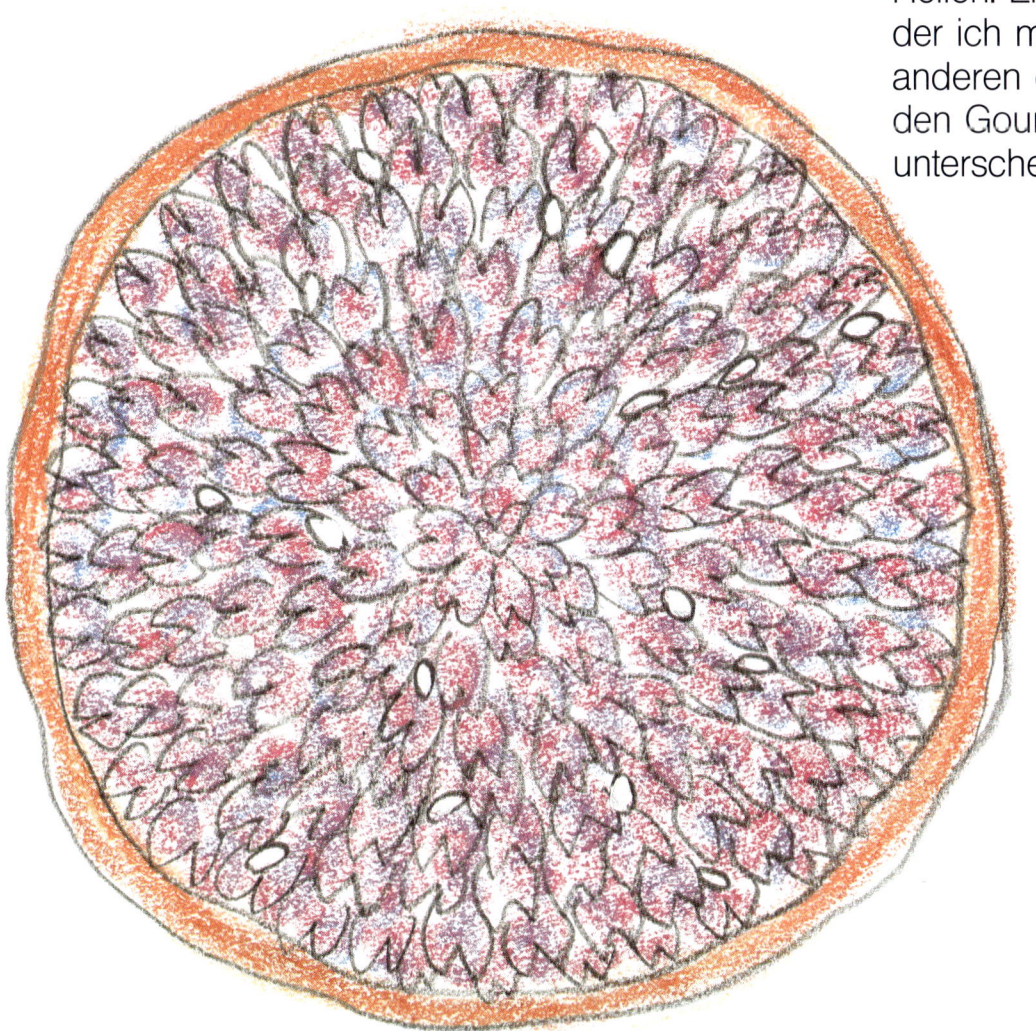

Roher Lachs auf Reibekuchen à la Peter Boenisch

Kartoffeln auf der feinen Seite der Reibe reiben, Eigelbe und fein gehackte Zwiebel untermengen, alles mit Salz, Pfeffer und Muskat würzen. Mit dem Löffel kleine Reibekuchen formen, in eine erhitzte, mit etwas Speiseöl aufgefüllte Pfanne geben. So lange braten, bis Reibekuchen von beiden Seiten goldgelb sind.
Jetzt Lachs in dünne Tranchen schneiden. Honigessig kurz anwärmen und die Butter in Flocken in den Essig rühren. Mit Salz und dem gehackten Schnittlauch abschmecken. Lachs und Reibekuchen auf vorgewärmten Tellern anrichten, dabei die Lachstranchen mit etwas Meersalz würzen; alles leicht mit Schnittlauchbutter überziehen.

Rezept

400 g frischer filetierter Lachs
4 mittelgroße Kartoffeln
4 Eigelb
100 g Butter
1 kleiner Bund Schnittlauch
1 Eßlöffel Cidre Honigessig
Meersalz und Pfeffer
Muskatnuß
1 Zwiebel

Klaus Bresser: Spaghetti al pesto

Einmal 24 Stunden ohne Spaghetti – das ist für mich schon fast ein schwarzer Tag. Ich liebe Nudeln und weiß nicht einmal genau, warum. Vielleicht der Wunsch, nicht kauen zu müssen, wo man sich sonst an so vielem die Zähne ausbeißt? Oder einfach die Bequemlichkeit, schnell, ohne lange Vorbereitung und besondere Fertigkeit, ein Gericht auf den Tisch zu bringen?
Nudeln bestehen aus Mehl und Ei – ist Nudeln also gleich Nudel? Nicht ganz. Frisch sollten Nudeln sein, dann schmecken sie gut. Weder Sie noch ich haben Zeit, sie sich selbst zu machen. Also kaufen wir sie im Laden: Viele italienische Geschäfte, sogar Kaufhäuser, produzieren täglich frisch.

Rezept

Solche Nudeln in viel Wasser kochen.
100 Gramm brauchen einen Liter Wasser.
Das sollte gesalzen sein und so heftig kochen, daß es auch noch weiter sprudelt, wenn man die kalten Nudeln hineinwirft.
Wie lange Nudeln kochen sollten, dafür gibt es keine Faustregel. Am besten, man fischt sich mit einer Gabel nach rund zehn Minuten einige heraus und macht die Beißprobe.
Al dente sollten sie sein, also nicht ganz weich werden, noch Biß haben.
Das Wasser wird abgegossen. Die Nudeln können serviert werden.

Die Frage ist jetzt nur, mit welcher Sauce? Für den einen genügt ein Stück Butter und etwas Parmesan, für den anderen eine Tomaten- oder Fleischsauce, die Verwöhnten greifen nach Muscheln, Kaviar oder sogar Trüffeln. Ich bin für Spaghetti mit Basilikum. In Italien „al pesto" oder „alla genovese" genannt. Wer im Garten oder auf seinem Balkon Basilikum wachsen läßt, verrührt sehr viel davon mit Olivenöl, bis ein Brei daraus wird. Etwas Salz dazu, und fertig ist die Sauce. Nun habe ich einen Balkon, aber wenig Zeit. Und deshalb nehme ich die Basilikum-Sauce aus dem Glas, das ich in jedem Delikatessen-Geschäft kaufen kann. „Erntefrische Kräuter – nicht getrocknet" steht darauf. Und in der Tat schmeckt es aus dem Glas nicht viel schlechter als das selbstgepflückte Basilikum.

Die erhitzte grüne Sauce wird über die weißen Nudeln gekippt: Eine Vorspeise ist fertig, die einen schlank bleiben läßt. Man braucht danach nur auf den Hauptgang zu verzichten.

Schellfisch mit Weintraubengemüse
à la Hilmar Börsing

WIESBADENER
KURIER

Es war im Frühsommer 1979. Nach 15jähriger Tätigkeit in Bremen hatte ich gerade erst die Chefredaktion des WIESBADENER KURIER übernommen, was unter anderem soviel hieß wie: Wechsel aus der Region des Labskaus, des Braunkohls mit Pinkel, der friesischen und bremischen Biere – meist garniert mit einem „Klaren" (Korn) – mitten hinein in das Zentrum eines der kleinsten deutschen Weinanbaugebiete, des Rheingaus.

Begierig, das Revier der größten Zeitung in und um Hessens Landeshauptstadt möglichst schnell und doch intensiv zu erkunden, sagte ich mich zu Antrittsbesuchen auch bei den Bürgermeistern der Rheingau-Gemeinden an. „Preisend mit viel schönen Reden" rückten sie natürlich das Hauptprodukt der Region, den „unvergleichlichen" Rheingauer Riesling meist in den Mittelpunkt der süffigen Informationsgespräche.

Aber einer meiner Gastgeber überraschte mich auch mit seinen kenntnisreichen Ausführungen zum Thema „Essen und Wein", verlor sich geradezu in detaillierten Erläuterungen darüber, welcher Wein zu welcher Speise paßt und wie man das eine auf das andere harmonisch abstimmt. So erfuhr ich an diesem Tage zwar kaum etwas über die speziellen kommunalen Probleme dieser Rheingau-Gemeinde, desto mehr aber über region-typische lukullische Kreationen und ihren unverzichtbaren „Grundstoff", den Riesling-Wein.

Eine dieser Empfehlungen habe ich seither oft und gern „nachgekocht".

Rezept

ca. 1 1/2 Kilo Schellfisch
Weißwein
Zitronensaft
Suppengrün
Salz
Kresse
20 Gramm Margarine
100 Gramm rohen Schinken
ein Pfund Weintrauben
4 Eßlöffel Weinbrand

Den Fisch waschen und trockentupfen, sodann mit Zitronensaft und Wein säuern und etwa zehn Minuten einwirken lassen; danach ein wenig salzen. Das Suppengrün kleinhacken und in etwas Salzwasser ein paar Minuten vorgaren, dann abgießen und als Füllung in den Fisch geben.

Dieser wird nun in die vorgefettete Bratpfanne gelegt, mit ein paar Messerspitzen Butter bestückt und muß dann im vorgeheizten Ofen etwa 30 Minuten garen.

Zu den *Weintrauben:* Sie werden (bei entsprechender Größe) abgezogen, halbiert und – falls nötig – entkernt. Den Schinken schneiden wir in feine Streifen, dünsten ihn mit Fett an, geben die Weintrauben hinzu und braten sie kurz an. Das Ganze wird dann mit Weinbrand abgelöscht. Schließlich legen wir den gegarten Fisch auf eine (vorgewärmte) Platte und dekorieren ihn mit dem Traubengemüse. Mit Kresse überstreut wird das Ganze dann serviert.

Dazu reicht man Butterkartoffeln oder auch Kartoffelbrei.

Als Getränk empfiehlt sich ein trockener bis halbtrockener Rieslingwein, selbstverständlich aus dem Rheingau.

Geschnetzeltes Kalbfleisch
à la Walter Brückmann

DEUTSCHES MONATSBLATT

Mit Ausnahme von Möhren esse ich alles gern. Das mit den Möhren ist eine Art Kindheitstrauma, aber fällt mit zunehmendem Alter gar nicht mehr so sehr ins Gewicht, das leider im Laufe der Jahre ständig zugenommen hat. Vom äußeren Erscheinungsbild gehöre ich zu jenen, denen man ansieht, daß es ihnen schmeckt. Leider gehört man im Arbeitsstand des Journalisten zu denjenigen, die erst zu später Abendstunde dazu kommen, ein vorzügliches Mahl zu verzehren. Das wiederum – das hat nicht nur meine Großmutter gesagt – ist gar nicht gut für die Verdauung. Aber so ist das halt in unserem Beruf, daß wir meistens immer dann arbeiten müssen, wenn die anderen schon zu Tisch sitzen.

Zum Genießen gehört natürlich auch eine gute Flasche Wein. Ich jedenfalls habe mich durch den österreichischen Weinskandal nicht schrecken lassen, zumal ich bei den von mir bevorzugten Weinen aus deutschen Landen nie das Gefühl hatte, betrogen worden zu sein. Das von mir präsentierte Rezept ist wirklich ganz vorzüglich und von mir mehrfach mit Genuß ausprobiert worden – essenderweise versteht sich. Wenn ich es selbst gekocht hätte, wäre es eine Katastrophe geworden. Deshalb betrete ich die Küche nur, um die dort zubereiteten Speisen abzuholen.

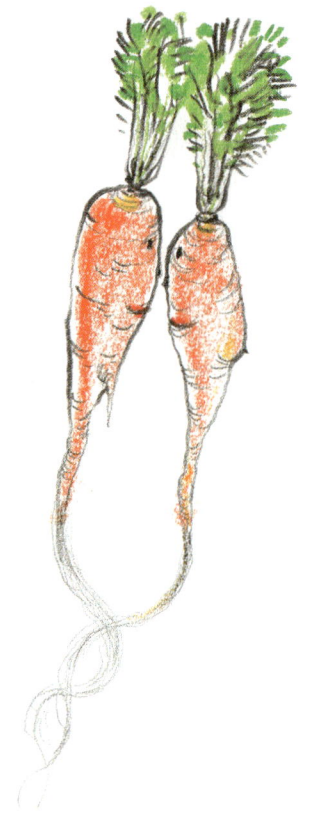

Rezept

500 g Kalbsfilet
1 Zwiebel
50 g Butter
20 g Mehl
1/8 l Weißwein
1/8 l Fleischbrühe
Salz, Pfeffer
1 Eßl. gehackte Petersilie

Fleisch von Haut und Sehnen befreien, im Tiefkühlfach erstarren lassen, mit scharfem Messer in möglichst dünne Scheibchen schneiden. Feingehackte Zwiebel in heißem Fett anrösten, das Fleisch dazugeben, mit Mehl bestäuben und unter ständigem Umrühren braten, bis es nicht mehr roh aussieht. Wein und Brühe angießen, salzen und pfeffern. Das Fleisch einige Minuten ziehen lassen, sofort zu Tisch geben, Petersilie dazugeben. Dazu Teigwaren und beliebigen frischen Salat oder auch (wie in Zürich üblich) Apfelmus reichen.

Rinderfilet à la Kurt Brumme

WDR

Mein Rezeptvorschlag ist gleichzeitig ein Party-Tip, so wie ich ihn erfuhr, anläßlich des Box-Weltmeisterschaftskampfes George Foreman gegen Ken Norten in Carracas/Venezuela. Wir saßen abends nach dem Kampf und der damit verbundenen Fernsehübertragung zusammen (Weltmeister Foreman, Ex-Weltmeister Archie Moore, ein Kollege und ich) und ließen uns das Filet mit Cognac schmecken.

1. Filetstücke in dem gesalzenen Mehl wenden.
2. Butter in der Pfanne erhitzen, die ganzen oder halbierten Zwiebeln mit dem Fleisch darin anbraten, bis es die Farbe wechselt.
3. Brandy zugießen und flambieren, dabei die Pfanne schütteln, damit das Fleisch nicht stellenweise zu dunkel wird.
4. Fleischbrühe, Tomatenmark, ganze Champignons und Paprika zugeben, mit Salz abschmecken.
5. Zudecken und auf kleiner Flamme ca. 30 Minuten garen lassen.

Rezept

8 dünne Scheiben Rinderfilet,
15 g Mehl, Salz,
4-8 sehr kleine Zwiebeln,
3 Eßlöffel Brandy,
0,3 l Fleischbrühe,
2 Eßlöffel Tomatenmark
4-6 kleine Champignons
1 Teelöffel Paprika
4 Eßlöffel Sahne.
Garnierung: Gehackte Petersilie, geschmorte Tomaten

Oder: In die Kasserolle geben und 45 Minuten im Ofen bei schwacher Mittelhitze (190 Grad) gar werden lassen.
6. Vor dem Servieren Sahne einrühren, nicht mehr kochen.

Zum Servieren:
Fleisch herausnehmen und auf einer vorgewärmten Platte verteilen. Soße darübergeben, Pilze und Zwiebeln rundum verteilen. Mit Petersilie und geschmorten Tomaten garnieren.

Saltimbocca con Peperonata
e patatine al forno nach Axel Buchholz

SR1 Europawelle Saar

Rezept

Vorspeise:

Salat aus kleingewürfelten Tomaten, Bleichsellerie oder Champignons, Mozzarella-Käsewürfeln mit schwarzen Oliven, viel Oreganum und Basilikum, Olivenöl, Essig, Pfeffer oder Salat aus (am Vortag im Dampfkochtopf) bißfest gegartem, dann gewürfel-

tem Gemüse, z.B. Fenchel, Bohnen, Kartoffel, Zucchini und rohen Tomaten, Mangoldstiele, auf Schnitt- oder Rupfsalatstücken angerichtet, kleine Schinkenwürfel darüber.

Saltimbocca:

Einen halben Zentimeter dünne Kalbsschnitzel (auf Maschine geschnitten) klopfen, etwas Pfeffer, mit Scheiben von rohem Schinken (evtl. luftge- trocknet) 1-2 Salbeiblättern (notfalls getrocknet) belegen, zusammen- klappen, mit Zahnstocher zuspießen. In schwerer Pfanne mit Butter und kleinem Schuß Olivenöl kurz rechts und links braten, salzen; Fond mit etwas herbem Weißwein löschen, evtl. noch Butter dazu.

Kartoffeln:

Kartoffeln schälen, mit Gurkenhobel in feine Scheiben schneiden, in feuerfeste Form mit Hühnerbrühe auffüllen (evtl. feingehackte Peter- silie) bis etwa an die Ober- kante der Kartoffeln. Butterflöckchen und gerie- benen Parmesankäse darüber. Ca. dreiviertel Stunde bei 160-180 Grad.

Peperonata:

Am Vortag zubereiten, schmeckt aufgewärmt besser.
In schwerer, großer Pfanne mit viel Olivenöl und etwas Butter ca. 1 Pfund grob- gewürfelte Zwiebeln (für 6 Personen) dünsten, leicht bräunen, eineinhalb Pfund

in ca. 1 cm x 2 cm geschnittene rote und gelbe Paprikastücke hineinrühren, zugedeckt 10 Minuten schmoren lassen, dann ein bis eineinhalb Pfund Tomaten, entkernt und grobgehackt, 1-2 TL Rotweinessig, Salz, schwarzer Pfeffer dazu, zugedeckt 5 Minuten, dann bei größerer Hitze (umrühren) unbedeckt, bis alle Flüssigkeit eingekocht ist. Die Peperonata kann auch kalt als Teil der Vorspeise serviert werden. Umgekehrt kann das gedünstete Gemüse (Fenchel, Spinat, Zucchini) mit Butter und Parmesankäse, Semmelbrösel, Salz, Pfeffer überbacken, als Beilage zum Fleisch serviert werden.

Nachspeise:

eingekochtes oder frisches Obst, mit Walnuß- oder Vanilleeis.

Getränke:

Es passen italienische Weißweine, z.B. Pinot Grigio aus dem Friuli oder ein Vernaccia oder italienische Rotweine (je nach Geschmack und Geldbeutel) vom Cabernet oder Merlo aus Friuli über Chianti Classico oder Barolo bis zum Feinsten: einen Brunello di Motalcino.

Badisch-westfälische Hochzeit
à la Carl-Wilhelm Busse

WESTFALEN-BLATT
Bielefelder Zeitung Westfalen Zeitung

Zugeben tun sie's ja nicht so leicht. Aber die Menschen in Westfalen – schwerblütig angeblich und kulinarisch oft nur den derben Genüssen verhaftet –: diese Menschen also pflegen in sich eine heimliche Liebe zum deutschen Süden und seiner Küche. Mettwurst hin, Grünkohl her – es darf auch schon mal Spargel sein, der gerade auch auf den Sandböden Westfalens gedeiht. Und wenn der gar zubereitet ist auf Kaiserstühler Art, eingewickelt nämlich in knusprige Pfannküchlein, dann ist das Glück am Tisch vollkommen ... Doch soll der Verrat an den boden-

ständigen Spezialitäten nicht auf die Spitze getrieben werden: Schinken muß sein, auch bei diesem Rezept. Ich lasse ihn gerne so reichen – fingerdick, wie ein Medaillon geschnitten und zart gegart. Und schon haben wir sie: die badisch-westfälische „Hochzeit"!

Rezept

Spargel Kaiserstühler Art

frischen Spargel nach Appetit und Belieben
pro Person eine sehr kräftige Scheibe Schinken (gut daumendick)
dünn geschnittenen, durchwachsenen Speck
150 g Mehl
2 Eier
1 Eiweiß
1 Tasse Mineralwasser
Salz, Butter
2 EL hochwertiges Pflanzenöl
2 TL Zucker
Milch
frischen Kerbel oder gehackte junge Liebstöckl-Blätter

Den Spargel vorsichtig und sehr dünn abschälen,

die Enden kappen. Jeweils 5 - 8 Stangen vorsichtig bündeln und mit einem Faden fixieren. In reichlich kochendes Salzwasser legen, eine kräftige Prise Zucker dazugeben und in 25 bis 30 Minuten bei milder Hitze garen. Unterdessen aus den Schinkenscheiben mit einem spitzen, scharfen Messer möglichst runde Stücke schneiden, kurz in Milch legen, mit Mehl bestäuben, den Rand mit Streifen aus dem durchwachsenen Speck umwickeln und in mäßig heißer Butter zart bräunen lassen. Mit den gehackten Kräutern bestreuen. Zudecken und warmhalten.

Eine Hülle gehört dazu:
Kurz vor dem Anrichten aus dem Mehl, den Eiern und dem Mineralwasser einen geschmeidigen Teig bereiten. Mit Salz, wenig Muskat und einem Hauch Zitrone abschmecken, das steifgeschlagene Eiweiß unterheben und in heißem Fett knusprige, kleine Pfannkuchen ausbacken.

Die Fäden von den Spargelbündeln entfernen, die Pfannkuchen darumlegen und zusammen mit den Medaillons recht heiß zu Tisch bringen. Als Beilage passen eigentlich nur Kartoffeln, möglichst aus der neuen Ernte, mit etwas Kümmel.

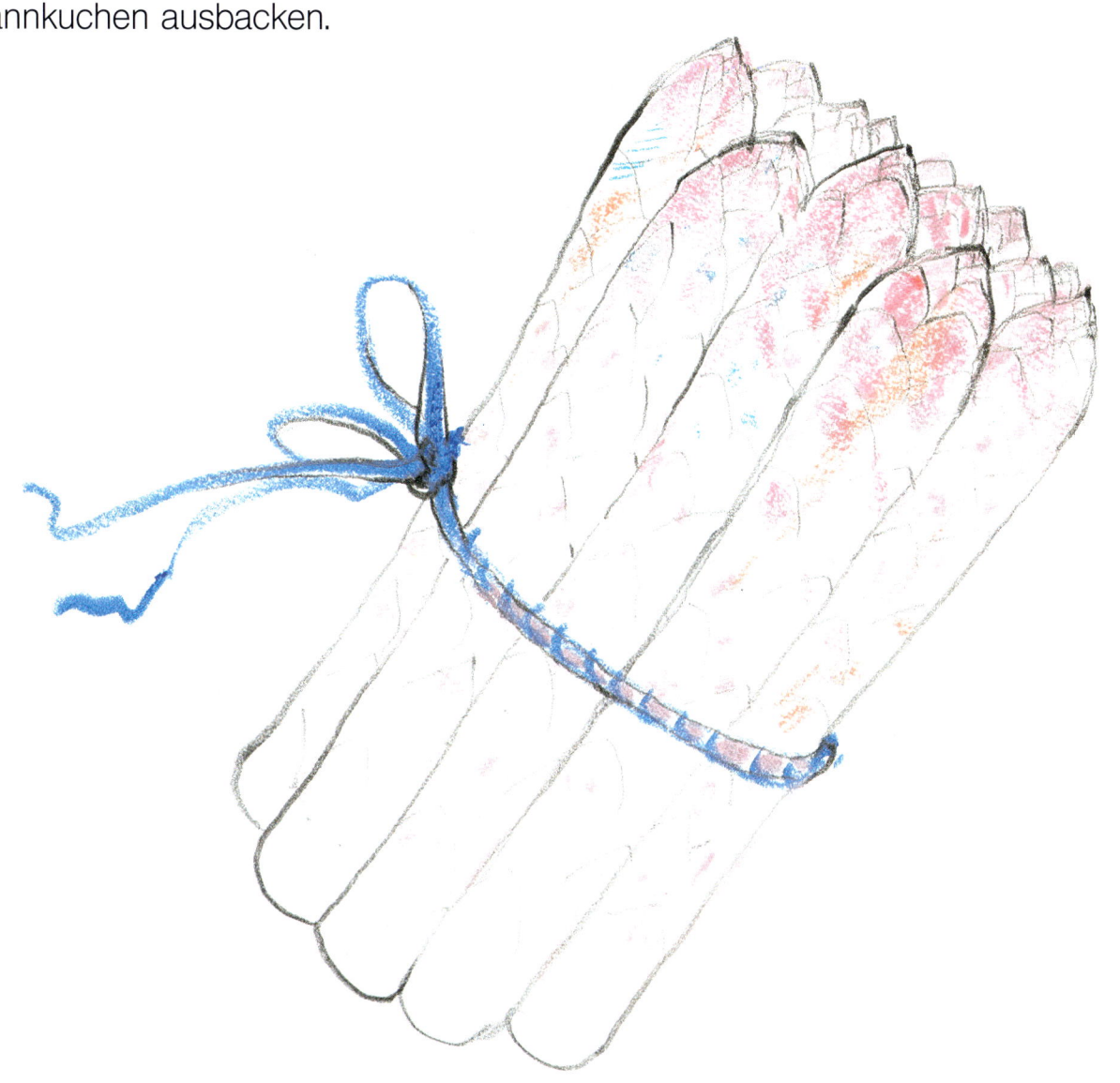

Hubert Burda: Rehrücken, badische Art

Burda ◤

Einen Rehrücken häuten. 3/4 l badischen trockenen Spätburgunder (siehe unten) mit ein bis zwei in Scheiben geschnittenen Zwiebeln, vier bis fünf Wacholderkörnern, einem Lorbeerblatt, zehn Pfefferkörnern aufkochen und abkühlen lassen, den Rehrücken einlegen und ein bis zwei Tage im Kühlschrank marinieren. Dann aus der Beize nehmen und trockentupfen. Kernigen Räucherspeck in gleichmäßig lange Streifen

schneiden und den Rehrücken längs zur Fleischfaser damit spicken. Ein paar Wildknochen mit einem Bund kleingeschnittenem Suppengemüse in 50 Gramm Butter scharf anbraten, mit einem Eßlöffel Mehl bestäuben und unter häufigem Wenden braun rösten. Mit etwas Marinade angießen und bis auf etwa

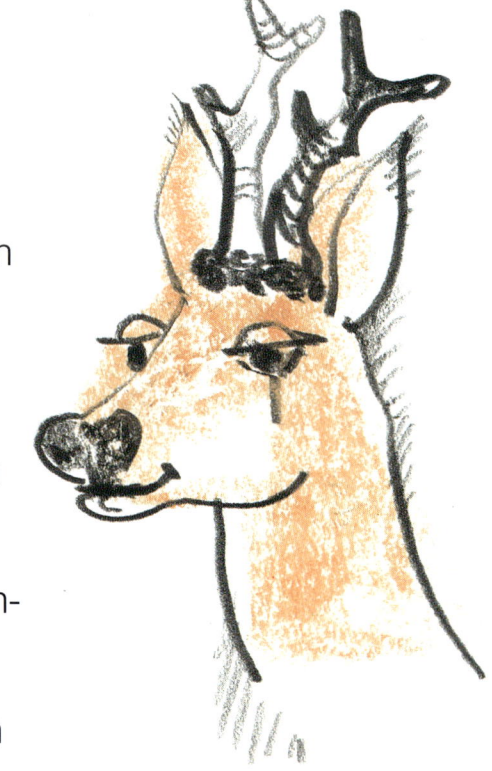

eine Tasse einkochen lassen, dann durchseihen. Den Rehrücken in einen Bräter setzen, mit etwa 30 Gramm flüssiger Butter begießen und bei 200 Grad unter mehrmaligem Begießen mit dem Bratfett und etwas Marinade 35 bis 40 Minuten braten, nach der halben Garzeit salzen, dann zehn Minuten im abgeschalteten Ofen warmhalten. Inzwischen den Bratfond mit 1/4 l Marinade-Rotwein aufkochen und 1/5 l saure Sahne einrühren. Abschmecken mit Salz und weißem Pfeffer. Dazu gedünstete Birnenhälften, gefüllt mit Johannisbeergelee, servieren. Dazu: Kartoffelkroketten.

Weinempfehlung:
Fessenbacher Fürsteneck, Spätburgunder Rotwein, trocken (Weingut Dr. Franz Burda, Offenburg).

Bohnensuppe à la Carrell

Rezept

2 Glas oder Dosen weiße
Bohnen
1 1/2 l Wasser
2 Eßl. Öl
1/2 - 1 Tube Tomatenmark
2 - 3 Zwiebeln
2 Wurzeln
1/2 Sellerieknolle
2 - 3 Stangen Porree
etwas Salz, Pfeffer, Paprika
Pfefferminze, Thymian und
Petersilie
gewachsenen, geräucher-
ten Speck
Kochwürste

Die Hälfte des Specks in
Würfel schneiden, alle
Zutaten etwa 1 Stunde gut
durchkochen lassen. Den
restlichen Speck auslassen
und zu der Suppe geben.
Mit den Gewürzen kräftig
abschmecken.

Ulrich Craemers Dippe-Has mit Klößen

Rezept

4 Hasenkeulen
ca. 300 g Schweinebauch
8 Scheiben Rauchspeck
Zwiebel, Wildgewürz
1/2 l Rotwein
1 Tasse Hasen- oder
Schweineblut
Thymian
4 Scheiben geriebenes
Schwarzbrot
Weinbrand
200 g Sauerrahm oder
Crème fraîche

Die gut gehäuteten Hasenkeulen in Portionsstücke zerteilen, mit Pfeffer und Salz würzen. Den Schweinebauch ebenfalls in Stücke schneiden und beides mit der geschnittenen Zwiebel, Pfeffer, Salz und Wildgewürz in einen gut verschließbaren Topf (Römertopf) schichten. Mit Rotwein und dem mit Essig verdünnten Blut so übergießen, daß das Fleisch bedeckt ist. Darüber das geriebene Schwarzbrot, 2 Thymianzweige und den vorher gebratenen Rauchspeck geben.
Das Ganze kommt etwa 2 Stunden in den vorgeheizten Backofen, dabei sollte der Topf nicht mehr geöffnet werden. Danach noch einmal abschmekken, evtl. nachwürzen, einen kräftigen Schuß Weinbrand dazugeben und die Soße mit Sauerrahm binden. Dazu Kartoffelklöße und Apfelmus.

Kartoffelklöße:
Etwa 1 kg mehlig kochende Kartoffeln am Vortag kochen, schälen und durch den Fleischwolf drehen (oder Kartoffelquetsche). Die Masse mit 2 ganzen Eiern, Pfeffer, Salz, Muskat, Thymian, Majoran und etwas Mehl durcharbeiten und abschmecken. Die Klöße mit der Hand formen, in kochendes Salzwasser geben und eine Weile ziehen lassen, bis sie an der Oberfläche schwimmen. Vor dem Servieren mit gehackter Petersilie bestreuen.

Bruno Dechamps: Butterbrot, rheinisch

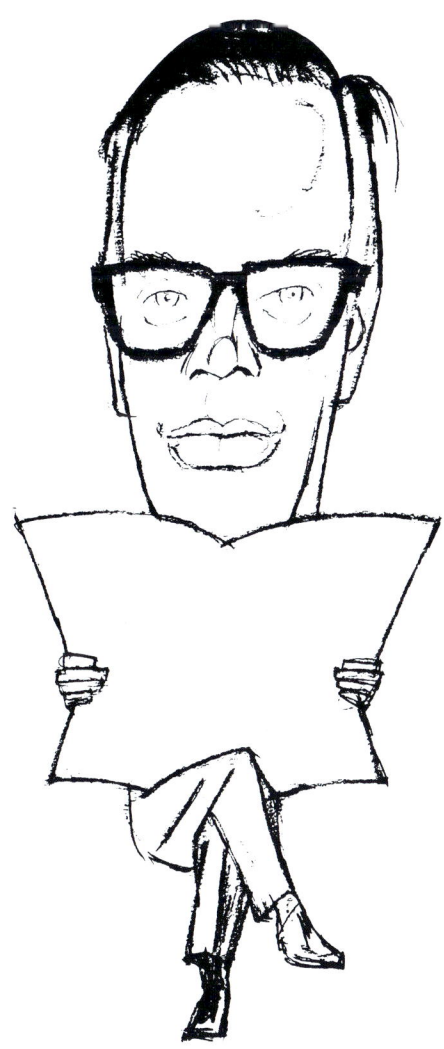

In der Kochkunst – wie in allen Künsten – erklimmt man Höhen nur nach langer Übung. Meine schönste Leistung ist daher das seit früher Kindheit selbständig geschmierte Butterbrot. Am liebsten mag ich es süß-sauer: Man nehme eine Scheibe Brot, am besten rheinisches Schwarzbrot, oder auch – falls ein erreichbarer Bäcker es noch wirklich backen kann – ein präzise mit glatter Schnittfläche aufgeschnittenes Brötchen, streiche ohne Angst reichlich gute Butter drauf, alsdann ein wenig Apfelkraut (in weniger opulenter Lage auch Rübenseim) und zuletzt Klatschkäs, i.e. mit zerkleinerten Zwiebeln, Salz, Pfeffer und Schnittlauch angemachten Quark, nicht zu knapp, im Zweifel bis zur Grenze der Maulsperre (Fingerbowls auf der Tafel ratsam). Freilich sollten sich nur fortgeschrittene Köche an ein so schwierig zu bereitendes Gericht wagen.

Frankfurter Allgemeine
ZEITUNG FÜR DEUTSCHLAND

Kastaniengemüse
à la Hans-Joachim Deckert

Mühselig ist die Vorarbeit, die mit dem Sammeln („Lesen") beginnt. Die Umhüllung ist igelartig, und die einzelnen Stacheln sind teuflisch fein, so daß die Ernte eine Zeit des leidenden Fingerspitzengefühls ist. Die nächste Schale ist glatt und braun, sie läßt sich mit einem scharfen Messer recht gut entfernen; in der Schweiz und in Italien gibt es dafür kurze, gerundete Spezialmesser. Dann bleibt ein helles, graubraunes Häutchen übrig, das sich nach kurzem Aufbrühen der Früchte abziehen läßt. Es lohnt sich, saubere Arbeit zu leisten, die Folgen sind sonst bitter. Der Lohn dreifacher Häutung ist eine Konzentration von Kohlehydraten in Form einer hellgelben, schrumpeligen Frucht. Mit Zucker und Vanille kann man daraus auch eine ziemlich massige Süßspeise herstellen, die bei den Franzosen Marrons glacés heißt und meist aus dem Département Ardèche kommt. Ich ziehe die Verwendung als Hauptgang vor.

Von den Eltern her stammt in Bad Dürkheim ein ganz kleines Stückchen vom großen Pfälzerwald, darauf wachsen neben vier Birken, drei Bergahorn und zwei Eichen einige Dutzend Edelkastanien. Der deutsche Südwesten ist die nördlichste Region, in der dieser ursprünglich orientalische Baum gedeiht. Seine Früchte in den stacheligen äußeren Schalen („Acheln") sind ein bißchen kleiner als die italienischen Maroni, doch sind sie nicht so mehlig und auch ausdrucksvoller im Aroma. Die „Keschte", wie die Pfälzer sagen, schmecken nicht nur auf der Ofenplatte geröstet (die braune Schale eingeritzt), im Herbst zum neuen Wein, sondern auch in verfeinerter Form als Kastaniengemüse.

Rezept

Für zwei Personen genügt reichlich ein Pfund geschälte Kastanien. Man bräunt sie in Butter im Schmortiegel an, indem man sie schüttelt oder mit einem Holzlöffel umrührt, fügt eine Prise Salz und einen gestrichenen Eßlöffel Zucker hinzu. Wenn die Kastanien auf diese Weise karamelisiert sind, gießt man mit so viel Wein auf, daß sie knapp bedeckt sind und dünstet sie bei geschlossenem Deckel in einer halben Stunde weich. Wenn man sich das

Ergebnis mehr als Püree wünscht, läßt man sie etwas länger schmoren, wenn man mehr die glasigen Festkörper mag, genügen vielleicht zwanzig Minuten. Es kann sein, daß noch ein weiterer Schuß Wein hinzugegeben werden muß. Eigentlich ist es gleichgültig, ob man weißen oder roten Wein verwendet. Ich ziehe wegen der Farbwirkung einen hellroten vor.

Man kann die glasierten Kastanien oder das Kastaniengemüse (die Bezeichnung richtet sich nach dem Grad der Konsistenz) beispielsweise zum Füllen von Gänsen oder Enten verwenden, und das ist – eventuell zusammen mit Äpfeln – nie eine schlechte Empfehlung, weil es eine ideale Vermählung von Geflügelfett und Beilage ist. Die Kastanien spielen hier eine dienende Rolle. Ich gestehe ihnen gern die dominierende als Mittelpunkt der Mahlzeit zu, und zwar in Verbindung mit einer derben, herzhaften pfälzischen Spezialität: der groben Bratwurst. Als Ergänzung finde ich Rosenkohl ideal, Rotkraut wäre eine beachtliche Kohl-Alternative.

Das ergibt jedenfalls eine ziemlich deftige Mahlzeit, und dazu sollte man keinen feinnervigen Wein reichen. Es liegt nahe, den hellen trockenen Rotwein, der zum Dünsten verwendet wurde, auch als Getränk zu kredenzen, also einen Blauen Portugieser aus der Pfalz, einen Kaiserstühler Spätburgunder oder einen Württemberger Trollinger. Ich hätte auch nichts gegen einen trockenen Riesling, dann aber am besten ein ausdrucksvoller von der pfälzischen Mittelhaardt. Gegen dieses Essen muß sich ein Wein durchsetzen, und deshalb darf er getrost auch etwas „breit" sein wie ein Ruländer, der ist möglicherweise „am beschte ter die Keschte".

Claus Detjens Rindsplätzli Nelli, Oma-Suppe und Twanner

Am besten schmecken mir Rindsplätzli Nelli in einem der Weindörfer oberhalb des Bieler Sees oder Neuenburger Sees, nach einer Wanderung auf den Höhenrücken, Ende September, wenn die Sonnenstrahlen noch warm, aber nicht mehr heiß auf den Seen liegen. Ein frischer Twanner gehört dazu, oder ein anderer prickelnder Weißwein des Waadtlands.
Wenn mich die Freude an eigener Bestätigung in der Küche im richtigen Augenblick überkommt, zugleich verfügbare Zeit und der Besuch von Freunden zusammentreffen, richte ich die Rindsplätzli nach einem Rezept selbst an, das ich vom Schweizer Teil meiner Familie übernommen habe.

Rezept

(Mengen pro Person)

2 ca. 5 mm dicke Scheiben gut abgehangene Rinderhüfte
1 mittelgroße Zwiebel
1 Stück Selleriekraut oder Blätter von Stangensellerie
1/2 Tasse Fleischbrühe

Die Scheiben von der Rinderhüfte mit Pfeffer und Salz einreiben, in Butter anbraten, bis sie Farbe annehmen. Das Fleisch aus dem Bräter herausnehmen und im vorgeheizten Ofen warm halten (ohne es trocken werden zu lassen!).

Die Zwiebeln im Jus der Rindsplätzli glasig dünsten. Danach werden auf einem großen Teller die Rindfleischstücke aufgeschichtet: eine Scheibe Fleisch, gedünstete Zwiebeln, Selleriekraut bzw. Blätter von Stangensellerie, eine Scheibe Fleisch, Zwiebeln, Sellerie usw.

Die Fleischbeige wird vorsichtig in den Bräter gehoben, mit Wein und Fleischbrühe übergossen und bei geschlossenem Deckel ca. 20 Minuten gegart. Anschließend die Beige wenden und ca. 10 weitere Minuten ziehen lassen. Sauce abschmecken, bei Bedarf mit Fleischbrühe verlängern.

Zum Servieren die Fleischstücke auf angewärmter Platte mit gedünsteten Zwiebeln und Selleriekraut bzw. Stangensellerie dekorieren, die Sauce dazugießen.

Als Beilage eignen sich zu den Rindsplätzli breite Nudeln oder Reis, die dem kräftigen Gout der Sauce einen soliden Halt geben, und Blattspinat.

Weil die Schweiz ein Suppenland ist, halte ich mich auch zu Hause in Köln an den Auftakt eines währschaften Mahls mit einer dampfenden Suppenschüssel. Ich koche eine Oma-Suppe wie folgt (Mengen pro Person):

Buttcr (1 Teelöffel) in einem Suppentopf auslassen. Haferflocken (2 gehäufte Eßlöffel) in der heißen Butter anbräunen. Rindfleischbrühe in der gewünschten Portionsmenge übergießen. Die Haferflocken kurz aufkochen – keinesfalls verkochen – lassen. Die Suppe mit Salz, Pfeffer und frischer Sahne (1 Eßlöffel) abschmecken, großzügig Schnittlauch hinzugeben und dann in der Terrine servieren.

Rheinhessische Backeskartoffeln
à la Hermann Dexheimer

Hermann Dexheimer

Allgemeine Zeitung
MAINZ

Im Rheinhessischen war es früher üblich, daß die Familien ihre Backeskartoffeln samstags beim Bäcker backen ließen. Beim Feierabendläuten wurden sie dort abgeholt; das ganze Dorf schien dann vom Duft der köstlichen Mahlzeit erfüllt.

Kartoffeln schälen, waschen und in flache Scheiben schneiden.

Die Hälfte der Kartoffeln gibt man in eine Auflaufform, legt das geräucherte Bauchfleisch, Schweinekamm oder -schulter, die Zwiebelringe, Lorbeerblätter und Nelken drauf, würzt mit Salz, Pfeffer und Muskat und deckt das Ganze mit der anderen Hälfte der Kartoffeln ab. Anschließend mischt man den Weißwein und die Milch, gibt die Flüssigkeit in den Topf, so daß sie bis etwa 2 cm unter die Oberfläche reicht. Dann die Sahne übergießen.
Im Backofen bei 250 Grad 15 Minuten anbacken, danach auf 180 Grad herunterschalten und ca. 3 Stunden weiterbacken, bis sich die obere Lage der Kartoffeln braun färbt.

Rezept

4 Pfund Kartoffeln
1 Pfund Schweinekamm oder -schulter
1 Pfund geräucherter Schweinebauch
je 4 Lorbeerblätter und Nelken
2 Pfund Zwiebeln
1/2 - 3/4 l Weißwein
Salz, Pfeffer, Muskat
1/2 l Milch
1/4 - 1/2 l saure Sahne

Traditionsgemäß servierten die rheinhessischen Bäuerinnen im Sommer zu diesem ebenso deftigen wie schmackhaften Gericht Dickmilch, und im Winter wurden Rote Bete gereicht.

Bistecca alla Fiorentina mit Faggioli
von Gert Ellinghaus

SFB

1978 war ich das erste Mal mit meiner Frau in Florenz. Wir bekamen vom Empfang des Hotels einen „Geheimtip" für ein Restaurant. Es war die „Enoteca Nationale", ursprünglich eine Weinhandlung mit Weinen aus dem ganzen Land, deren Probierstube sich zu einem veritablen Restaurant entwickelt hatte, mit vorzüglicher toskanischer Küche und fast ausschließlich einheimischem Publikum.

Es war das erste Mal, daß meine Frau und ich toskanische Küche und toskanische Weine auf hohem Standard erlebte.

Mit dem „Someliere", dem Weinkellner, schlossen wir ein Spezialabkommen. Er ließ uns während des Essens eine Auswahl guter toskanischer Weine zum Kennenlernen probieren und machte uns einen „Pauschalpreis", der lächerlich war. Es machte ihm offenbar Spaß, uns die Errungenschaften des Weinbaus seiner Heimat nahezubringen. Es war ein Erlebnis, das uns für Küche und Keller der Toskana gewonnen hat. Ein besonderes Erlebnis war das Bistecca alla Fiorentina, das vom Fleisch speziell gezüchteter einjähriger Rinder der Toskana bereitet wird. Es war superkurz gegrillt, unter der hauchdünnen braunen Oberfläche rosa bis rot.

Es zerging auf der Zunge. Das Fleisch wie auch die Faggioli als Beilage wurden lediglich mit dem unbeschreiblichen kalt gepreßten, jungfräulichen Olivenöl der Region gewürzt. Hier wurde uns erstmals eindrucksvoll demonstriert, wie man Speisen zubereiten kann, ohne den Charakter der Materialien durch übermäßiges Würzen und (geschmacks-)nervtötende Saucen zuzudecken.

Rezept

3/4 Tasse Olivenöl
1/4 Tasse Weinessig
2 Eßlöffel feingehackte frische, möglichst glattblättrige Petersilie
1/2 Teelöffel feingehackter Knoblauch
1/2 Teelöffel getrocknetes Oregano
Ein 1-1,5 kg wiegendes Lendensteak (Filetstück, 2 1/2 cm dick geschnitten)
Salz

Man wählt eine flache, feuerfeste Form, in der das Steak bequem Platz hat. Darin werden Olivenöl, Essig, Petersilie, Knoblauch und Oregano vermischt. Das Steak in diese Marinade legen und so lange darin wenden, bis das Fleisch gut damit bedeckt ist. Das Steak muß bei Zimmertemperatur mindestens 4 Stunden in der Marinade liegen.
Die Grillvorrichtung so heiß wie möglich vorwärmen und das Fleisch aus der feuerfesten Form nehmen.

Die Marinade weggießen. Das Steak mit Papiertüchern abtrocknen und 8 cm von der Heizquelle entfernt etwa 4 Minuten auf jeder Seite grillen, bzw. bis es dem Geschmack entsprechend durchgebraten ist. (Man kann es mit dem Finger prüfen: wenn das Fleisch leicht nachgibt und sich weder weich noch fest anfühlt, ist es innen leicht rosa). Auf eine vorgewärmte Schüssel legen und vor dem Aufschneiden salzen.

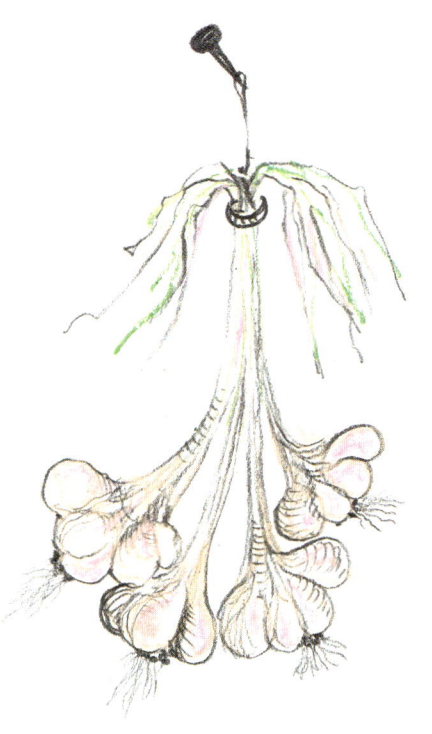

Ricotta-Füllung
5 Tassen *ricotta*-Käse oder durch ein Sieb gerührter Quark (etwa 1,2 kg)
1/2 Tasse Zucker
1 Eßlöffel Mehl
1/2 Teelöffel Salz
1 Teelöffel Vanille-Extrakt
1 Teelöffel frisch geriebene Orangenschale (von ungespritzten Orangen)
4 Eigelb
1 Eßlöffel gewaschene und abgetropfte Sultaninen
1 Eßlöffel gehacktes Orangeat
1 Eßlöffel gehacktes Zitronat
2 Eßlöffel blanchierte, gestiftelte Mandeln oder Pinienkerne
1 Eiweiß, mit 1 Eßlöffel Wasser verquirlt.

Den Ofen auf 175 Grad vorwärmen. Den *ricotta*-Käse mit 1/2 Tasse Zucker, 1 Eßlöffel Mehl, 1/2 Teelöffel Salz, dem Vanille-Extrakt, geriebener Orangenschale und dem Eigelb verrühren, bis alles gut vermengt ist. Sultaninen, Organgeat und Zitronat darunterrühren. Mit einem Löffel diese Füllung auf dem Teigboden vertei-

len und mit einem Gummispachtel glattstreichen. Das Ganze mit gestiftelten Mandeln oder Pinienkernen bestreuen und mit den Teigstreifen ein Gittermuster flechten oder legen. Die Streifen leicht mit der Mischung aus Eiweiß und Wasser bepinseln. Auf dem mittleren Rost 1 bis 1 1/4 Stunde backen, bzw. bis die Kruste goldbraun und die Füllung fest ist.
Die Torte aus dem Ofen nehmen, auf einen Topf oder eine große Kaffeebüchse setzen, den Rand der Springform lösen. Die Torte auf einem Drahtgestell abkühlen lassen, wobei sie auf dem Boden der Form belassen wird. Falls man die Torte ohne den Boden der Springform servieren will, warten, bis sie völlig erkaltet ist. Die Unterseite der Kruste mit einem breiten Metallspachtel loslösen und die Torte vorsichtig auf eine runde Kuchenplatte gleiten lassen.

Lamm-Menü à la Heiko Engelkes

Rezept

1. Die frischen, möglichst 15 bis 20 cm langen *Langustinen* sollten nicht in Süßwasser gewaschen werden, damit der Meeresgeschmack erhalten bleibt. Sie werden – bevor sie auf den Grillrost kommen – lediglich gepfeffert und mit heißer Butter beträufelt.

2. Die *Lammkeule* wird 8 Stunden vor dem Essen von Fettschichten befreit und anschließend dick mit einer Marinade bestrichen. Die Marinade wird aus Dijon-Senf, Olivenöl und provençialischen Kräutern gemischt. Der Bräter sollte intensiv mit einer frischen Knoblauchzehe eingerieben werden, bevor die Keule darin gelagert wird. Wenn der Bräter mit der Keule in den sehr gut vorgeheizten Ofen geschoben wird, muß etwa 1/8 Ltr. Burgunder Rotwein hinzugefügt werden.

Die sog. „nouvelle cuisine" mit Gemüsemus, Brombeereis und Minihappen, die bei uns noch von den meisten Küchenpäpsten propagiert wird, ist in Frankreich längst passé. Sie war im übrigen nie in die traditionelle und zumeist regionale Familienküche eingedrungen. Dort dominieren nach wie vor Großmutters Rezepte, angereichert allerdings durch die neue (und ja auch uralte) Erkenntnis, daß allerwichtigste Voraussetzung für ein gutes Essen frische Produkte sind.

Wenn ich für meine Freunde in Südfrankreich ein Essen „en famille" zubereite, fahre ich frühmorgens zum nächstgelegenen Wochenmarkt, um Gemüse und andere Zutaten einzukaufen. Das Fleisch oder der Fisch werden bereits Tage im voraus bestellt, damit die Lieferanten die erhoffte Qualität auch wirklich gewährleisten können.

Eins meiner beliebtesten Menus (geliebt vor allem auch von mir als

Bratzeit im offenen Bräter bei einer Keule von 1,5 kg etwa 1 Stunde. Bei Bedarf Rotwein nachschütten. Die Keule ist meist gar, wenn die Marinade zu einer Kruste gebraten ist.

Vor der Zubereitung der Soße, für die auf keinen Fall Mehl oder andere Bindemittel verwendet werden dürfen, schicke ich neugierige Topfgucker fort. Heimlich reichere ich die Soße dann nämlich nicht nur mit den üblichen Zutaten – etwas Wein und etwas Crême fraîche – an, sondern auch mit einem Klecks Ketchup. Dieses Zaubermittel hat mir ein berühmter Pariser Koch verraten.

Die Beilagen – *pürierte Zucchini* (auf französisch courgettes) und *Möhren* – pflegt meine Frau Alice zuzubereiten. Sie zerschneidet zunächst die ungeschälten Zucchini in mehrere zentimeterdicke Scheiben und kocht sie 7 Minuten lang mit ein paar Zwiebeln in einem Schnellkochtopf. Danach werden die Karotten mit ein paar Kartoffeln ebenfalls 7 Minuten lang gekocht. Beide Gemüse werden nach dem Kochen mit einem Teil der Gemüsesäfte püriert und mit Salz, Pfeffer und Crème fraîche abgeschmeckt.

Für besonders liebe Gäste werden außerdem noch frische gebratene Nudeln serviert.

3. Als Zwischengang wird ein frischer *grüner Salat* zubereitet. Das Rezept für die *Sauce Vinaigrette* hat uns unsere langjährige Pariser Haushälterin, eine gebürtige Jugoslawin, verraten.
Man nehme 2 Eßlöffel Dijon-Senf und 1 Eßlöffel französischen Weinessig (rot oder weiß). Dazu einige Teelöffel Zucker und etwas Wasser. Sobald die mit dem Schneebesen gerührte Masse sämig wird, muß so viel Öl hinzugefügt werden, bis die Soße dickflüssig vom Schneebesen fällt.

4. Das *Vanille-Eis à la Sevilla* ist ebenso einfach wie köstlich. Man nehme einen guten alten Cognac und lasse ihn ausgiebig über das Eis tröpfeln.

5. *Getränke:*
Zu den Langustinen serviere ich einen gut gekühlten Muscadet vom mittleren Lauf der Loire, zum Hauptgang als Verbeugung vor dem Midi einen herzhaften Bandol oder auch ersatzweise einen guten roten Bordeaux.

Töttchen und Altbierbowle nach Manfred Erdenberger

WDR

Eine Münsterländer Spezialität, die vor allem als kleines Zwischengericht zum Bier immer beliebter wird. Ursprünglich wurde das pikante Ragout aus Kalbskopf, -lunge und -herz zubereitet. Das können Sie, wenn Sie die Arbeit nicht scheuen, auch heute noch tun. Unser Rezept geht von schlichtem Kalbfleisch aus. In der französischen Küche wird diese spezielle Zubereitung „en tortue" (auf Schildkrötenart) genannt. Es heißt, französische Soldaten hätten das Rezept nach Westfalen mitgebracht. Aus „en tortue" sei die heutige Bezeichnung „Töttchen" geworden. Wenn Sie aus dem Töttchen eine komplette Mahlzeit machen wollen, können Sie Petersilienkartoffeln dazu reichen.

Kalbfleisch waschen, mit Wasser bedeckt aufsetzen. Geschälte und grob geschnittene Zwiebeln, Suppengrün und Gewürze dazugeben. Das Wasser zum Kochen bringen und das Fleisch bei schwacher Hitze in etwa 90 Minuten garen. Fleisch herausnehmen, etwas abkühlen lassen, in feine Würfel schneiden. Brühe durch ein Sieb geben. Für die Soße Butter erhitzen, das Mehl darin anschwitzen und die Zwiebelwürfel dazugeben, mit passierter Brühe ablöschen, 8 Minuten durchkochen. Die Soße mit den angegebenen Zutaten pikant abschmecken, die Fleischwürfel darin heiß werden lassen. Dazu gibt es frische Brötchen (auch aus Roggenmehl) oder Schwarzbrot, außerdem Senf und Worcestershiresoße.

Rezept

Töttchen

750 g Kalbfleisch (Schulter oder Brust)
1 - 2 Zwiebeln
1 Bund Suppengrün
1 Lorbeerblatt
4 Pfefferkörner
3 Nelken, Salz

Für die Soße:

50 g Butter
40 g Mehl
1 Eßlöffel gewürfelte Zwiebel
1 Eßlöffel Essig
1 Glas Sherry
1 Prise Zucker
weißer Pfeffer
1 Spritzer Worcestershiresoße

Altbierbowle

Das obergärige Altbier, eine der ältesten Biersorten, hat auch zwischen Rhein und Weser viele neue Freunde gewonnen. Vor allem im Sommer ist es ein beliebtes Getränk. Eine Altbierbowle, wie sie hier vorgeschlagen wird, gehört zu den Spezialitäten der traditionsreichen Altbierbrauerei Pinkus Müller in Münster.

Wenn keine frischen Früchte zur Verfügung stehen, können Sie auch Früchte aus der Dose oder dem Glas verwenden. Ein Teil des Zuckers läßt sich dann durch die Zuckerlösung aus der Konserve ersetzen. Im Schnellverfahren füllen Sie einfach 1-2 Eßlöffel eingedoste Früchte in ein Altbierglas, geben etwas Saft aus der Dose und wenig Zucker darüber und füllen mit Altbier auf.

Wer diese Mixtur als zu harmlos empfindet, kann die Altbierbowle durch einen Schuß Korn oder einen anderen geschmacksneutralen „Klaren" verstärken. Auf die Mengen unserer Rezeptur umgerechnet sollte die Schnapsbeigabe jedoch drei Doppelte (6 cl) nicht überschreiten.

Früchte vorbereiten, in eine Glaskanne oder ein Bowlengefäß geben, Zucker und Wasser aufkochen, bis sich der Zucker gelöst hat, abkühlen lassen und über die Früchte gießen. Kurz vor dem Servieren mit dem gut gekühlten Altbier aufgießen.

Rezept

400 g frische Früchte (Erdbeeren, Himbeeren oder Brombeeren)
4 Eßlöffel Zucker
1/4 l Wasser
2 l Altbier

Mit Nudelauflauf in die Ehe
von Wolfram Esser

Daß ich Nudelauflauf immer noch gern esse, gehört zu den kleinen Wundern dieser Welt.

Es hatte unser erstes Gericht am ersten – nennen wir es Arbeitstag meiner Ehe sein sollen. Daraus wurde die Fünf-Tage-Auflauf-Woche. Meine Frau Christiane stammt aus kinderreicher Familie, ist folglich Großes gewöhnt. Wir mischten die Kocherfahrungen aus ihrem mitteldeutschen Elternhaus mit den Erinnerungen an meine rheinische Heimatküche: Nudeln – absolute Übereinstimmung – gehören in den Nudelauflauf. Am besten Makkaroni, weil die sich wie Ölsardinen in die Form schmiegen und dennoch von den Zutaten in sich aufsaugen. Fein geschnittener gekochter Schinken, etwas Schinkenspeck macht die Sache intensiv. Käse nicht vergessen. Wir einigten uns auf die Zutaten, die Sie, hungriger Leser, anbei im Rezept finden.

Meine Mutter hatte immer nach Gutdünken genommen. Meine Frau hatte ihrer Mutter auf die Hände geguckt, und die kochte für sechs Kinder. Folglich wurde die von ihr ererbte Steingutform auch bei uns voll wie früher.

Das alles dann kroß überbacken, käseverkrustet. Dazu ein frischer Salat, kompromißlos von mir nach rheinischer Art bereitet – siehe Rezept. Der Salat kann in seiner Frische mittags alkoholische Getränke ersetzen, feierabends allerdings schmeckt ein rheinhessisch Roter dazu besonders.

So gemeinsam wir gekocht hatten, so gemeinsam wurde auch ausgelöffelt. Fünf Tage lang. Täglich wieder aufgewärmt, hart und härter überkrustet, steinhart.

Heute, nach vielen Ehejahren, stimmt unser Urmaß wieder. Drei Kinder helfen, die geerbte Form in einem Arbeitsgang zu leeren. Weil die einen das Krosse, die anderen den weichen dampfenden Inhalt vorziehen, läßt sich gut teilen.

Mich aber wundert's, daß mir's nach dem Eheeinstieg in die Nudeln immer wieder schmeckt. Also völlig unerklärlich, warum die legendäre Auflaufform kürzlich aus meinen geschickten Händen geglitten ist ...

Rezept

500 g Makkaroni
Margarine zum Einfetten der Auflaufform
300 g gekochter Schinken
50 g durchwachsener Speck
2 große Zwiebeln
1 Zehe Knoblauch
3 Eier
1/4 l Milch
1 Eßlöffel Tomatenketchup
1 Eßlöffel Schaschliksoße
30 g Butter
100 g geriebener Parmesan-/Emmentaler Käse
Paprikapulver
Pfeffer, Salz

Salzwasser kochen lassen, Makkaroni eingeben, al dente kochen lassen, also etwas zum Beißen muß noch dran sein. Zwischenzeitlich Schinken, Speck, Zwiebeln in Würfel schneiden, glasig anbraten. Feinst geschnittenen Knoblauch dazugeben. Makkaroni über Sieb abgießen, mit kaltem Wasser abschrecken, abtropfen lassen. Auflaufform mit der Margarine einfetten. Die

Hälfte der Makkaroni einfüllen. Das Angebratene gleichmäßig darüber verteilen, mit der zweiten Hälfte Makkaroni abdecken. Milch, Eier und Gewürze verquirlen, über die Nudeln gießen. Das Ganze mit dem geriebenen Käse bestreuen, Butter in Flöckchen darauf verteilen. Bei 200 Grad im Ofen 45 Minuten lang überbacken, bis der Nudelauflauf goldgelb geworden ist. Lassen Sie sich's schmecken mit folgendem *Salat:*

1 Salat, Kopf oder Eisberg
1 feingewürfelte große Zwiebel
Saft einer halben Zitrone
2 fein geschnittene Zehen Knoblauch
1 Eßlöffel saure Sahne
3 Eßlöffel Öl
1 Eßlöffel Essig
1 knapper Eßlöffel Schaschliksoße
Pfeffer, Salz,
frische Kräuter, fein geschnitten

Salat putzen, waschen, abtropfen lassen. Aus den aufgeführten Zutaten eine Soße anrühren. Salat unmittelbar vor der Mahlzeit anrichten.

Klaus Essers Kalbshaxe Capreser Art

Klaus Esser **HÖRZU**

Dieses sehr herzhafte Gericht lernte ich vor einigen Jahren während eines Urlaubs auf meiner Lieblingsinsel Capri kennen. Franco, der Wirt meiner Stamm-Trattoria, gab mir den Tip mit den vielen Gewürzen („Mußt Du nehmen multo Krauto"!). Das Schlitzohr merkte wohl, wie sehr ich seine Küche schätzte, denn nach einer Woche wurden die Portionen kleiner, die Preise aber dezent höher. Das stachelte meinen Ehrgeiz doch so an, daß ich mich, obwohl absoluter Kochlaie, nach der Rückkehr an den eigenen Herd wagte. Sicherheitshalber legte ich mir einen Römertopf zu, denn, so eine Kollegin: „Darin geht garantiert nichts schief". Denkste. Meine ersten Versuche für die „Kalbshaxe Capreser Art" hätten meinen italienischen „Lehrmeister" vermutlich in tiefste Verzweiflung gestürzt. Inzwischen

kann ich sie aber getrost auch lukullischen Geniessern unter meinen Freunden servieren. Sollten sie trotzdem mal lange Gesichter ziehen, liegt es selbstverständlich nicht an mir, sondern am Metzger ...

Rezept

(für zwei Personen)

2 Tomaten
1 Zwiebel
2 Eßlöffel Butterschmalz
etwas gehackte frische Petersilie
jede Menge getrocknete (noch schmackhafter natürlich frische) Kräuter wie Oregano, Basilikum, Rosmarin, Thymian und Salbei
zwei Tassen Weißwein.

Römertopf erst einmal zehn Minuten wässern, dann mit kleinen Butterscheiben auslegen. Haxe waschen, abtupfen, mit dem heißen Butterschmalz bestreichen, salzen, pfeffern, mit den Kräutern bestreuen. Die enthäuteten Tomaten in Scheiben schneiden und mit der gehackten Zwiebel dazulegen. Die Haxe im bedeckten Topf ca. 120 bis 140 Minuten bei 200 Grad schmoren lassen. Dazwischen immer wieder mit Wein begießen. Sollte sie noch nicht knusprig genug sein, noch etwa zehn Minuten auf dem Rost nachbräunen lassen. Den Fleischsaft – je nach Geschmack – mit Brühe, Crème fraîche und Tomatenmark verlängern und einer Prise geriebenem Parmesankäse binden.

Beilagen: Petersilien-Kartoffeln und gemischte Salate
Passendes Getränk: Trockener italienischer Frascati-Wein.

Schmorgurke à Wally
von Jens Feddersen

Rezept

4 bis 6 große Schmor-
gurken (oder zwei Schlan-
gengurkcn)
1 Pfund Rinderhack, kann
zum Teil auch durch
Kassler oder Mettenden
ausgetauscht werden
4 große Tomaten oder
1 kleine Dose Tomaten-
mark
2 große Gemüsezwiebeln
Saure Sahne, Schnittlauch

Gurken schälen, vierteln,
Körner herausschaben, in
ca. 1 cm große Stücke
schneiden, Rinderhack
anbraten, ist es braun, die
in nicht so kleine Stücke
geschnittenen Zwiebeln
mitbraten.
In einen Topf umfüllen,
gehäutete zerkleinerte
Tomaten hineintun
(evtl. etwas Brühe, entfällt
bei Dosentomaten), dann
die Gurkenstücke.
Alles ca. 20 Minuten leicht
köcheln, mit Salz und
Pfeffer, Paprika oder auch
Tomatenmark kräftig
abschmecken.

Reis dazu reichen, Saure
Sahne und Schnittlauch
werden auf dem Teller als
Krönung gesetzt.

Rührei nach Peter Frei

Peter Frei: „Was, meine Damen, Sie mögen kein Rührei? – Dann schmeckt Ihnen vielleicht das: Eine Lammkeule wird 24 Stunden mit einer Paste aus Senf, gequetschtem Knoblauch, Thymian, Koriander, Pfeffer und Salz gebeizt. Später die Keule im Bratentopf im Backofen bei mittlerer Hitze braten. Den Fond mit einem extra zubereiteten Sud zur Soße verrühren. Der Sud wird aus feingehackten Zwiebeln, Estragon und trockenem Wermutwein geköchelt".

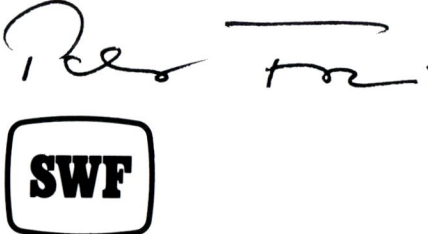

Ich liebe Rührei. Einer der Gründe dafür ist sicherlich die Tatsache, daß „Ei" bereits die Hälfte meines Familiennamens „Frei" ausmacht. Vielleicht aber hat meine Vorliebe für das Ei ihre tiefenpsychologischen Ursachen in der Erinnerung an die ersten Streicheleinheiten der Mutter: „Ei, Ei, – was macht denn unser Kleiner heute?"

Und Rührei soll es sein, weil sich so das Beste herausarbeiten läßt, zu dem ein Hühnerei fähig ist. Allerdings hat das perfekte Rührei schon manchen Meisterkoch zur Verzweiflung gebracht und fast soweit getrieben, einen seiner Sterne im Guide Michelin freiwillig zurückzugeben.

Merke:
Das perfekte Rührei ist eine der größten Herausforderungen an die Konzentrationskraft von Köchen, weil es nur in einer bestimmten Sekunde des Kochvorgangs optimal gelingt.

Rezept

Zutaten für eine Portion
Zwei Eier
Salz
Butter

Vorbereitung:

Sie kaufen frische Eier, gelegt von Hennen in Freiheit. Es fällt auf, daß in „Freiheit" das Wort „Ei" gleich zweimal enthalten ist.

Sie selbst gehen am Abend vor dem Rührei-Frühstück früher zu Bett, möglichst vor den Tagesthemen.

Zubereitung

Am Morgen des Rührei-Frühstücks sollten Sie sich viel Zeit für die Morgentoilette nehmen. Bleiben Sie ruhig und entspannt. Das Telefon hängen Sie aus. Nachbarn, Zeitungsboten oder Zählerableser bringen Sie mit einem unüberhörbaren „Ich bin nicht zu Hause" für die nähere Zukunft auf Distanz.

Auf dem Herd steht inzwischen eine saubere Pfanne. Salz ist griffbereit daneben. In die Pfanne wird etwas Butter gegeben, eine ordentliche Messerspitze.

Achtung! – Mittlere Hitze einstellen. Die Butter wird bald schmelzen. Sie darf unter keinen Umständen schäumen oder gar braun werden. Jetzt die Eier schnell und entschlossen aufschlagen und über den nicht so heißen Pfannenrand in die Pfanne gleiten lassen. Sofort zwei Prisen Salz über die Eier streuen. Dann mit einem möglichst hölzernen Spachtel die Eier zügig verrühren.

Höhepunkt

Beobachten Sie nicht das Gelbe vom Ei. Konzentrieren Sie sich ganz auf das Eiweiß. Das ist zunächst noch glasig. Aber in einer der nächsten Sekunden wird sich das Eiweiß vom glasigen über den trüben zum weißen Zustand verfestigen. Soweit darf es aber gar nicht kommen. Sobald nämlich das erste Weiße sichtbar wird, nehmen Sie die Pfanne von der Herdplatte. Das Rührei festigt sich noch etwas mehr, während Sie es servieren.
Kerniges Bauernbrot, bestrichen mit Sauerrahmbutter, nimmt dem Rührei

nichts vom Eigengeschmack. Dazu empfehle ich schwarzen Kaffee mit einem Löffel Zucker.

Jetzt können Sie das Telefon wieder einhängen.

Eisbein à la Schmidt,
von Hanns Joachim Friedrichs

Es handelt sich um den tollkühnen Versuch, Eisbein mit Sauerkraut in drei Töpfen zu kochen und in einem vierten zu servieren.
Meistens gelingt er, fast immer nach folgendem Verfahren:

Rezept

Zwei kleine Eisbeine (oder ein großes) etwa zwei Stunden kochen. Eine mit Nelken und einem Lorbeerblatt gespickte Zwiebel mit in den Topf tun.
Ein Kilo Sauerkraut (eine Dose) auspressen. Eine mittelgroße Zwiebel in Scheiben schneiden und in Butter andünsten. Sauerkraut beigeben, dazu einen kräftigen Schuß Weißwein. Höchstens 15 Minuten kochen. Ein Viertel Pfund Butter unter das Sauerkraut rühren.

750 Gramm Kartoffeln schälen, kochen und pürieren. Mit Salz, Pfeffer, Muskatnuß und viel scharfem Senf kräftig würzen. Einen Eßlöffel Butter beigeben. Zum Schluß eine Packung Crème fraîche (200 Gramm) in das Püree rühren.

Das Eisbeinfleisch auslösen, Knochen weg, Fett weg. In nicht zu kleine Stücke zerteilen. Das

Fleisch mit dem Sauerkraut vermischen und in eine Auflaufform geben. Darüber das Püree gießen (es sollte ziemlich dünnflüssig sein!).
Die Form in den Ofen stellen und etwa eine halbe Stunde überbacken, ohne Käse, ohne alles.

Dazu ein schlichter Salat als Vorspeise.
Als Getränk: Herforder Pils (nicht nur, weil ich mit dem Brauer in die Schule gegangen bin). Der Schmidt, dem ich das Gericht abgeguckt habe, heißt übrigens Jürgen und lebt in Bremen.

Straßburger Bäckeofe à la Ansgar Fürst

Ansgar Fürst (signature)

Badische Zeitung

Fleisch einige Stunden in Wein eingelegt hat), Butterflocken darüber verteilen. Zudecken. Für mindestens 2 Stunden in den Backofen (190 bis 200 Grad) schieben.

Als Getränk dazu empfehle ich einen Elsässer Edelzwicker oder einen trockenen Elsässer Riesling.

Rezept

(für 4 bis 6 Personen):

je 400 g Schweine- und Hammelschulter, ohne Schwarte und Knochen, in gulaschgroße Stücke geschnitten
400 g Zwiebelstreifen
600 g rohe Kartoffeln, in Scheiben geschnitten,
5 grobgehackte Knoblauchzehen
Salz, weißer Pfeffer, Muskat
1/4 l herber Weißwein
50 g Butter

Eine feuerfeste Form mit Deckel – im Elsaß gibt es eigene Bäckeofe-Formen, der Römertopf tut es aber auch – in Schichten mit Fleisch, Zwiebeln und den vorher gewürzten Kartoffeln füllen. Den Abschluß müssen Kartoffeln bilden. Den Wein darüber gießen (besser wird der Bäckeofen noch, wenn man das

Sonntagsragout à la Werner Giers

Münchner Merkur
MÜNCHNER ZEITUNG

Rezept

1 1/2 Pfund ausgebeintes Kalbsgrat in größeren Würfeln
3 Zwiebeln (ca. 200 Gramm), feingeschnitten
70 Gramm Butter
1 Teelöffel Rosenpaprika
2 bis 3 Tomaten, enthäutet und kleingeschnitten
1 Teelöffel Tomatenmark
1 kleine Knoblauchzehe (durch die Presse)
1 Prise Salz
1 Prise Thymian
1 Tasse dicken sauren Rahm
1 Tasse Kalbsjus

Die Zwiebeln in der Butter glasig dünsten, den Paprika dann zwei Minuten mitschmoren, einen Eßlöffel Wasser hinzufügen und nochmals zwei Minuten schmoren.
Nun das Fleisch dazugeben, umrühren, salzen; Tomaten, Tomatenmark, Knoblauch, Thymian dazugeben. Deckel auf den Topf und ca. 30 Minuten (unter Beobachtung) schmoren;

Der Gastrosoph distanziert sich vom Gourmand, wie er heute als Vielesser definiert wird. Der Gastrosoph identifiziert sich nicht mit dem Gourmet, obwohl das Feinschmeckerische sein Wesenszug ist. Der Gastrosoph, um Eugen von Vaerst zu zitieren, „wählt aus dem Guten das Beste, in schönster Form, mit gewissenhafter Rücksicht auf Gesundheit und Schicklichkeit".
Einer der bekanntesten Gastrosophen ist Dr. Franz Herre, Jahrgang 1926, Chefredakteur a.D., vielfacher Buchautor, Historiker und Publizist. Ein gefragter Mann, den renommierte Verlage zu bitten pflegen, für ihre ebenso renommierten Publikationen buchstäblich mit der Zunge zu werten, was sie später in Guides empfehlen und ihren Lesern damit die oft mühsame Bewältigung von Restaurant-Wälzern ersparen wollen. Franz Herre wohnt in Herrsching am Ammersee. In seinem Domizil lernte ich dank der schwäbischen Bayerin Frau Herre das „Sonntagsragout" kennen und schätzen.

bis zum Garwerden kleine Mengen Kalbsjus einrühren. Zum Schluß eine Tasse dicke saure Sahne hinzugeben.
Schmorzeit:
60 bis 75 Minuten.

Dazu gibt es Spätzle und grünen Salat.

An Getränken zu empfehlen – um in Bayern zu bleiben: Frankenwein, doch keinen Müller-Thurgau oder eine der zahlreichen Neuzüchtungen, sondern einen soliden und kernigen Silvaner. Auch Münchner Bier, aber – was es gibt – nach Pilsener Art gebraut, paßt dazu.

Klaus J. Groth: Zucchini und Kürbis

Klaus J. Groth (Unterschrift)

Lübecker Nachrichten

Haben Sie je einen Kürbis zerlegt? Ich meine so einen vom Kaliber „Gärtnerstolz", dessen Transport bis zur Küche nur mittels einer Schubkarre möglich ist? Wenn Sie solch ein Prachtstück bereits einmal auf den Küchentisch gewuchtet haben, wissen Sie, daß die Probleme erst dort beginnen. Bis dahin ist alles ganz einfach. Kürbisse gedeihen auch ohne großen gärtnerischen Aufwand (das macht sie für Journalisten mit Zeitnot zum idealen Gewächs im heimischen Gemüsegarten). Mein erster Versuch damit bescherte mir gleich zwei Exemplare von der Art, wie es sich der Wirtschafts- und der Finanzminister wünschen: Mit ungebremstem Wachstum. Was aber beginnt man mit diesem Segen? Süß-sauer Einlegen für die nächsten zehn Jahre eröffnet etwas einseitig Aussichten auf künftige Beilagen. Wenn Freunde und Bekannte abwehrend die Hände heben mit der Bemerkung „hab' ich schon", ist mit gärtnerischem Erfolg nicht mehr zu glänzen, und die Gefriertruhe hat auch nur ein

begrenztes Aufnahmevolumen. In solcher Situation merkt der unbefangene Bürger erst, was es heißt, sich in Brüssel mit der landwirtschaftlichen Überproduktion herumplagen zu müssen. Meine Frau reagierte allerdings rigoroser, als die EG-Agrarminister: Auf ihr Betreiben wurde sofort ein dreijähriger Produktionsstop für Kürbis im Hausgarten beschlossen. Schade, schließlich sieht jeder gerne einen runden Erfolg heranreifen, wenn er nichts dafür tun muß.

Das Rezept der rustikalen *„Bulgarischen Kürbispfanne"* habe ich allerdings nicht herausgesucht, weil damit die Bestände abgebaut werden, sondern weil das Gericht vorzüglich schmeckt. Und natürlich besonders dann, wenn es im Herbst mit frischem Kürbis zubereitet wird.

Und weil auch eine andere Kürbisart, die Zucchini, die Eigenart hat, hemmungslos zu gedeihen, empfehle ich ein zweites Kürbisgericht. Es steht für die feinere

Küche. In Ligurien, wo man besonders phantasiereich und behutsam mit Gemüse umzugehen weiß, werden Zucchini so zubereitet. Und auch bei uns.

Rezept

Gefüllte Zucchini

6 Zucchini, ca. 14 cm lang
25 g Weißbrot ohne Kruste
Milch zum Einweichen
100 g Ricotta- oder Hüttenkäse
1/4 Teel. getrockneter Oregano
1 zerdrückte Knoblauchzehe
40 g geriebener Parmesankäse
1 Eigelb,
frisch gemahlener schwarzer Pfeffer, Salz

Die gewaschenen Zucchini an den Enden abschneiden und in einen Topf mit kochendem Salzwasser legen. 5 Minuten ziehen lassen und abgießen. Das Weißbrot in Milch einweichen, sobald es weich ist, wird es gut ausgedrückt. Die Zucchini längs halbieren und mit einem Teelöffel zu einem langen, bootsähnlichen Gehäuse aushöhlen.

Das ausgeschabte Zucchinifleisch wird fein gehackt in eine Schüssel gegeben. Hinzu kommt Brot, Ricotta- oder Hüttenkäse, Oregano, Knoblauchzehe, Parmesankäse, Eigelb, etwas Pfeffer und ca. 1/2 Teel. Salz. Diese Masse wird sorgsam gemischt und sollte eher breiartig sein. Bei zuviel Festigkeit gibt man ein wenig Milch dazu.

Die Zucchinihälften werden gefüllt und die Oberflächen glattgestrichen. In eine gut geölte Auflaufform setzt man die Zucchini dicht nebeneinander und gart sie im vorgeheizten Backofen bei 190 Grad C etwa 35 bis 40 Minuten. Das Gemüse muß zart sein und die Füllung eine goldbraune Kruste erhalten. Dieses Gericht wird mit recht trockenem italienischem Wein serviert.

Rezept

Bulgarische Kürbispfanne

750 g Kürbis
500 g Kartoffeln
1 Teel. Salz
500 g Hammelfleisch
frisch gemahlener Pfeffer
1 Knoblauchzehe
1 Teel. Oregano
Sonnenblumenöl
Mehl
1/8 l Milch
Salz und frisch gemahlener Pfeffer
2 Eier
1 Zwiebel

Die Kartoffeln und ebenso den Kürbis schälen, in Scheiben schneiden, mit etwas Salz bestreuen und zudecken. Das mit Salz und frisch gemahlenem Pfeffer kräftig gewürzte Hammelfleisch durch den Fleischwolf drehen und die frisch ausgepreßte Knoblauchzehe darübergeben. In einer Pfanne Sonnenblumenöl erhitzen und alles zusammen rösten. Die Kartoffel- und Kürbisscheiben mit Küchenkrepp abtupfen und in Mehl wenden. Beides wird in erhitztem Sonnenblumenöl in einer großen Pfanne rasch braun angebraten. Eine feuerfeste Form einfetten, Kartoffeln, Kürbis und Zwiebelringe schichtweise einlegen, den Abschluß bilden Kartoffel- und Kürbisscheiben. 1/8 l Milch mit Salz, Pfeffer und Eiern verquirlen und schnell über den geschichteten Inhalt der Form gießen. Im vorgeheizten Backofen bei ca. 200 Grad C etwa 45 Minuten backen. Dieses Gericht wird in der Form serviert, dazu reicht man einen ländlichen Rotwein.

Hubert Griebel: Blaue Zipfel

In Mainfranken hat man es in den vergangenen Jahren verstanden, eine schlichte Bratwurst zu einem „Nationalgericht" zu küren. Was den Nürnbergern ihre Rostbratwürste, das sind den Mainfranken in der Würzburger Gegend die „Blauen Zipfel".

Rezept

4 Paar grobe Bratwürste
1 Liter Wasser
1/2 Tasse Essig
1 Tasse Weißwein
4 bis 5 Zwiebeln
Salz, 1 EL Zucker
2 Lorbeerblätter
5 Wacholderbeeren
1 TL Senfkörner

MAINPRESSE
RICHTERDRUCK
WÜRZBURG

Das Wasser mit Wein und Essig kurz aufkochen lassen. Die Zwiebeln in Ringe schneiden und mit den Gewürzen zusammen zugeben. Diesen Sud 20 Minuten ziehen lassen. Dann die Bratwürste zugeben und weitere 15 Minuten ziehen lassen. Die Würste mit vielen Zwiebeln und etwas Sud servieren. Dazu gibt es Schwarzbrot und einen trockenen Wein. Der oben beschriebene Sud läßt sich durch die Zugabe von in Scheiben geschnittenen Karotten und frischen Champignons verfeinern. In diesem Fall die Karotten mit den Zwiebeln zugeben, die Champignons aber erst mit den Bratwürsten.

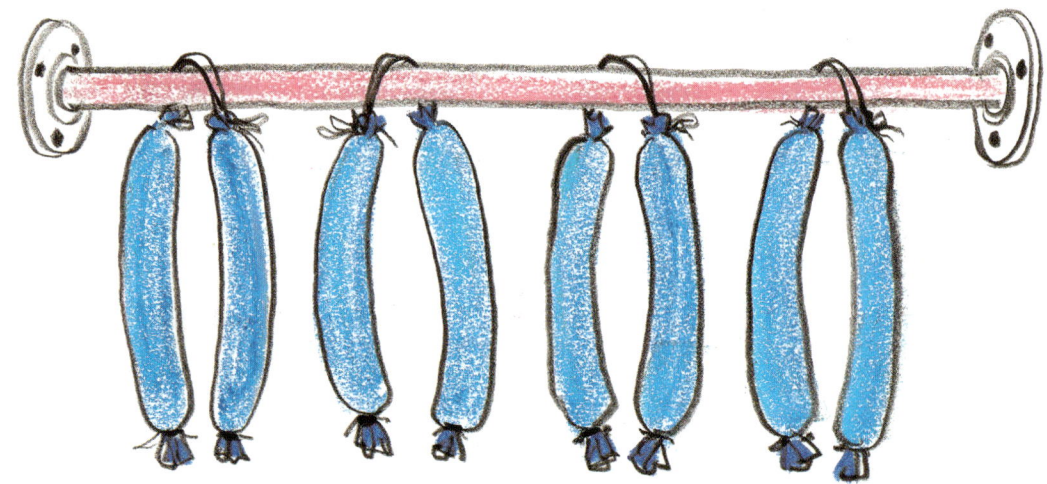

Edmund Gruber: Schwarzer Kaffee

Mein Lieblingsgericht ist ein Getränk: Kaffee, schwarzer süßer Kaffee. Ich habe ihn zum ersten Mal bei den Beduinen getrunken, im Sinai, damals während des Sechs-Tage-Krieges. Die Nacht war kalt und als die Sonne mit ihren ersten Strahlen den Sand der Wüste in brandrotes Licht tauchte, da saßen die Beduinen schon im Schneidersitz vor ihrer spärlichen Feuerstelle. Sie brauten Kaffee. Zehn Mokka-Tassen Wasser, zehn Löffel allerfeinst gemahlenen Kaffees und zehn Löffel Zucker hatten sie in einer zerbeulten Kupferkanne zum Kochen gebracht. Jetzt schäumte das Gebräu zum Deckelrand und drohte überzuschwappen. Der Alte an der Feuerstelle zog die Kanne weg, damit sie abkühlen konnte. Drei Mal mußte der Kaffee aufkochen, dann war er fertig. Er war pechschwarz, kochendheiß und süß, so stark, daß er einen Toten aufwecken konnte. Der bitterherbe Beigeschmack stammte von Chel (Kardamom). Die Beduinen hatten für die zehn Tässchen drei Bohnen des lindgrünen, getrockneten Gewürzes aufgeschlitzt in die Kupferkanne geworfen, bevor sie sie aufs offene Feuer stellten. Der Duft war umwerfend, himmlisch. Essen kann man vor dem Beduinen-Sud so gut wie alles. Auch ohne eine Mahlzeit ist der schwarze, trägfließende Kaffee eine Wonne. Vor dem Essen ist er appetitanregend, beim Arbeiten aufwühlend. Schwarzer, betörender Beduinen-Kaffee, wie gesagt.

Paulheinz Grupe: Pizza à la Wetterwald

WZ Westdeutsche Zeitung

Rezept

Als Grundlage verwendet man nicht Pizzateig oder Hefeteig, sondern Blätterteig (praktischerweise aus der Tiefkühltruhe). Für den Belag benötigt man ein bis zwei Kilo grüne Paprikaschoten, ein halbes Pfund Zwiebeln, je eine Dose Sardellen und Kapern sowie ein Stück festen Käse (am besten schmeckt Schweizer Emmentaler).

Die Sardellen werden in ganz kleine Stückchen geschnitten und zusammen mit den Kapern über den ausgerollten Teig verteilt. Paprikaschoten und Zwiebeln schneidet man fein und klein und dünstet sie vorher mit etwas Öl in einem großen Topf an (nicht garkochen!). Nach dem Abtropfen verteilt man die Masse gleichmäßig über den Teig und bedeckt alles mit einer guten Schicht des geriebenen Käses. 20 bis 30 Minuten bei mittlerer Hitze solange backen, bis der Käse anfängt, braun zu werden.

Ein Rezept aus meiner Heimat zu bieten, fällt mir schwer. Denn das Rheinland ist zwar für allerlei Fröhliches bekannt, aber die kulinarischen Ansprüche sind nicht sehr hoch. Als höchste Gaumenfreude gilt hierzulande „Hemmel on Erd met Blotwoorsch" (Himmel und Erde mit Blutwurst, Äpfel und Kartoffeln werden zu einem Brei gekocht und mit Blutwurst serviert). Schon diese Schilderung verheißt nicht viel Gutes, deshalb möchte ich die Leser vor dem Nachkochen bewahren.

Mein liebstes Gericht hat indirekt etwas damit zu tun, daß man als journalistischer Wanderbursche viel herumkommt. So war ich auch im Verlauf meiner beruflichen Karriere vor rund zwei Jahrzehnten einmal bei Burda in Offenburg. Dort lernte ich zwar auch viele badische Gerichte kennen, in Erinnerung geblieben aber ist mir ein Rezept, das mir ein Kollege verriet, mit dem zusammen ich ein Haus bewohnte. Es handelt sich um Max Felix Wetterwald, weltreisender Fotograf in Burdas Diensten. Er zeigte uns, was er unter einer Pizza versteht. Noch heute wird sie immer wieder gern gegessen und rubriziert im Sprachgebrauch der Familie als die „Pizza à la Wetterwald".

Pizza-Erinnerungen von Gert Haedecke

Eigentlich kann ich gar nicht mitreden. Ich bin ein Banause. Für mich ist Carpaccio ein Maler. Aber manche Kollegen denken bei dem Namen an hauchdünn geschnittenes rohes Rindfleisch. Sie kennen sich aus. Sie wissen in jeder Stadt, wo man am besten ißt. Sie haben die Spezialgerichte verschiedener Restaurants im Kopf, können die Zutaten aufzählen und erwähnen beiläufig den passenden Wein. Und zuhause kochen sie selbst, indisch, chinesisch, mexikanisch, neuerdings sogar schwäbisch. Mit kundiger Hand und erinnerungsseligem Gaumen reproduzieren sie ihre kulinarischen Reiseeindrücke.

Einmal habe ich es auch versucht. Das ist schon lange her, mehr als dreißig Jahre. Ich ging noch zur Schule. Und in den Ferien fuhren wir mit dem Rad nach Italien. Über die Alpen. Mailand, Genua, Rom, Neapel. Und dort, am alten Hafen, in einer Wolke wildester Gerüche, lockte plötzlich ein besonderer Duft. Was das sei, fragten wir. Come se chiame? Aha, Pizza Napolitana. Man aß aus der Hand, von fettgetränktem Packpapier. Pizza, ein merkenswertes Wort. Wochen später, längst wieder daheim, hatte ich den Geschmack immer noch nicht vergessen. Und ich beschloß, selbst Pizza zu backen.

Ich richtete Pfannkuchenteig, zwei Eier, etwas Mehl, etwas Wasser, gab Margarine in die Pfanne, den Teig hinterdrein, legte auf die brodelnde Masse ein paar Tomatenscheiben, ein paar Ölsardinen und darüber feingeschnittenen Schweizerkäse. Merkwürdig. Es roch anders als in Neapel. Es sah auch anders aus. Und es schmeckte anders, ganz anders. „Das liegt an den Oliven", sagte ich zu dem Mädchen, das ich eingeladen hatte. „Dort nehmen sie dazu noch schwarze Oliven, die bekommt man bei uns nicht". Das Mädchen war sehr nett und schluckte tapfer. Aber als ich dann schwarze Oliven in einem Schaufenster sah, wagte ich keinen zweiten Versuch.

Nach dem Abitur studierten wir beide in derselben Stadt. Und eines abends gerieten wir, nicht weit von der Universität, gleich neben dem Theater, in ein neues Lokal. Die Wirtin stammte aus dem Rheinland, ihr Mann war Italiener. Sie stand an der Theke, er stand am Herd; und auf der Karte stand Pizza Napolitana. Pro Person zwei Mark.

Die Geschichte ist eben wirklich schon lange her. Wir bestellten für zwei Personen. Was kam, war ein Geruchsereignis. Eine Farbsensation. Durch braungoldenen Käse leuchtete prunkendes Tomatenrot, schimmerten blausilberne Sardellen, glänzten schwarze Oliven. Bei näherem Hinsehen entdeckte man noch dunkelviolette Kapern und kleine grüne Gewürzinseln, Thymian, Basilikum, Oregano. Und wenn man die Augen schloß, war der ganze Süden da. „Das ist also Pizza", sagte das Mädchen fast andächtig. „Ja", sagte ich, „das hatte ich damals gemeint". Auch der Teig war jetzt wieder wie in Neapel, nicht zu dünn, nicht zu dick, locker, knusprig. „Hefeteig", sagte das Mädchen, „kein Pfannkuchenteig. Vom Rest zu schweigen." Und das klang nicht mehr andächtig, eher ein bißchen spöttisch.

Fortan aßen wir Pizza Napolitana mindestens einmal pro Woche, mehrere Semester lang. Oft gingen Freunde mit. Aber man mußte darauf achten, daß es immer eine gerade Zahl war. Denn für zwei Personen gab es ein großes rechteckiges Backblech voll; es wurde so, wie es aus dem Herd kam, an den Tisch gebracht. Für drei Personen gab es nicht mehr, für vier dann zwei Bleche, für fünf auch nur zwei, für sechs drei. Mehr als drei Bleche gleichzeitig paßten nicht in die Herdröhre. „Bald geht es schneller", sagte die Wirtin. „Wenn wir hier genug verdient haben, fährt mein Mann nach Italien und kauft einen richtigen Pizzaofen." Manchmal, spät abends, setzte sich der Mann zu uns an den Tisch und spendierte eine Runde Grappa. Dann wurden die Augen der Wirtin schmal. Manchmal kam auch die Tochter mit einem Schulheft, und wir halfen bei den Hausaufgaben.

Und eines Tages war der Pizzaofen da, elektrisch beheizt. Vorbei die Zeit der Backblech-Mathematik. Jetzt wurde die Pizza auf dem Teller serviert, kreisrund und portionengerecht. So nimm, Gerechtigkeit, denn deinen Lauf. Es macht der Fortschritt Gleiche aus uns allen. Aber wir blieben. Denn die Teller waren verhältnismäßig groß, und es schmeckte immer noch wie früher. Die meisten Gäste im Lokal bestellten übrigens deutsche Gerichte. „Die hab ich ihm beigebracht", sagte die Rheinländerin stolz. Wenn sie dann in ihrem Singsang „Zwei Pizza" in die Küche rief, erschien der Italiener in der Durchreiche, und hinter dem Rücken seiner Frau gab er durch Zeichen zu verstehen, daß er nachher noch mit der Flasche an den Tisch komme.

Tempi passati. Nach dem Studium begann ich, beim Funk zu arbeiten. Mit dem Mädchen, das vor nichts zurückschreckte, auch nicht vor Ölsardinen in Pfannkuchenteig, bin ich seit fünfundzwanzig Jahren verheiratet. Manchmal gibt es abends Pizza. Die Söhne mögen das. Ich auch. Immer noch.

Rezept

Die klassische Pizza Napolitana

Den Weißbrotteig kann man beim Bäcker holen. Für vier Personen braucht man ein Pfund. Belag: eine große Dose geschälte Tomaten, die man mit der Gabel zerdrückt und dann salzt; ein Glas Sardellen, zehn Minuten lang gewässert; ein Glas Kapern, ein Glas Oliven; außerdem geriebener Parmesankäse, Thymian, Basilikum und Oregano. Das Backblech wird vorher mit Olivenöl bestrichen, zwei Eßlöffel Öl träufelt man über das ganze und schiebt das Blech in den vorgeheizten

Backofen. *Backzeit:* cirka 25 Minuten bei 200 Grad. Pizza Napolitana. Am besten schmeckt dazu ein trockener Orvieto. Und hinterher ein Schluck Grappa. Erinnerungen muß man anfeuchten, sagen die Italiener.

Samoanisches Schweinsgeschnetzel nach Volker von Hagen

Rezept

(2-3 Personen)

500 g Schweinelende geschnetzelt in eine Schüssel geben und mit 2-3 Eßl. Mehl bestreuen und durchschwenken. Anschließend wird das Fleisch in wenig aber sehr heißem Öl kurz durch-gebraten und danach mit einem Teel. Streuwürze und etwas grobem Pfeffer gewürzt. Vor dem Auftragen bestreut man es zusätzlich mit 1-2 Teelöffel abgeriebener Zitronenschale und mischt es durch.

Anstelle Gemüse gibt man zu dem Fleisch eine wie folgt hergestellte *Beilage:* 3 Eßl. Zucker werden im Topf zerlassen, ohne daß der Zucker bräunt, dann löscht man ihn mit je einem dl Ananassaft, Orangensaft und Zitronensaft ab. Dazu gibt man 1-2 Eßl. Sojasoße, etwas Chinagewürz, einige Tropfen Tabasco und Curry nach Geschmack. Mit 1-2 Eßl. Maizena dickt man die so entstandene Soße an. In sie hinein kommen 400-500 g Ananaswürfel, eine große Banane in Scheiben und eine gewürfelte Orange. Das Ganze wird kurz erwärmt.
Als weitere Beilagen passen dazu Trockenreis und ein Salat je nach Jahreszeit.

Sollte man vorher eine Suppe reichen wollen, paßt am besten eine kräftige Tomatensuppe, in der man Bananenscheiben erhitzt und die man vor dem Auftragen mit einem nicht zu knappen Schuß Gin abschmeckt. Pro Teller ist ein Eßl. geschlagene, ungesüßte Sahne als Garnierung zu empfehlen.

Als Getränk wird ein leichter, trockener Weißwein empfohlen.

Mein Lieblingsdrink

Als Drink für den Abend empfehle ich eine Mischung aus einem Teil Scotch und zwei Teilen Trinkmilch ohne Eis. Das Getränk ist köstlich und klumpt entgegen aller Erwartung weder im Glas noch im Magen. Bislang wurde noch jeder Skeptiker überzeugt, auch solche, die sonst weder Whisky noch Milch für sich allein trinken. Hat man genügend davon konsumiert, treibt es einen, zu dem Bauern zu gehen und ihn zu überreden, diese Kuh nicht zu schlachten.

Brot

(Eine Mischung von vielen)

1. 500 g Weizenmehl
2. 250 g Roggenmehl
3. 250 g Weizenschrotmehl
4. 1 Paket Sauerteig *(2-4 im Reformhaus erhältlich)*

5. 2 Würfel Hefe, etwas Milch, 1 Eßl. Honig
6. 4 Teelöffel Kümmel
7. 4 Teelöffel Salz
8. 1 Teelöffel Oregano
9. 1/2 Liter Milch oder Buttermilch

Hefe in Milch mit dem Honig auflösen und gehen lassen. Das Hefestück mit dem Weizenmehl, Sauerteig, Salz, Kümmel und Oregano zusammenmischen und nacheinander Milch oder Buttermilch mit dem restlichen Mehl zu einem trockenen Kloß verarbeiten.

Diesen zu einem Brot formen, etwas verzieren und bis zum doppelten Umfang gehen lassen. Eine gute Stunde bei 220 Grad backen und dabei im Backofen ein Töpfchen mit Wasser aufstellen. Ungefähr 15 bis 20 Minuten vor dem Backabschluß das Brot gut mit Wasser abpinseln, dann fertig backen.

Das Brot sollte zwei Tage liegen bis zum Anschnitt, da dann die Gewürze besser durchgezogen sind. Das Brot sollte in einer Keramikbrotform gebacken werden, sonst ist die Kruste nicht gleichmäßig.

Hans-Dieter Hamboch: Poularde „Tikka"

NORDSEE-ZEITUNG
NORDWESTDEUTSCHE ZEITUNG

Kulinarische Wissenslücken schließe ich am liebsten im Urlaub mit meiner Familie oder bei Dienstreisen. Noch bevor ich in einem Hotel Pinsel und Rasierseife ausgepackt habe, weiß ich mit Sicherheit, wo der Chefkoch die landestypischen Rezepte versteckt hat.

Ein Rezept mußte ich mir allerdings mit Angst erkaufen. Und das kam so: Vor ein paar Jahren blieb ich in den Vereinigten Arabischen Emiraten bei Einbruch der Dunkelheit mit meinem Jeep am Rande der Wüste im Sand stecken. Ausgerechnet in einem Land, das auf einem Ölsee schwimmt, war mir das Benzin ausgegangen. Da half auch alles Fluchen nichts.

Ich kann mich nicht mehr erinnern, wie lang ich unter purpurfarbenem Himmel mit Kameras und Koffer über Sanddünen durch die Nacht gestolpert bin, bis ich endlich erschöpft die ersten Lichter der Oase El Alain, die während der ganzen Zeit wie Elmsfeuer vor mir hergetanzt waren, erreichte. Unvergessen geblieben sind mir jedoch die überwältigende Gastfreundschaft, die Hilfsbereitschaft und dieses köstliche Mahl.

Rezept

Zutaten für fünf bis sechs Spieße:

1 Poularde, entbeint und ohne Haut,
in zwei Zentimeter dicke Stücke schneiden (oder Hähnchenbrust aus der Tiefkühltruhe),
1 1/2 Becher Joghurt,
1 frische Ingwerwurzel (schälen und zerdrücken),
1 Teelöffel Currypuder und je eine Prise Nelkenpulver, Zimtpuder, Muskatnußpuder, Kardamompuder, Korianderpuder, Chillipuder. Dazu ein Hauch Salz und weißer Pfeffer.

Die Gewürze in einem Schälchen trocken gut mischen. Das gleiche separat mit Joghurt und Ingwer. Mit der Gewürzmischung die Poulardenstücke würzen, dann mit der Joghurt-Ingwer-Mischung übergießen und vermischen.

Zwei bis drei Stunden einziehen lassen. Anschließend auf Metallspieße stecken und langsam goldbraun grillen. Achten Sie darauf, daß der Grill nicht zu heiß ist.

Dazu passen ein körniger Reis (eventuell mit Curry und weißem Pfeffer abgeschmeckt), Salate und ein trockener Wein. Ein roter Franzose ist ein Gedicht.

Friedel Hange: Hausgemachte Nudeln

Friedel Hange

AUGSBURGER ALLGEMEINE

Bei meiner Großmutter gab es nur selbstgemachte Nudeln. Ich sehe sie noch vor mir, wie sie mit geübten Händen Mehl und Eier zu einem festen Teig zusammenknetete. Mit einem Nudelholz wurde der Teig auf dem bemehlten Küchentisch dünn ausgerollt. Für den Antrocknungsprozeß diente ein Küchenstuhl. Mit Küchentüchern belegt, wurde darauf das dünne Teigblatt gebettet. Später wurde es, leicht bemehlt, zusammengerollt und Großmutter schnitt breite Streifen. Auf dem Herd kochte ein großer Topf mit Salzwasser, darin verschwanden die Nudeln in großen Bändern. Mit Kompott serviert, waren sie die Leibspeise meiner Kindertage. Das Rezept für hausgemachte Eiernudeln habe ich aus Italien mitgebracht. Es ist ganz einfach, lediglich für das Kneten des Teiges – etwa 15 Minuten – muß etwas Kraft aufgewendet werden. Dafür schlagen dann beim Essen die Kalorien nicht so an.

Rezept

Pro Person 100 g Mehl und ein Ei, Salz kann, muß aber nicht zugegeben werden. Das Mehl auf ein Backbrett sieben, eine Vertiefung in der Mitte machen und darin die Eier hineingeben. Erst mit einer Gabel die Eier mit dem Mehl verrühren, dann mit den bemehlten Händen weiterarbeiten, bis ein glatter Teigkloß entstanden ist, der sich vom Backbrett löst. Mit Mehl bestreut und von einem Tuch bedeckt, 20 Minuten ruhen lassen. Nun den Teigkloß in drei Teile teilen und mit dem Nudelholz sorgfältig von der Mitte her ausrollen, bis er ein dünnes Blatt ist. Ebenso mit den übrigen Teigteilen verfahren. Die Türen der Anbauküchen, mit einem Küchentuch abgedeckt, sind hervorragende „Trockenstationen". Dauer etwa 30 Minuten. Schneiden nach Belieben, breit oder schmal. Kochzeit 8-12 Minuten, je nach Teigdicke. Die Nudeln sollen noch „Biß" haben, „al dente" sein, wie die Italiener sagen.

Von den vielen Soßenmöglichkeiten empfehle ich Ihnen folgende Variation:

Auf einer heißen Platte vermischen Sie die dampfenden zarten Nudeln abwechselnd mit Butter und frisch geriebenen Parmesankäse, bis davon die Nudeln förmlich durchdrungen sind.

Übrigens, ein trockener Weißwein oder Rosé schmeckt gut dazu. Auch ein Glas gutes Tafelwasser. Und den Salat sollten Sie mit Olivenöl anmachen.

für Frau Hannelore Kohl

f. westen 1.9.85

Crêpes mit Pfifferlingen von Almut Hauenschild

Almut Hauenschild

Im September 1980 reiste ich zusammen mit meinem Mann in einem Wohnmobil durch Polen. Im ganzen Land wurde gestreikt, die Versorgung war weithin zusammengebrochen; darum gab es in den Läden nichts zu kaufen und war auch das Angebot der Restaurants meistens recht dürfig. So waren wir wie die Polen auch auf die Bauernmärkte angewiesen, wo es zu Preisen, die für Polen unerhört, für uns niedrig waren, zu kaufen gab, was Gärten und Wälder lieferten: Tomaten, Pfifferlinge, mal ein paar Kräuter oder Beeren, Sahne, Milch, Eier. Glücklicherweise hatten wir ein Mehrfaches der erlaubten Menge an

Nahrungsmitteln mitgenommen, so daß Fett, Speck und Mehl uns nicht vor unlösbare Beschaffungsprobleme stellten. Alle diese Zutaten ergaben unser Standardgericht, von dem wir uns drei Wochen ernährten. Und wann immer auf dem Markt frische Pfifferlinge zu akzeptablen Preisen angeboten werden, gibt es bei uns Crêpes mit Pfifferlingen, dazu einen Tomatensalat.

Rezept

Die Crêpes:
(ca. 6 Stück für zwei Personen)

75 g Mehl
1 Ei
1/2 Tasse Milch,
1/8 Tasse Eiswasser
1 Prise Salz
1 EL zerlassene Butter abgekühlt
je 1 EL Butter und Olivenöl gemischt zum Backen

Ei, Milch, Salz und Butter mit dem Handmixer eine Minute mischen. Dann nach und nach das Mehl zugeben. Teig 1/2 Stunde im Kühlschrank ruhen lassen. Kurz vor dem Ausbacken wird das Eiswasser

dazugegeben. Dazu eine eiserne Pfanne von ca. 15 cm Durchmesser auf großer Flamme erhitzen. Mit einem Fettpinsel den Pfannenboden mit der Butter-Öl-Mischung bestreichen.
Mit einem kleinen Schöpflöffel jeweils etwa 2 EL Teig in die Pfanne gießen. Dabei die Pfanne so drehen, daß sich der Teig schnell und gleichmäßig über die gesamte Bodenfläche verteilt. Nach 1/2 Minute die Crêpe mit einer Palette vom Rand her vom Boden lösen, wenden, nach 1/2 Minute nochmals wenden und nach 1/2 Minute auf vorgewärmten Tellern in den warmen (nicht heißen!) Backofen stellen. Pfanne wieder bepinseln und die nächsten Crêpes backen.

Die Pilze:
(für zwei Personen)

250 g Pfifferlinge
100 g durchwachsener
Speck
2 Schalotten
Petersilie
100 g süße Sahne
etwas schwarzer Pfeffer
100 g Butter

Die Pilze putzen und sorgfältig waschen. Den Speck
und die Schalotten sehr
klein würfeln. Die Petersilie
fein schneiden. Schalotten
und Speck in der Butter
erhitzen, Pfifferlinge und
Petersilie dazugeben.
Wenn die Pilze Wasser
gezogen haben, die Sahne
dazugeben und auf kleiner
Flamme köcheln lassen,
bis die Sahne Farbe von
den Pilzen annimmt und
etwas reduziert ist. Zum
Schluß sparsam mit etwas
Pfeffer würzen.
Es ist leicht möglich, daß
der Speck zu salzig ist,
was den Geschmack der
Pfifferlinge erschlägt. Dann
empfiehlt es sich, dem
Speck ein paar Minuten in
kochendem Wasser etwas
Salz zu entziehen.

Schwarzwild in Schwarzbrotkruste
von Hanswolf J. Haunhorst

Deutsche Welle

Vor ein paar Jahren bemühte sich der Internationale Club in Bonn, Spenden für die Gesellschaft zur Bekämpfung der multiplen Sklerose unter der Schirmherrschaft von Frau Dr. Carstens aufzubringen. Der Club hatte die Idee, nach amerikanischem Muster über ein Essen Geld zu sammeln und sah sich nun nach Freiwilligen um, die ein solches Mahl bereiten könnten. Zu solchem Tun bereit waren schließlich die Herren des Clubs kochender Männer in Bonn, und für diesen Abend habe ich innerhalb eines siebengängigen Menüs dieses Rezept entwickelt. Es entbehrte damals so wenig der politischen Bezüge wie heute und wurde für den guten Zweck ein erstaunlicher Erfolg, wenn man die Sparsamkeit der Bonner Beamten und der meisten aus dem Regierungstroß kennt. So haben damals in einer gastlichen Landesvertretung zwölf Herren des Clubs vierzehn Stunden für 130 Gäste um der guten Sache willen gekocht. Wer's nachvollziehen will, mache sich auf einige Handarbeit gefaßt!

Rezept

800 g Keule von jungem Wildschwein mit Schwarte
200 g Pumpernickel
200 g Vollkornbrot
2 Schalotten
80 g mageren Räucherspeck
100 g Schweineschmalz
10 Wacholderbeeren
1 geh. Teelöffel grob gemahlenen schwarzen Pfeffer
1 Teelöffel Thymian
1 Blatt frischen Sellerie
2 Eiweiß
150 ccm Gigondas oder Hermitage
1 Messerspitze Salz

Für die *Marinade,* falls das Tier nicht mehr ganz jung war:
750 ccm einfachen Rotwein
gleiche Menge Wasser
4 Lorbeerblätter
4 Wacholderbeeren
1 geviertelte Schalotte
2 Prisen Thymian
1/2 Zitronenschale
Wenn die Marinade verwandt wird, dieselbe 24 Stunden vor dem Essen auf 40 Grad erhitzen mit allen Zutaten, über das Stück von der Keule geben in einem entsprechend kleinen Gefäß, daß das Fleisch bedeckt ist. 2 mal wenden.

Fleisch abtrocknen und mit 1/2 Teelöffel Pfeffer sowie 1/2 Teelöffel Thymian fest einreiben.
Die beiden Schalotten in dem Schweineschmalz glasig dünsten. Beide Brotsorten ganz fein hacken, ebenso den mageren Speck, die Wacholderbeeren und das Blatt Sellerie sowie die gedünsteten Schalotten.

Sämtliche Zutaten mit einem Kartoffelstampfer innig vermischen, so daß ein ziemlich fester Teig entsteht – einschließlich Rest Pfeffer, Thymian, Eiweiß, Rotwein und Salz. Das Fleisch in den Brotteig einhüllen und 1 Stunde kühl stellen, 10 bis 12 Grad. 75 Minuten vor dem Anrichten auf dem tiefen Backofenblech in den auf 220 Grad vorgeheizten Backofen schieben, vor dem Schließen der Tür 100 ccm Wasser in die Bratröhre (nicht auf das Blech) schütten. Nach 25 Minuten auf 200 Grad heruntergehen, nach weiteren 25 Min. auf 180 Grad. 5 Minuten vor Ende der Bratzeit 50 ccm Wasser in die Röhre geben, sobald der Dampf sich verzogen hat, Blech herausnehmen, Braten auf ein anderes Blech oder Rost geben, wieder einschieben. Vom Bratblech den Fond mit entweder 200 ccm Marinade oder mit 200 ccm halb Rotwein halb Wasser lösen und mit der Sauce (s.u.) vermischen.

Sauce

200 g Wildknochen (auf kleine Stücke zerhackt)
100 g Wildabfälle
1 Karotte
50 g Sellerieknolle
1 Zwiebel
3 Wacholderbeeren
60 g Schweineschmalz
200 g Waldpilze
200 ccm Marinade oder
100 ccm Rotwein und
100 ccm Wasser
2 Prisen Thymian
2 Stücke Zitronenschale (pfenniggroß)
1/4 Teelöffel zerstoßenen schwarzen Pfeffer
150 ccm Crème fraîche

Schweineschmalz bis zum Rauchen erhitzen, Wildknochen anrösten, dann die Wildabfälle hinzufügen,

die grob gehackte Zwiebel, Karotte und das Stück Sellerieknolle. Wenn alles Farbe angenommen hat, mit etwas (100 ccm) Wasser ablöschen, auf kleinster Flamme weiter sieden lassen, die Wacholderbeeren hinzufügen. Nach 60 Minuten abgießen und dabei Fleischabfälle fest an das Sieb drücken, ebenso die Zwiebelstücke und das Wurzelgemüse, die überwiegend durchpassiert werden sollten. Auffüllen mit Marinade oder Wasser-Wein-Mischung. Thymian hinzufügen, Zitronenschale, Pfeffer und kleingehackte Waldpilze; auf die Hälfte reduzieren, mit dem gelösten Fond des Bratens mischen, Crème fraîche zufügen, evtl. mit Salz abschmecken.

Rotkohl Pompadours mit Maronenfüllung

1 mittelgroßen Kopf Rotkohl
250 g Maronen
100 g Butter
50 g geschälte Walnüsse
200 ccm Rotwein
1 Messerspitze Zimt
1 Messerspitze Muskatblüte
100 g Crème fraîche

Den Rotkohl in reichlich leicht gesalzenem Wasser 8 Minuten lang abkochen; noch heiß die Blätter vorsichtig ablösen, ohne sie zu zerreißen.
Die Eßkastanien rösten und schälen, in dem Rotwein weichdünsten, mit der Butter und sämtlichen Gewürzen sowie den geriebenen Walnüssen zerstampfen. Sahne hinzufügen bis Konsistenz eines Kartoffelpürees erreicht ist. Eventuell mit Salz abschmecken. Ein großes und ein kleines Blatt Rotkohl so ineinander legen, – Strunkteil unten –, daß eine offene Tasche entsteht. Jeweils ein Viertel der Maronenmasse einfül-

len, die Blätter oben zusammendrücken, evtl. mit einem Zahnstocher zusammenhalten. Zum Warmhalten in einen leicht gebutterten Topf geben mit 2 Eßl. Rotwein. Deckel schließen. 20 Minuten dämpfen.

Weiß-rote Spätzle

300 g Weizenmehl (man kann auch 200 g Typ 405 und 100 g Vollkornmehl nehmen)
2 Eier Gr. 3
1 gestrichenen Teelöffel Salz
1/8 l lauwarmes Wasser
30 g Tomatenmark

Mehl mit Salz mischen, halbieren (je 150 g). Die eine Hälfte mit 1 Ei sowie 70 g Wasser zu einem glatten Teig verarbeiten, die andere Hälfte mit dem 2. Ei, dem Tomatenmark und den verbliebenen 55 g Wasser ebenfalls zu einem glatten Teig schlagen. Die beiden Teigmassen nacheinander vom Brett in kochendes Salzwasser schaben, dem zuvor ein Eßlöffel Speiseöl zugeführt wurde. Nach

dem Auftauchen mit Sieblöffel herausnehmen, in zwei kleinen gebutterten Schüsseln warm stellen (vorzugsweise im Wasserbad) und zudecken.

Zu dem Gericht paßt ein körperreicher, schwerer Rotwein, zum Beispiel ein Gigondas, Côte du Rhône Village oder bei besonderem Anlaß ein Côte Rôti.

Thüringer Kartoffelklöße
nach Rosemarie Heckmann

Als Kind konnte ich sie nicht aus-stehen. Wenn ich die graue Farbe schon sah und das langweilige Salz-wasser im großen Topf ... In späteren Jahren wurden sie meine kulina-rische Leidenschaft: Mutters Thüringer Kartoffelklöße.

Sie selbst stammte aus Lübeck, heiratete nach Baden-Württemberg, hatte „Thüringen" in keinem Stamm-buch stehen – aber sie brachte die ganze Familie auf den Geschmack. In Vorfreude auf den Genuß, den es nur zu besonderen Anlässen gab, halfen wir denn auch alle gerne mit. Ich sehe noch meinen (hessischen) Vater geduldig beim Reiben der vielen großen Kartoffeln sitzen, während meine Tante und „Erziehungsberechtigte", wie ich sie nannte, das Auspressen übernahm. Ich naschte am liebsten von den Semmelbröseln ...

Aber nun hübsch der Reihe nach:

Rezept

Für 4 Personen werden 5 Pfund geschälte, rohe Kartoffeln zur Hälfte auf einer gröberen, zur anderen Hälfte auf einer feineren Reibe gerieben und der entstehende „Kartoffelbrei" durch ein Leintuch gepreßt. Während 1/4 Liter Milch mit 50 g Gries aufgekocht werden, hat sich in dem aus-gepreßten Wasser die Kartoffelstärke abgesetzt. Ca. 1 Eßlöffel davon mischen wir zusammen mit dem Gries unter die Kartoffelmasse. Leicht salzen. In kleine Würfel geschnittenes Weißbrot wird mit etwas Butter in der Pfanne geröstet und beim Formen der faust-großen Klöße in deren Mitte „geschmuggelt".

Inzwischen ist ein großer Topf mit reichlich Salzwas-ser zum Sprudeln gebracht worden, so daß die Klöße, ohne sich gegenseitig zu berühren, in ca. 20 Minuten garen kön-nen (evtl. muß man sie eben in zwei Schichten kochen). Zur Garprobe nimmt man einen Kloß heraus, teilt ihn in der Mitte durch und sieht nach, ob er durch und durch locker, ganz und gar grau (und nicht etwa noch gelblich) ist.

Und nun das Wichtigste: Mit 2/3 geräuchertem Kasseler Rippenspeer und 1/3 Hammelbraten* wird eine Bratensoße her-gestellt, deren Geschmack durch Lorbeer, Zwiebel und Kümmel noch inten-siver wird. Sie – und das Fleisch natürlich – geben den „Thüringer Kartoffel-klößen" erst den richtigen – (s. Foto!) – auf der Zunge.

*) Zubereitung nach irgend einem Kochbuch.

Bodo H. Hausers Martinsgans

Dies ist in meiner Familie eine alte Tradition, an diesem Tag Freunde einzuladen und gemeinsam mit ihnen ein Gansessen zu veranstalten. Das Rezept zu dem Gänsebraten stammt aus meinem Elternhaus. Wenn ich es jeweils zum 11. November in die Tat umsetze, muß ich spätestens an dieser Stelle der Wahrheit zuliebe anmerken, daß ich es ohne die tatkräftige Hilfe meiner Frau wahrscheinlich nicht schaffen würde.

Schlägt man im Duden nach, so verdankt die Gans „dem heiseren Aus-fauchen mit aufgesperrtem Schnabel ihren Namen. Im Altertum wurde die Gans zunächst vielfach nur als Ziervogel oder als heiliges Tier gehalten. Seit dem ausgehenden Altertum gewann die Gans dann wegen ihrer Federn und wegen ihres schmackhaften Fleisches immer mehr an Bedeutung."
Am 11. November ehrt die Christenheit sowohl den Heiligen Martin als auch seinen Vogel, die Gans, die just zu diesem Zeitpunkt auf der Höhe ihres Wohlgeschmacks und ihrer Bekömmlichkeit ist. Auch wenn die Gänse es nicht gerne hören mögen, den Gänsebraten sollte man zu St. Martin essen und nicht erst zu Weihnachten.

Rezept

(für 10 Personen)

2 Gänse (je 4,5 kg), wenn möglich mit allen Innereien
1 Bund Suppengrün
Für die Füllung:
500 g Zwiebeln
1 kg grobes Bratwurstbrät (beim Metzger rechtzeitig bestellen)
125 g geriebenes Weißbrot
125 g Mandeln, grob gehackt
2 Bund Petersilie
Thymian, Salz
frisch gemahlener schwarzer Pfeffer
1 Zweig Beifuß
1/8 l Weißwein
1 TL Zitronensaft
2 TL Speisestärke

Die beiden Gänse ausnehmen, eventuell vergessene Federkiele mit einer Pinzette aus der Haut ziehen, die Gänse waschen und trockentupfen. Das Suppengrün putzen, waschen und grob zerkleinern, zusammen mit den Innereien der beiden Gänse (außer den Lebern) in einem 1/2 l Wasser ca. 1 Stunde lang im offenen Topf kochen. Zuletzt soll nur noch 1/4 l Flüssigkeit im Topf sein. Für die Füllung die Zwiebeln pellen und in Würfel schneiden. In einer Pfanne das Bratwurstbrät etwas ausbraten, die gewürfelten Zwiebeln darin andünsten und abkühlen lassen. Geriebenes Weißbrot und die gehackten Mandeln unterrühren, die Füllung mit gehackter Petersilie, Thymian, Salz und Pfeffer würzen, in die Gänse füllen, die Gänse mit großen Stichen zunähen.

In die Saftpfanne des Backofens 1 l schwach gesalzenes Wasser gießen, die Gänse mit der Brustseite nach unten und den Beifuß hineinlegen und zuerst bei 200 Grad ca. 1 Stunde lang kochen, dann die Gänse wenden, den Backofen auf 225-250 Grad einstellen und die Gänse weitere 1 1/2 Stunden braten, dabei immer wieder beschöpfen und, wenn nötig, Wasser angießen. Wenn die Gänse sehr fett sind, ihre Haut zwischendurch mehrmals anstechen, besonders an den Keulen, damit das überflüssige Fett herausläuft und die Haut überall schön knusprig werden kann.

Nach Ende der Garzeit die Gänse aus ihrem Bratensaft nehmen und warm halten. Den Bratfond gründlich entfetten und mit der Brühe von den Innereien lösen, dann in ein Töpfchen umgießen. Die Sauce mit dem Weißwein auffüllen, mit Zitronensaft und Pfeffer abschmecken, kräftig kochen lassen und mit der mit kaltem Wasser angerührten Speisestärke binden. Die Gänse tranchieren, d. h. sie auf den Rücken legen, die Keulen abschneiden und am Hauptgelenk noch einmal teilen, das Brustfleisch mit den Flügeln lösen, das Brustfleisch in dicke Scheiben schneiden. Das Knochengerüst ringsum abschneiden, so daß eine Art Schale stehenbleibt, in der die Füllung liegt. Die abgeschnittenen Gänseteile um die Füllung herum anrichten. Dazu kann man Apfelscheiben und rohe Kartoffelklöße anrichten.

Zu dem Essen paßt ein Trollinger oder Spätburgunder aus Baden-Württemberg.

Westfälische Kartoffelsuppe
à la Fritz Heimplätzer

WESTFALENPOST

Rezept

1 1/2 kg Kartoffeln
100 g durchwachsener Speck
1 große Zwiebel
1 Stange Suppengrün
1 Stückchen Sellerie
Pfeffer, Salz, Petersilie, Schnittlauch
1 Möhre
1 Zehe Knoblauch
2 Liter Wasser

Speck würfeln und auslassen, die feingeschnittene Zwiebel und Suppengrün dazugeben und alles leicht anbräunen.
Wasser, Sellerie und die Möhre in Scheiben geschnitten hinzugeben. Kochen lassen, bis alles gar ist. Dann mit Salz, weißem Pfeffer, Petersilie abschmecken. Mein Tip: Noch eine feingehackte Knoblauchzehe und etwas Schnittlauch hinzufügen.

Was man dazu trinkt? Ein gepflegtes Sauerländer Pils natürlich.

Was echte Westfalen sind, für die gilt nicht das Wort: „Kartoffeln gehören in den Keller".
Mein Rezept stammt in der Grundform von der Oma, die eine Kartoffelköchin von hohen Graden war. Sie schickte mir sogar Reibeplätzchen ins Internat. Das Paket triefte von Fett. Kartoffelsuppe ist natürlich eine Speise der westfälischen Küche, die sich freilich ohne große Umstände in französische Cuisine verwandeln läßt. Meine Suppe, sobald sie gar ist, durch den Mixer gegeben, wird im Handumdrehen zur „Potage". Den Speck sollte man jedoch durch einen guten Stich Butter ersetzen.

Weinsuppe mit Schinken
à la Günther Henrich

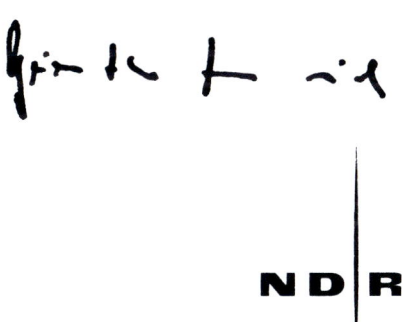

NDR

einem nordfriesischen Haus, das am Althergebrachten festhält, findet man sich am Ende stets bei ihr zusammen. Ja, im Kirchspielsdorf Viöl nahe Husum halten viele Bauern auch jetzt noch stets zwei Schinken in Reserve, für unvorhergesehene traurige Fälle. Und weil nicht selten, wenn auch außerhalb der Rezeptorder, ein kräftiger Schuß „Kunnjack" oder Rum dazukommt, ist schon manche Trauergesellschaft in verhaltener Fröhlichkeit auseinandergegangen, sagt man.

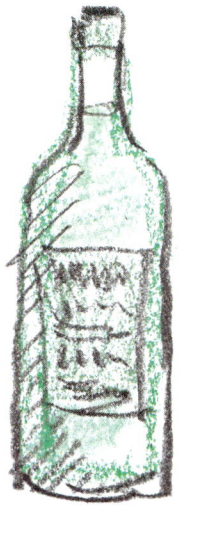

Immer, wenn es feierlich wurde zuhause, im heimatlichen Husum, dann kam diese eigenartige Kombination auf den Tisch, die echte Nordfriesen auch heute noch lieben: Weinsuppe mit Schinken. Der Plattdeutsche macht nicht viel Worte und deshalb nennt er sein Leibgericht auch kurz und knapp: Karkensupp. Was deutlich macht, daß bei allem, wozu Glockengeläute vonnöten ist, „Weinsuppe mit Schinken" auf die Speisekarte gehört. Bei Taufen, Konfirmation, Hochzeit und Trauerfeier, in

Rezept

Eine große Tasse feine Perlgraupen mit zweieinhalb Liter Wasser, Zitronenschale und einer Stange Zimt garkochen. Abschmecken mit Weißwein. Dann vorher abgekochte Rosinen dazugeben und mit vielen ganzen dickcremig geschlagenen Eiern und Zucker abrühren. Dazu gibt es gekochten oder rohen Schinken. Er wird mit Milcheiweißbrot und Butter gereicht.

Es gibt auch eine entschärfte Form, in der statt des Weines ungekochter weißer oder roter Johannisbeersaft verwendet wird. Aber diese „Falsche Weinsuppe" sollte ausschließlich den Kindern am Tisch vorbehalten bleiben. In meinem Elternhaus hat es sie nie gegeben.

Wolfgang Herles' Quarksoufflé

Es gibt keine bessere Vorbereitung für eine lange Live-Diskussion im Fernsehen zu später Stunde als ein exzellentes Abendessen. Danach nimmt man sich selbst und die Politiker im Studio nicht mehr ganz so schwer und das folgende Rezept liefert genug Kraft, um selbst open-end-Veranstaltungen ohne Konzentrationsprobleme durchzustehen. Nur mit Alkohol sollte man sparsam umgehen. Zu den Vorzügen meines Berufs zählt, daß Journalisten zu allem ihren Quark dazu geben dürfen. Er wird auch noch gedruckt oder gesendet. Das haben Redakteure mit Politikern gemein. Quark also: Aber bei Leibe kein Rezept für eine Frühjahrsdiät, sondern das krönende Finale eines Menüs. Das Dessert gehört zum Essen wie das Feuerwerk zu Silvester. Der Verzicht auf den Braten fällt mir leichter als der Verzicht auf die süße Schweinerei am Ende.

Rezept

Das Quarksoufflé ist ein elegantes und sensibles Gebilde, aber im Grunde von verblüffender Schlichtheit. Wenn Sie keine Soufflé-Förmchen haben, nehmen Sie vier Tassen. Sie werden ausgebuttert und mit Zucker ausgestreut. Für die Soufflé-Masse verrühren Sie 200 g Quark (40 % Fett) mit 0,1 Liter Schlagsahne und einem Eidotter, etwas geriebener Zitronenschale, 2 Eßlöffel Zucker und einer kräftigen Prise Vanillezucker. Heben Sie die Masse vorsichtig unter ein sehr steif geschlagenes Eiweiß und füllen Sie die Tassen zu höchsten 2/3. Die Tassen werden in eine flache feuerfeste Form gestellt, die mit heißem Wasser gefüllt ist. Der Herd ist inzwischen auf 200 Grad vorgeheizt. Das Ganze kommt 25 Minuten auf der untersten Schiene in den Ofen.

Soufflés haben die unangenehme Neigung, in sich zusammenzusinken wie Wahlprogramme nach der Wahl. Dagegen hilft zweierlei: Schließen sie vor dem Herausnehmen Fenster und Küchentür, Zugluft schadet. Servieren Sie die gestürzten Soufflés sofort auf vorgewärmten Tellern. Als Soße eignen sich mit Alkohol verfeinerte Fruchtpürees (Himbeer, Erdbeer). Ich bevorzuge dies: Große, helle Rosinen (die besten gibt es in der Provence) werden ein paar Stunden in Rum eingelegt. Zusammen mit dem Saft einer halben Zitrone und einer halben Orange, einem Schuß Cointreau und etwas Grenadinesirup werden sie kurz aufgekocht und rund um das Soufflé verteilt.

Wenn Sie nur zu zweit sind, essen Sie zwei Soufflés. Wahrscheinlich haben Sie dann noch immer nicht genug.

Rührei mit Datteln à la Helmut Hertel

Helmut Hertel

NEUE OSNABRÜCKER
OZ ZEITUNG

International empfohlen wird das Gericht, das ich nie vergessen werde, zwar nicht. Ich habe es auch noch in keiner Nobelherberge auf der Speisekarte entdeckt. Vielleicht liegt es daran, daß man in den Hungerjahren nach dem Krieg andere Sorgen hatte und über Leib- und Magenspeisen kein Buch führte. Es war 1946, als ausgehungerte Kriegsgefangene aus der nordafrikanischen Wüste in die Suez-Kanal-Zone verlegt wurden. Dem Prisoner of War Nr. ME 124071 winkten im Arbeitslager in Geneifa plötzlich längst vergessene Gaumenfreuden, die für die sauer verdienten Piaster in der Kantine zu haben waren und die 365 Tage mit Porridge, auch Schlapp-Schlapp genannt, Sojawurst und zähen Keksen vergessen ließen. Der erste Sold in britischen Diensten wurde königlich auf den Kopf geschlagen:

Rezept

In eine Pfanne kamen jede Menge Taubeneier.

Sobald die Masse rühreiförmig wirkte, bröckelten wir Datteln und eine Art türkischen Honig, der in Holzkästchen verpackt war und Helva oder Halva hieß, hinein. Ein wirklicher Gourmet, dessen Lebensart selbst jahrelanger englischer Einfluß nicht hatte brechen können, fügte noch einige Bröckchen ICA-Schokolade, made in Cairo, hinzu. Ich weiß nicht, wie man das Gericht nennt; ich habe es nie wieder probiert, aber in Erinnerung ist ein Schlemmermahl geblieben, dem gegenüber die viel gerühmte französische Küche geradezu armselig wirkt.

Willibald Hilf: Schwarzwälder Wildeintopf

Frischer Lachs, getrüffelte Pastete und Kaviar – bei manchen Festessen und Kalten Buffets kriegt man ein richtig schlechtes Gewissen angesichts der Köstlichkeiten und insgeheim sehnt man sich nach einem einfachen oder deftigen Eintopf. Vielleicht auch deswegen, weil wir alle mit den einfachen Mischgerichten Kindheitserinnerungen verbinden. Damals, als Großmutter noch kochte, da war die Welt noch in Ordnung. Deswegen hier das Rezept für den Schwarzwälder Wildeintopf, der mir am Abend einer Jagd, an der ich als Edeltreiber stundenlang mitgetappt bin, vorzüglich geschmeckt hat. Es ist ein deftiges Gericht mit schlichten Zutaten, sieht man mal vom Reh- oder Hirschfleisch ab.

Das Wildfleisch in kleine Würfel schneiden, Haut und Sehnen vorher entfernen, dann in dem heißen Schweinefett anbraten und mit Salz und Pfeffer würzen. Als nächstes den durchwachsenen Speck würfeln und zusammen mit den ebenfalls gewürfelten Zwiebeln brutzeln lassen, bis die Zwiebeln goldbraun sind. Dann wird mit der Fleischbrühe abgelöscht. Nun kommen die geschälten und gewürfelten Kartoffeln hinzu und werden etwa 20 Minuten mitgekocht. Wenn Sie getrockneten Thymian verwenden, können Sie ihn schon jetzt in den Eintopf tun, falls Sie mit frischem Thymian würzen, sollte er mit dem Schnittlauch zum Schluß über das fertige Gericht gestreut werden. Auf jeden Fall, etwa während der halben Kochzeit, können Sie zwei Lorbeerblätter mitkochen.

Rezept

Nach meinen Erkundigungen braucht man
ein gutes Pfund Hirsch- oder Rehfleisch,
wenn's mehr ist, schadet es nichts,
zwei Eßlöffel Schweineschmalz,
250 Gramm durchwachsenen Speck,
drei große Zwiebeln,
gut anderthalb Liter Rindfleischbrühe,
4 große Kartoffeln,
je eine Halbpfunddose Erbsen,
weiße Bohnen und Linsen,
einen Achtelliter saure Sahne, und gewürzt wird mit Lorbeer,
Salz, Pfeffer,
zwei Teelöffeln Weinessig,
Schnittlauch und Thymian.
Zum Anbraten des Fleisches verwendet man zwei gute Eßlöffel Schweineschmalz.

Sind die Kartoffeln etwa 20 Minuten gegart, geben Sie die durch den Fleischwolf gedrehten Erbsen, Linsen und weiße Bohnen hinzu. Mit dem Schneebesen verrührt, tragen sie dazu bei, den Eintopf sämig zu machen, zu binden. Kurz vor Schluß fügen Sie die restlichen unzerkleinerten Erbsen, Bohnen und Linsen hinzu, schmecken mit Essig und Sahne ab und würzen – wie gesagt – mit frischem Thymian und Schnittlauch. Dieser Schwarzwälder Wildeintopf soll recht dickflüssig sein und heiß serviert werden – dazu gibt's ein kräftiges Schwarzwälder Bauernbrot oder noch besser Bauernflute. Wer mag, kann Preißelbeeren dazu reichen.

Was ich dazu gerne trinke? – am liebsten einen badischen Spätburgunder.

Sauerbraten von der Lammkeule
von Bertram von Hobe

Nun esse ich mit Vergnügen Defti-ges, doch wäre es müßig, hier die Glocken zum Lob des Münster-landes zu läuten. Schinken und Plockwurst, Pfefferpotthast und Töttchen beispielsweise sind längst zu festen Begriffen geworden. Aber im Westfälischen ist durchaus auch die sogenannte feine Küche zuhause.

Und mit besonderem Interesse und Genuß habe ich festgestellt, daß immer mehr Restaurants pfiffige Gerichte auf der Karte haben, in deren Herstellung das kräftige Ange-bot der heimatlichen Küche und die Ideen internationaler Kochkunst ein-geflossen sind. Ein solches Rezept des Waldhotels Krautkrämer (Münster-Hiltrup) habe ich zuhause nachgekocht – ein Seitensprung, der den Beifall meiner Frau gefunden hat.

WN *WESTFÄLISCHE NACHRICHTEN*

Eine bayrische Mutter und ein Vater aus dem Norden Schleswig-Hol-steins, die 1934 in Münster eine Art eigenen „Westfälischen Frieden" in Form einer glücklichen Ehe geschlossen haben – das ist ein gutes Omen für jemanden, der heute an gleicher Stelle Zeitung macht. In Münster arbeitet die Zentralredaktion der „Westfälischen Nachrichten" sowie acht in der Zeitungsverlags-gesellschaft Nord-West Deutschland (ZENO) organisierter, selbständiger Heimatzeitungen (Gesamtauflage mehr als 200 000).

Als ich im Februar 1984 als WN/ZENO-Chefredakteur aus dem Saarland ins Westfälische kam, waren mir der gediegene Menschen-schlag und die in weiten Strichen verträumte Parklandschaft (am besten bei einer Ballonfahrt zu erleben) von meiner Schulzeit her nicht fremd. Kulinarische Eigenheiten einer Region lernt man jedoch erst mit zunehmendem Alter zu würdigen. Ich betrat, durch die saar-ländische Küche und die Nähe Frankreichs verwöhnt, in dieser Hinsicht Neuland.

Rezept

1 kg Lammkeule oder -schulter etwa 3 - 4 Tage vor Gebrauch wie einen Sauerbraten einlegen. Das Fleisch im Bratentopf mit etwas kleingeschnittenem Gemüse (Sellerie, Zwiebeln, Karotten) anbraten, 2 bis 3 Löffel Tomatenmark zufügen, dann das Fleisch aus dem Topf nehmen. Den Inhalt des Topfes mit Rotwein ablöschen und einreduzieren lassen.

Diesen Vorgang 3 bis 4 Mal wiederholen, bis das Gemüse und Tomatenmark einen schönen braunen Farbton angenommen hat. Jetzt einen Teil der Marinade mit Wasser auffüllen, das Fleisch wieder zugeben, würzen mit Lorbeerblatt, 1 Nelke, Wacholderbeeren, Koriander, Salz und Pfeffer und alles fertiggaren.

Anmerkung: Die Sauce mit etwas Zucker und Pflaumensaft abschmecken. Zum Binden das weiche Gemüse nehmen und durch den Mixer geben.

Rote-Beete-Gemüse:
400 g Rote Beete gewaschen, roh geschält und in Streifen geschnitten
2 Zwiebeln in Würfeln geschnitten
2 Äpfel gewaschen, roh geschält und in Streifen geschnitten
1/4 Liter Rotwein
80 g Johannisbeergelee,
100 g Gänseschmalz
10 g Kartoffelstärke
Salz, Pfeffer, Gewürzmischung.

Die Zwiebelwürfel mit Gänseschmalz glasig dünsten, dann nach und nach die Rote Beete und die Äpfel hinzufügen. Alles ca. 15 Minuten dünsten lassen, so daß das Gemüse noch einen leichten Biß hal. Zum Schluß mit allen Gewürzen würzen und mit Johannisbeergelee nachschmecken.

Dazu passen Kartoffelklöße, Kartoffelpürree oder Stampfkartoffeln. Als Getränk empfehle ich einen herben Rotwein oder Altbier.

ROTE BEETE

Grillrezepte für große Feste

von Hartwig Hochstein und Erwin Lutz

Neue Presse

Hartwig Hochstein (42) und Erwin Lutz (43) führen seit siebeneinhalb Jahren gemeinsam die Chefredaktion der NEUEN PRESSE in Hannover – einer einst totgesagten SPD-Zeitung, die das Haus Madsack kaufte (es gibt auch die Hannoversche Allgemeine heraus). Dreieinhalb Jahre erschien das Blatt nur mit einem eigenen Lokalteil, übernahm die Mantelseiten von der HAZ. Die NEUE PRESSE ist unseres Erachtens die einzige Tageszeitung, die in den letzten zehn Jahren von einer Rumpfredaktion wieder zu einer Vollredaktion ausgebaut worden ist. Im übrigen sehr erfolgreich: Sie hatte im zweiten Quartal 1985 einen Auflagenzuwachs von 4,4 Prozent, den höchsten in der Bundesrepublik und liegt auch seit Jahren in der oberen Spitze der Auflagenzuwächse. Die NP gibt es seit Oktober 1978.

Hartwig Hochstein, der Sauerländer aus Lüdenscheid, und Erwin Lutz, der Franke aus Nürnberg, haben über ihren täglichen Zehn-Stunden-Tag in der Redaktion ein Hobby entdeckt, dem sie mit viel Liebe gemeinsam nachgehen – das ist Kochen. Und es ist kein Gerücht, daß die beiden bei gemeinsamen Bruzzeleien schon mal über Konzepte ihrer Zeitung reden. Die eine oder andere Idee soll dabei sogar herausgekommen sein.

Am Tag des Erntedank-Festes, am Sonntag, 6. Oktober, haben Hochstein und Lutz ein Grillfest für 50 Personen ausgerichtet. Lesen Sie bitte selbst, wie sie das machten:

Wenn sich 50 liebe Gäste in Ihrem Garten tummeln, sollten mindestens drei Grills vorhanden sein. Zusätzlich eine größere Feuerstelle, die Sie schnell bauen können, wenn Sie Steine aufschichten. Darüber wird ein Spieß gehängt, auf den Sie das Lamm schieben. Da das Lamm längere Zeit braten muß, empfehlen wir nicht nur Holzkohle, sondern auch Holzkohlebriketts, da diese die Hitze besser speichern. Das Lamm muß mindestens fünf Stunden braten und dabei gedreht werden, damit es nicht zu braun wird. Rechnen Sie für das Kilo zwischen 15 und 16 Mark, da Sie ein ganzes Tier kaufen sollten. Wenn es nicht so groß sein soll, empfehlen wir Keulen, die den Vorteil haben, daß sie auch im Backofen garen. Das Lamm wird während des Bratens mit einer speziellen Soße bestrichen. Während das Lamm gegart wird, können Sie in der Zwischenzeit Gemüse und Salate vorbereiten. Als Gemüse sehen gelblich-rosarote Steckrüben sehr gut aus; als weitere Gemüse sind alle Kohlarten geeignet, zum Beispiel gefüllter Rotkohl nach mittelalterlichem Rezept („Gefulleter Kumpstkohl"), Wirsingkohl à la Crème, Rosenkohl, Blumenkohl als Salat eingelegt. Dazu alle Arten von Bohnen – rote Bohnen, weiße Bohnen, bunte Bohnen mit leichter Paprika-Sahne-Soße und Speck. Natürlich eignen sich alle Arten von frischen Salaten, möglichst roh, dazu verschiedene Dressings von Essig, Öl, frischen Kräutern, Rotwein oder Joghurt.

Bieten Sie neben dem Lamm auch Spieße an – von Schweinefleisch, Rindfleisch (möglichst Roastbeef oder Filet), Speck, rohen Zwiebeln-Vierteln und Paprika. Weitere Spießchen können mit Geflügelleber, Kalbs- oder Schweinenieren zubereitet werden. Dazwischen Zwiebeln und etwas Staudensellerie. Außerdem empfehlen sich Würstchen, Nürnberger Würstchen zum Beispiel eignen sich hervorragend – mit oder ohne Kräuter.

Daneben gibt es noch ganze Schweinefilets, die auf dem offenen Feuer 12 bis 15 Minuten gebraten werden – bestrichen mit verdünntem Senf, Kümmel und fein geraspelten Zwiebeln. Mit etwas Pfeffer, Salz und Paprika werden die Filets goldgelb gebraten und in Scheiben geschnitten.

Als weitere Beilage reichen wir Kartoffeln, einfach in Folie gewickelt und im Backofen eineinviertel Stunden bei voller Hitze gebacken, dazu eine Soße von Joghurt, Quark, Schnittlauch, feinsten Zwiebeln, Dill, Pfeffer, fein geriebenem Knoblauch und etwas Salz. Um Wartezeiten zu überbrücken (wir gehen ja von 50 Gästen aus), sollte man noch Pfeffernacken anbieten, die sicherlich auch beim Nachbarn gegart werden können. Dazu benötigen Sie vier ganze Schweinenacken, gewürzt mit Senf, Pfeffer, Kümmel, Majoran, Thymian, die in der Bratröhre bei 180 bis 200 Grad mindestens zweieinhalb Stunden überlang gebraten werden – unter ständigem Begießen.

Als letzte Beilage empfiehlt sich natürlich Brot, das sich jeder wie er will anrösten kann.

Und nun zum Zeitplan: Sie sollten Ihre Gäste für 18 Uhr einladen, das Essen auf 19 Uhr geplant sein. Das Lamm, mit Knoblauchzehen gespickt, mit Pfeffer, Salz und etwas Paprikapulver eingerieben, muß um 12 Uhr bereits auf dem gut brennenden Feuer hängen (das Feuer muß

eine Stunde vorher angeheizt werden). Sie brauchen dafür sicherlich 15 Kilo Holzkohlenbriketts, dazu in Reserve einen großen Sack Holzkohle. Bitte achten Sie beim Garen des Lamms darauf, daß das Feuer unterhalb des Brustkorbes nicht zu groß ist, da diese Stelle leicht verbrennt.

Der Nachmittag dient weiteren Vorbereitungen: Salate in Scheiben oder Stücke schneiden und gleich auf Platten oder in Schüsseln anrichten.

Die Salate möglichst roh lassen. Dressings zubereiten und in Krügen oder Schüsseln bereitstellen. Die Spieße von Fleisch aufziehen und kurz vor dem Grillen mit Salz, Pfeffer und Paprika würzen. Den Rotkohl vom Strunk befreien und in einem übergroßen Topf so lange kochen, bis die inneren Blätter weich werden. Den Kohl füllen und etwa ab 17.30 Uhr im Backofen neben dem Pfefferbraten schmoren lassen. Den Blumenkohl und Wirsingkohl gar kochen. Blumenkohl in eine kräftige Beize von Essig, Wein, Wasser, Salz und Senfkörnern einlegen. Den Wirsingkohl in Essigwasser unter

Zugabe von Salz, Zucker und Senfkörnern gar kochen. Gegen 17 Uhr die gewaschenen Kartoffeln in Folie wickeln und im Backofen bei rund 200 Grad eineinhalb Stunden braten.

Ab 18.30 Uhr sollten Sie – wenn Sie der Grillmeister sind – die Fleischstücke auf das Feuer legen. Verzichten Sie auf aufwendige Soßen. Kräuterbutter und Ketchup tun es zum Beispiel auch.

Rezepte:

„Gefulleter Kumpstkohl"

Rotkohl, gefüllt nach einem mittelalterlichen Rezept um 1590.
Der gegarte Rotkohl wird an der Seite des Strunks zu gut einem Drittel ausgehöhlt und aufrechtgesetzt. In das Loch wird eine Mischung aus geriebenem Weißbrot, Rosinen, Korinthen, Mandeln, Johannisbeer-Gelee, Zucker und Butter gefüllt. Dann wird der Kohl eine gute halbe bis dreiviertel Stunde im Backofen fertiggegart. Anschließend wird er wie eine Torte aufgeschnitten.

Wirsingkohl

Feingeschnittene Würfel von durchwachsenem Speck und Zwiebeln anrösten und mit Mehl einstäuben. Mit Milch auffüllen, kurz durchkochen lassen. Den gegarten, in Streifen geschnittenen Wirsingkohl dazugeben, mit Salz und Kümmel nachwürzen.

Pfeffernacken

Vier bereits ausgelöste Schweinenacken werden unter Hinzugabe von sehr wenig Fett in die Bratröhre geschoben und scharf gebraten. Während der Bratzeit wird der Nacken mit einer Soße aus verschiedenfarbigem, zerdrücktem Pfeffer, Senf, zerdrücktem Knoblauch, Kümmel, Majoran und Thymian bestrichen. Es soll sich während der Bratzeit eine goldbraune Kruste bilden.

Bohnen

Weiße, rote und bunte Bohnen (entweder aus der Dose oder getrocknete

Ware, die am Vortage in Wasser eingeweicht werden sollte), werden unter Zugabe von Suppengrün langsam gar gekocht. Nach Fertigstellung geben Sie zu den heißen Bohnen frische Butter sowie frisch gehacktes Bohnenkraut, Petersilie, Salz und Paprika nach Bedarf.

Steckrüben

Steckrüben werden in fingerdicke Stifte geschnitten und in Salzwasser gegart. Die fertigen Steckrüben werden mit Suppengrün, Thymian und Schweineschmalz angeschwenkt.

Lamm

Zum Bestreichen des Lamms wird eine Mischung aus Malzbier, Majoran, Rosmarin (wenig) und Salbei hergestellt. Das mit Knoblauchzehen gespickte Fleisch mit Salz, Pfeffer und etwas Paprikapulver einreiben und beim Garen öfter bestreichen.

Schenken Sie trockene, deutsche Weine aus, zum Beispiel aus den Anbaugebieten Pfalz, Rheinhessen, Baden, Franken oder Rheingau. Auf jeden Fall sollten Sie sich auch Rotwein ins Haus holen, z.B. Trollinger, Lemberger aus Württemberg oder Dornfelder aus der Pfalz oder badischen Spätburgunder. Verzichten Sie auf schwere französische Weine. Natürlich paßt zu unserem rustikalen Buffet auch Bier, am besten gleich vom Faß. Nach dem Essen Korn oder Magenbitter. Als Dessert empfehlen wir frische Früchte, auch Crèmes oder Pudding – vorzugsweise jedoch eine Käse-Früchte-Platte.

Und wenn Sie mehr oder weniger als 50 Gäste haben, dann gibt es eine recht einfache Faustregel: Rechnen Sie pro Person an Würstchen, Fleisch für Spieße und Schweinefleisch rund 350 Gramm roh zuzüglich Lammfleisch. Die Spieße sollten rund 150 Gramm schwer sein, dazu pro Person ein bis zwei Würste und rund 100 Gramm Filetfleisch. Vier ganze Schweine-nacken sollten es auf jeden Fall sein (wenn er nicht alle wird, können Sie ihn jederzeit als Aufschnitt verwen-den).

Und was kostet das Ganze? Pro Person für Fleisch und Wurst zwischen zehn und 12,50 Mark, rund 2,50 Mark für Brot und 5 Mark für Gemüse und Salate.

Getränkepreise können wir Ihnen leider nicht bieten – denn wir wissen ja nicht, wie durstig Ihre Freunde sind.

Klaus Hofmann: Pfälzer Wende-Lende

[Unterschrift]

RHEINPFALZ

Liebe geht bekanntlich durch den Magen, Freundschaft auch. Wenn wir unsere – nicht selten internationalen – Gäste in Stimmung versetzen wollen, bringen wir sie auf den Ludwigshafener Generalnenner und servieren PFÄLZER WENDE-LENDE. Bei diesem Gerücht lösen Bonner Farcen kulinarische Wohlgenüsse aus, und die Gaumenfreude wird, was sie nach Ludwig van Beethoven und Helmut Kohl ja sein sollte: ein schöner Götterfunke. Jedoch kein Pfälzer Gastmahl ohne edlen Tropfen. Erst ein süffiger Südpfälzer oder Mittelhaardter führt die Geißler-Seilschaft dann ins Elysium, in dem es frei nach Bruder Johannes keine rauen Sünder mehr gibt: Die christlich-sozialdemokratische Liberalität besingt unisono den Hambacher Geist.

Hier die Ingredienzien unseres Küchenkabinetts:

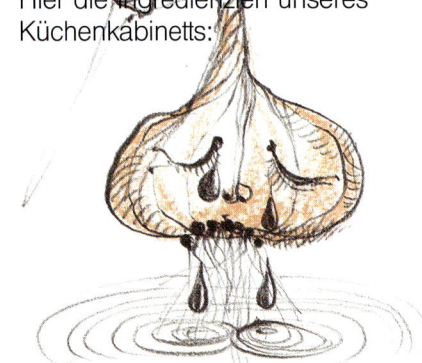

Rezept

250 Gramm Champignons mit hellen Bonner Köpfen
2 Oppositionszwiebeln zum Weinen
20 Gramm vom EG-Butterberg
6 Eßlöffel Weißwein aus der Kanzler-Heimat
Einige Prisen Bayernsalz
Ebenso Bernhard-Pfeffer (vogelschwarz) oder Hans-Jochen-Pfeffer (vogelrot)
1 Scheibe Toastbrot (Stoltenbergs Haushaltspackung)
125 Gramm Parlamentstatar, fein durchgeritten in langen Debatten
1 Ei (nicht vom Strauß)
1 Teelöffel Senf (Marke Bundespresse-Konferenz)
1 Schweinefilet (600 Gramm) aus harter Fraktionszucht
300 Gramm Frühstücksspeck von ministeriellem Sitzfleisch
1/8 Liter süße Hannelore-Sahne

Zwiebeln fein würfeln und in Butter glasig dünsten; fein gehackte Pilze und 2 Eßlöffel Weißwein zugeben; schmoren, bis die Flüssigkeit verdampft ist. Salzen und pfeffern. Toastbrot mit lauwarmem Wasser begießen, mit Tatar und Ei vermischen, Salz, Pfeffer und Senf dazu. Fleisch- und Pilzmasse miteinander verrühren. Schweinefilet alle 3 Zentimeter tief einschneiden, mit der Farce füllen und mit den Speckscheiben umwickeln. In heißer Pfanne von beiden Seiten anbraten, bis es braun ist. Bei milder Hitze zugedeckt 20 bis 25 Minuten braten. Bratenfond mit Weißwein und Sahne aufkochen, nochmals würzen.

Beilagen: Der blümigen Phantasie sind keine Grenzen gesetzt.
Getränk dazu: „Präsidenten-Tröpfchen" der Winzerschaft Südliche Weinstraße aus Anlaß der Wahl des Bundespräsidenten Richard von Weizsäcker (1983er Hochstadter Roter Berg, Riesling, Kabinett).

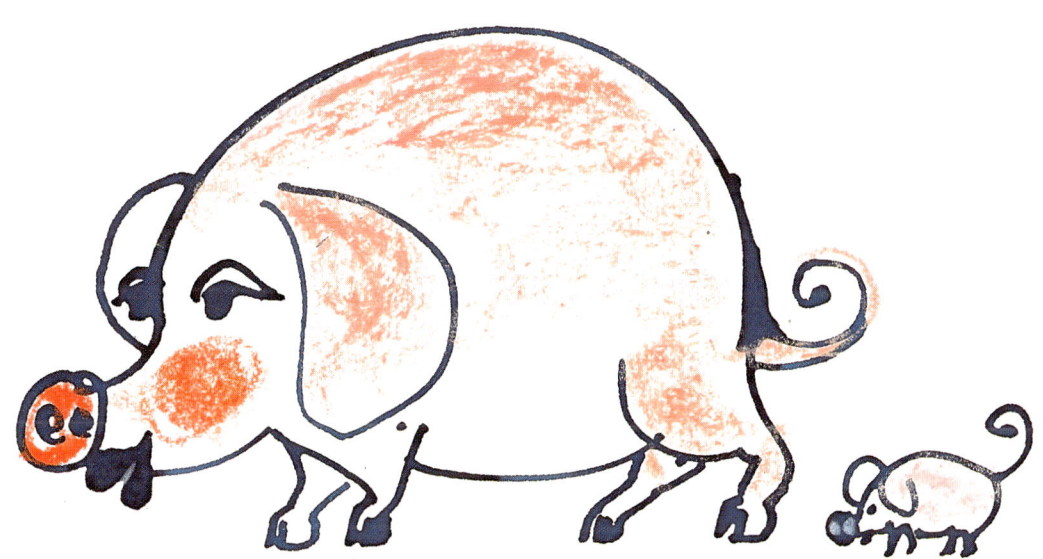

„Stulle" nach Werner Höfer

Da ich nicht kochen kann, kann ich auch keine Kochrezepte preisgeben. Wenn ich ohne die Hilfe kochkundiger und kochfreudiger Mitmenschen meinen Hunger stillen muß, begnüge ich mich mit der Herstellung einer „Stulle"*), so mühselig und zeitraubend das auch ist.

*) Berliner Ausdruck für „Butterbrot"

WDR

Rheinischer Leberwurstsalat
à la Peter Hopen

Rezept

Leberwurst
Essig
1 Lorbeerblatt
Nelken
Pfefferkörner
Senfkörner
Zwiebeln.

Man nehme eine gute Portion gewöhnlicher Leberwurst. In Scheiben geschnitten liegt sie eine Nacht in Essig und Öl. Hinzu kommen ein Lorbeerblatt und etwas Nelken. Gewürzt wird mit Senf- und Pfefferkörnern. Auch geschnittene Zwiebeln gehören dazu.

In Düsseldorf ißt man dieses Gericht mit Schwarzbrot und trinkt Obergäriges mit einem Klaren.

Zur Abwechslung schätze ich gelegentlich deftige Hausmannskost, vor allem rheinische Spezialitäten. Aus meiner Jugendzeit ist mir das Rezept für „Läwerwoschschlat" (Leberwurst-Salat) in Erinnerung. In meiner Heimatstadt Düsseldorf nennt man das Gericht auch „Stockfärv" (Stockfarbe) mit Essig und Öl".

STOCKFÄRV MIT ESSIG & ÖL

Mittagessen aus Bärenfleisch
à la Georg von Huebbenet

Kulinarische Erlebnisse lassen sich nur selten in gleicher Gemütslage und Qualität in anderen Regionen erleben, weil die klimatische Umgebung, der kulturhistorische Hintergrund sowie die Mentalität der Menschen oft anders sind als zu Hause, die aber – zusammen mit den Zutaten – den eigentlichen Reiz eines kulinarischen Erlebnisses ausmachen. Es ist deshalb manchmal schöner, sie als Geschichten wiederzugeben, obwohl sie wahr sind. Das Mittagessen aus Bärenfleisch wird im Kloster der früheren serbischen Zaren, Sv. Visoki Dečani, Serbien, eingenommen, freilich nur dann, wenn die Lage und das Gesetz dies gestatten. Dann nämlich, wenn die ausgedehnten Maisfelder um das Kloster herum dem Blick nicht mehr gestatten, sich ins Weite zu verlieren, weil die Maispflanzen unter der fürsorglichen Wärme der Herbstsonne in die Höhe schießen, erstarken und Ansätze zur Fruchtbildung zeigen, verirrt sich dort mancher Bär Pfanzenfresser (Ursus Arctos). Diese Bären – Pflanzenfresser leben sonst im Prokletije-Gebirge und überschreiten nach Laune mal die Staatsgrenzen nach Albanien, mal nach Nord-Mazedonien, mal nach Griechenland und zurück nach Jugoslawien, freilich ohne sich dabei um die Paßformalitäten zu kümmern. Der Bär – Pflanzenfresser (Ursus Arctos) steht heute in Jugoslawien unter Jagdschutz. Doch auch ihn trifft dann die Schärfe des Gesetzes, wenn er sich im Maisfeld zu wohl fühlt und mit seiner Gefräßigkeit dort einen großen materiellen Schaden anrichtet. In solchen Fällen wartet auf ihn beim Morgengrauen ein Klosterjunge im Maisfeld mit einem Jagdgewehr. Dieses Kochrezept gilt nur für Bären – Pflanzenfresser. Das Fell muß sofort abgezogen und der Bär in Stücke zerlegt werden. Die Mönche von Sv. Visoki Dečani essen nur die Bärentatzen und Keulen. Der Rest wird unter die Vierbeiner, heute die eigentlichen Beschützer und Bewacher des Klosters, verteilt. Auch den Kloster-Hunden bereitet das Bärenfleisch ein Festessen.

Die Bärentatzen werden zuerst in Salzwasser gekocht, dann wird auch die restliche Haut abgezogen. Das Fleisch selbst dünstet man in Öl und gibt, je nach Geschmack, ein wenig Zucker bei. Das in Öl weichgekochte und gebräunte Fleisch aus Bärentatzen wird dann mit einer Soße aus Rotwein übergossen, in der der Knoblauch-Geschmack dezent vorherrschen sollte. Als Beilage können dazu kleine Reiskugeln serviert werden. Sie bestehen aus Brot, Eiern und gekochtem Reis. Pfeffer und Salz kommen dazu. Diese Masse wird dann in Mehl und Semmelbröseln, vermengt mit aufgeschlagenen Eiern, gewälzt und in heißes Öl gegeben. Als Salat paßt dazu sehr gut der AJVAR (1) aus Herbstfrüchten.

Dazu wird nicht nur köstlicher Rotwein getrunken, den die Mönche von Sv. Veliki Dečani für ihre Festtage selbst keltern, sondern auch in himmlischer Stimmung gesungen, die jener Begeisterung nicht nachstehen soll, wie alte Mönche-Chronisten zu behaupten wagen, die auf der Arche Noah ausgebrochen worden sei, als nach biblischer Überlieferung das Land Ararat in Sicht war.

Dennoch: die Bärentatzen leiten nur das Hauptmahl ein. Erst danach wird das Fleisch aufgetragen. Die Bärenkeulen müssen zuvor eine Weile pökeln, dann gründlich abgewaschen werden. Vor dem Dünsten sollten auch die Knochen entfernt werden. Das Keulenfleisch wird mit Speck und Knoblauch gespickt. Es sieht danach wie ein Igel aus. Von allen Seiten ragen die Spitzen durchwachsenden Specks heraus. Das so präparierte Fleisch wird in ein größeres Kochgefäß mit heißem Öl gegeben. Dort sollte es nicht länger als 10 Minuten liegen. Erst danach werden Weißwein, Lorbeer, Pfeffer und Knoblauch beigemengt. Das Kochgefäß ist mit einem Deckel zu schließen. Es wird so lange gedünstet, bis das Fleisch zu zerfallen beginnt.

Zum Fleisch ißt man warmes Brot aus grob gemahlenem Roggenmehl. Als Salat kommt nur AJVAR (1) in Frage. Obwohl die Serben sich heute noch dessen rühmen, daß ihre Könige schon im frühen Mittelalter mit Messer und Gabel aßen, wird das Keulenfleisch nur mit Händen gegessen, denn nur so kann am besten die Fleischtunke mit Brot aufgesogen werden.
Schweigend bringen dann die Nonnen, die bei ihren männlichen Kollegen bei solchen Anlässen zu Gast sind, einen besonderen Pflanzen-Tee, der bei der Verdauung gute Dienste leistet. Nach einem Gebet wird die Tafelrunde aufgehoben. Mönche wie Gäste ziehen sich zurück. Es wird empfohlen, in absoluter Ruhestellung die Zeit bis zum Gottesdienst am Abend abzuwarten.

(1) AJVAR: Es werden Paprikaschoten (nach Möglichkeit nicht nur grüne, sondern auch gelbe wie rote) und Auberginen auf einer Herdplatte von allen Seiten ein wenig angebacken und dann nach wenigen Minuten die obere Haut abgeschält. Danach werden sie gemahlen und mit Knoblauch, Öl, Salz, Pfeffer, Essig und ein wenig Zucker abgeschmeckt.

DEUTSCHLANDFUNK

D L F

Crêpes Suzette von Jürgen C. Jagla

KÖLNISCHE RUNDSCHAU

Gegenüber anderen Crêpes Suzette-Rezepten fällt diese Zubereitung etwas üppig aus. Das hat einen geradezu historischen und politischen Grund:
Ich lernte dieses Rezept 1974 in Portugal während der ersten Tage der gerade ausgebrochenen Revolution kennen. In Faro an der Mittelmeerküste versuchte der Koch des Restaurants „Rio Guadiana" seine Gäste in dieser Zeit besonders zu verwöhnen – alles aus dem fatalistischen Unbehagen heraus: „Bevor die Revolution in meine Küche kommt, soll hier wenigstens noch so gut wie nie zuvor gegessen werden!"
Die Revolution kam schließlich auch in sein Restaurant, aber nicht ihretwegen machte der brave Mann pleite. Er hatte sich schlichtweg verkalkuliert. Vielleicht waren eben die Zutaten während der ersten Revolutionstage zu großzügig gewesen.

Rezept

Der Teig: 250 g Mehl, 100 g Zucker, kleine Prise Salz, 3 bis 5 Eier (Eigelb), 1/2 l Milch.
Alles verrühren, wobei die Eier zum Schluß und einzeln hinzugefügt werden. Der Teig muß so dünn, so flüssig sein, daß er in der Pfanne von allein schnell nach allen Seiten auseinanderläuft. Grundsätzlich: Crêpes müssen sehr dünn und möglichst goldbraun gebacken sein. Der fertige Teig soll etwa zwei Stunden ruhen. In der Pfanne wird er mit geklärter Butter gebacken, d.h.: Die Butter wird vorher zerlassen und die oben schwimmende weißlich-trübe Schicht entfernt. Die so zurückbleibende (geklärte) Butter kann nicht mehr verbrennen und ist überdies bekömmlicher.

Die Qualität dieses Desserts aber wird nicht von den Crêpes, sondern von der sie umgebenden *Sauce* bestimmt. Dafür werden benötigt:
Eine Kaffeetasse voll Zucker, ca. 100 g Butter, der Saft von drei Orangen und einer Zitrone, ein kleiner Beutel gehackter Mandeln oder zerkleinerter Nüsse, Orangenlikör (Grand Marnier oder Cointreau), Rum, Kirschwasser, Gin, Vanille-Eis (pro Person je eine Kugel).

Die Butter langsam zergehen lassen und – während sie in der Pfanne noch gelb ist – gleich den Zucker hinzuschütten. Unentwegt verrühren (nur mit einem Holzlöffel), bis der Zucker karamelisiert (er muß vollständig braun und flüssig sein). Jetzt die Hitze kleiner stellen, ausgedrückte Säfte und Mandeln dazugeben und von jeder Alkoholsorte einen kräftigen, gleich großen Schuß hineingießen (vom Orangenlikör die doppelte Menge). Ständig rühren, wobei die Masse köcheln sollte. Ist

die Sauce sämig, werden die Crêpes hineingelegt. Danach an den Rand eines jeden Tellers die Vanille-Eis-Kugel legen,

schließlich die Crêpes dazutun und die Sauce darübergießen.

Bereitet man diesen – zugegebenerweise etwas mächtigen und kalorienreichen – Nachtisch vor den Augen der Gäste in der Kupferpfanne auf dem Rechaud zu, kann auch flambiert werden.

Für den Geschmack der Sauce ist das nicht sehr erheblich, aber die Attraktivität dieses Nachtisches wird zweifellos noch um einiges erhöht. – Die angeführten Mengen reichen für den Nachtisch von vier Personen.

Gefüllter Zander in Blätterteig
nach Erwin Janik

Passauer Neue Presse

International gesehen ist die niederbayerische Küche für die sogenannten Feinschmecker etwa so exotisch wie ein balinesisches Spinnengericht. Sie hat jedoch für den rustikaleren Geschmack durchaus einiges zu bieten, aber all dies ist umnebelt vom Dunst des Schweinebratens, des Sauerkrauts und dem Geruch von Blut- und Leberwürsten, der Kalorien-Opulenz der Knödel (Klöße) sowie der proletarischen Schlichtheit von Leberkäs und Ei mit Kartoffelsalat.

Keiner sage etwas dagegen, denn all dies hat, gut und redlich bereitet, durchaus seine Qualitäten. Von den wegen ihres Kalorienreichtums im heutigen Schlankheitswahn oft verpönten Mehlspeisen ganz abgesehen. Da ist schon einiges geboten, und da zeigt sich die Nähe zu Österreich (Wien) und Böhmen. Dampfnudeln, Rohrnudeln, Griesschnitten und Apfelstrudel. Beim Gedanken daran können einem Bayern die Augen übergehen und kann der Magen im Widerstreit mit der Galle durchaus Vorausaktivität entwickeln, was gemeinhin gesunder Appetit genannt wird. Dies nur kurz zur Eßtradition des (alt-) bayrischen Landes, die nach wie vor Bestand hat. Obwohl vor allem Ostbayern ein ausgesprochen gewässerreicher Landstrich ist, spielt der Fisch in der geschichtlichen Rezept-Tabulatur der Gegend eine verhältnismäßig bescheidene Rolle. Er wurde eben einfach nur gebacken oder in einer Gewürzbrühe gesotten. Früher war der Fisch ja eigentlich ein Arme-Leute-Essen. Dies hat sich seit etwa 30 Jahren jedoch entschieden geändert, denn selbst der kräftige Weißfisch kommt hierzulande allmählich zu Ehren.

Freilich, der schuppige König unserer wieder zunehmend sauberer werdenden Gewässer ist der Zander, ein Süßwasserraubfisch mit allen gutartigen Eigenschaften für die Küche: Im Gegensatz zum Hecht wird er bei der Zubereitung – wie auch immer – nicht so schnell trocken, und er hat ein Gerüst ohne Spreizgräten. Sein Fleisch hält den Saft, wenn man es nicht mit Gewalt (grillen) ausdörren will. Passau mit seinen drei Flüssen – Donau, Inn und Ilz – und allen Zuströmen im Umfeld ist ein Fischerparadies.

Rezept

Die Filets von einer größeren frischen Forelle
250 Gramm Hummerkrabben (ungekocht)
2 Pakete Blätterteig (tiefgekühlt) à 300 Gramm
1 Zander 800 bis 1000 Gramm, nicht ausgenommen (oder, wenn möglich, von einem guten Fischhändler schuppen und von der Rückengräte her entgräten und ausnehmen lassen; der Bauch muß heil bleiben).
3 Eier
3 bis 4 Schalotten
10 EL süße Sahne und 2 EL Crème fraîche
3 Teelöffel Butter (noch besser Hummerbutter)
Salz, Pfeffer aus der Mühle
Estragon, Basilikum
Petersilie und Thymian
Eierschnee von zwei Eiern.

Die Hummerkrabben (falls noch eingefroren) auftauen lassen, die Blätterteigscheiben auseinandergelegt tauen lassen. Die Flossen vom Fisch abschneiden (dabei möglichst wenig die Haut verletzen). Dann den Fisch unmittelbar an beiden Seiten des Rückgrats vom Kopf bis zur Schwanzflosse einschneiden und jeweils vorsichtig mit einem scharfen Messer die Filets vom Grätengerüst abtrennen. Das Skelett an beiden Enden mit einem feinen Sägemesser oder einer Küchenschere durchtrennen und – da gehört schon etwas Fingerspitzengefühl dazu – vom Bauch lösen. Dabei auch die Innereien entfernen. Jetzt liegt er da, der grätenlose Fisch, der nun mit Salz ausgerieben, gründlich ausgewaschen werden und sodann trockengetupft werden muß.

Die Soße:

Nun haben wir den Körper, aber es fehlt noch die Seele, eine Soße, die bei der Zubereitung natürlich in den gesamten Arbeitsablauf einbezogen ist. Dazu sind erforderlich: Einige Fischköpfe und Gräten, eine Zwiebel, ein Gewürzsträußchen (es genügt auch ein Bund Petersilie), ein hühnereigroßes Stück Sellerie, ein Glas trockener Riesling, ein halber Becher Sahne, ein Becher Crème fraîche und etwas Butter. Gibt es beim Fischhändler keine Köpfe und Gräten, kann man auch zwei eingefrorene (billige) Forellen nehmen, die zerkleinert zusammen mit dem Zander-Grätenwerk, dem Riesling, der Zwiebel, der Butter und dem Sellerie in gut einem halben Liter Wasser mindestens eineinhalb Stunden zerkocht werden, wobei immer wieder Wasser oder Wein nachgegossen werden muß.

Daraus ergibt sich allmählich ein Fond für eine delikate Soße. Den Sud durch ein Sieb schütten, mit Salz, ein wenig Pfeffer und Basilikum würzen, die Sahne und die Crème fraîche hinein und unter ständigem Rühren mit dem Schneebesen einkochen, bis der köstliche Saft von selber eindickt. Das weitere Abschmecken ist individuelle Geschmackssache.

Nun geht es an die *Farce* zur Füllung: Die Hummerkrabben grob zerkleinern und mit dem Schneidestab des Handrührers fein pürieren. Eier, Sahne, Crème fraîche, Butter dazugeben und mit dem Rührer weiter bearbeiten, bis die Farce leicht schaumig wird. Nun die feingehackten Kräuter dazu sowie einen Hauch von Pfeffer. Das Ganze dann für 10 bis 15 Minuten in das Gefrierfach des Kühlschranks. Die beiden Forellenfilets werden nun ebenfalls püriert, die Masse leicht gesalzen, etwas Basilikum hinein und die zuvor in Butter und einem Schuß trockenem Riesling angedünsteten, mittlerweile abgekühlten Schalotten. Dann den Eierschnee unterheben und alles kaltstellen. Das Forellenpüree wird kurz vor dem Füllen des Zanders mit der Krabben-Farce vermengt.

Jetzt wieder zum Zander: Er wird innen leicht gesalzen und mit ein wenig Thymian gewürzt. Für seine Umhüllung werden erst einmal je fünf Blätterteigscheiben aufeinandergelegt und gemäß der Größe des Fisches ausgerollt. Ist das erledigt, wird die gekühlte Farce in den Zander gefüllt. Es empfiehlt sich, ihn danach am Rücken mit drei oder vier Nähten zu schließen. So läuft von der Füllung kaum etwas aus. Nun wird der Zander in die beiden Blätterteigscheiben eingehüllt, deren Ränder mit einem aufgerührten Ei zum „Verschweißen" bepinselt werden. Den Teig der Form des Fisches anpassen, mit einem Teelöffel Schuppenmuster eindrücken und den Fischkopf nachformen. Nun ist der Zander fertig und muß in den auf 200 Grad (Heißluft 180) vorgeheizten Ofen (35 bis 40 Minuten), bis das

Schmuckstück goldbraun ist. Es empfiehlt sich, den Backvorgang immer wieder zu überwachen.
Nach dem Garen den eingehüllten Zander kurz ruhen lassen und dann am Tisch oder vorher zum Servieren in Scheiben schneiden. Dazu gibt es Salzkartoffeln und Blattspinatnester.
Anmerkung: Ideal für dieses Rezept ist selbstverständlich ein frischer Zander. Es geht aber auch mit einem eingefrorenen, dem allerdings nach dem Auftauen und vor dem Entgräten der aufgeschnittene Bauch zugenäht werden muß, was einiges chirurgisches Geschick erfordert, aber mit Geduld jedem Liebhaberkoch möglich ist. Das ideale Getränk zu diesem Festschmaus ist entweder ein (trockener) Riesling (am besten aus dem Elsaß) oder ein Chablis.

Es liegt deshalb nahe, zumindest für einen passionierten Wasserwaidmann, Schweinebraten und Dampfnudeln zu ver-

gessen, wenn es um ein besonderes Rezept geht: Da gibt es allein den Fisch, und der kann, ganz oben angesiedelt, nur Zander heißen. Dem aber gerecht zu werden – so wie die Franzosen mit großem Respekt schon immer –, muß man sich die kulinarische Neigung zur eigenen Eßlandschaft schon ein wenig abschminken und über den regionalen Tellerrand hinausblicken. Denn bestimmte Meeresfrüchte, wie etwa Hummerkrabben, schließen als „eingesalzene" Weltmeerbewohner eine wundervoll gaumenschmeichelnde Ehe mit dem eleganten Räuber der Süßwassergewässer, wenn man ihm sein Grätengerüst sorgfältig herausschält.

Gerd Jauch: Gaspacho andaluz

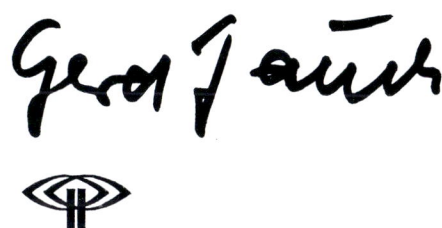

Bei einem meiner Spanienaufenthalte ist sie mir vor vielen Jahren zum ersten Mal begegnet. Nach einem heißen Tag hat sie mich in einer Venta, einem Gasthof am Rande der Straße, herrlich erfrischt. Ich meine die eisgekühlte andalusische Gemüsesuppe, den Gaspacho andaluz (gesprochen: Gaspatscho).
In der Zwischenzeit habe ich sie oft und überall in Spanien als Vorspeise bestellt und probiert, aber nirgendwo schmeckt sie mir besser als in der Venta la Chata bei Calpe an der Nationalstraße zwischen Valencia und Alicante.
In Deutschland mache ich sie für meine Frau und mich an heißen Sommertagen. Die Zubereitung erfordert kein Eindringen in die Geheimnisse der Kochkunst.

Tomaten überbrühen und abziehen, Gurke waschen, nur schälen, wenn die Schale hart ist, grob würfeln. Zwiebel schälen und vierteln. Paprikaschote halbieren, putzen, waschen und würfeln. Dann alles mit Knoblauch und Weißbrot in den Mixer geben, Wasser, Essig und Salz hinzufügen, 1 Minute elektrisch mixen, bis Masse fein püriert ist. Mit Schneebesen Öl und Tomatenmark hinzuschlagen. Mit Pfeffer und Salz abschmecken.

2 Stunden zugedeckt im Kühlschrank kaltstellen. Vor dem Servieren leicht schlagen, eventuell einige Eiswürfel in die Suppenschüssel geben. Weißbrotscheiben würfeln, goldgelb rösten.

Die Suppenteller werden mit je vier Schüsselchen garniert. Sie enthalten getrennt 1/2 Tasse feingehackte Zwiebel, 1/2 Tasse feingehackte Gurke und 1/2 Tasse feingehackte Paprikaschote. In die vierte Schale kommt 1/2 Tasse geröstete Brotwürfel.

Rezept

1 Salatgurke
300 g Tomaten
1 mittelgroße Zwiebel
1 Paprikaschote
(möglichst rot)
1 Teelöffel Knoblauch
oder 1-2 zerstampfte
Knoblauchzehen
3 Tassen Weißbrotkrumen
ohne Kruste
1/2 l kaltes Wasser
2 Eßlöffel Essig
2 Teelöffel Salz
2 Eßlöffel Olivenöl
1/2 Eßlöffel Tomatenmark
Für das Anrichten sind
noch einmal 1/2 Zwiebel,
1/2 Paprikaschote und
ca. 1/4 einer Salatgurke
sowie 2-3 weitere
Scheiben Weißbrot
erforderlich.

Nach dem Servieren fügt jeder selbst nach Belieben das gehackte Gemüse aus den Schälchen und zuletzt die gerösteten Brotwürfel der Suppe hinzu.

Ein-Topf von Joachim Jauer

Rezept

Ich kaufe alle Gemüse-
sorten der Saison, etwa
1 Pfund Möhren
1 Pfund grüne Bohnen
1 mittelgroßer Blumenkohl
1 kleiner Wirsing
4 Petersilienwurzeln
1 dicke Stange Porree
1 kleine Sellerie
1 Kilo Champignons
1 Strauß glatte Petersilie

Dann das Fleisch:
1 Pfd. Rinderschmorfleisch
1 Pfd. Kasslerkotelette
1 Pfd. Lammkeule
1 Brathähnchen

Es ist ein gruppendynamisches Essen, das ich gerne anrichte, kein Kollektivfutter, aber eines, das Teamgeist verlangt. Es ist die große Zusammenrottung von Fetten, Eiweißen, Kohlehydraten und Vitaminen, keine individuelle Kleine Schweinerei. Als ich einmal ein Dutzend Freunde zum Samstagabend einlud, fragte ich zuvor reihum nach jedermanns Essenswunsch. Die Vorlieben waren so verschieden, daß ich mich entschloß, allen alles vorzusetzen und jedem Seins zu kochen. Und das in einer normalen Küche in *einem* großen Topf.

Dieser Ein-Topf ist ein Fest für jeden, dem die Küche Hobbyraum ist, der gern über den Wochenmarkt mit dem großen Korb pirscht, der am liebsten alles kauft oder wenigstens von allem etwas, der das Stilleben von vielen Gemüsesorten mag, der gern für viele Gäste kocht, und der dennoch die Arbeitsmenge so einteilen will, daß sie nicht in Arbeit ausarten kann.

Man nehme also den großen Einkaufskorb, man nehme einen späten Sonnabendvormittag, man nehme einen Hundertmarkschein, man schlendere über den Wochenmarkt. Eine gründliche Recherche sollte allem vorausgehen, was Journalisten anrichten. Hier geht es um Frische des Angebots und natürlich um den Preis.

Danach folgt beim Fernsehen die Aufnahme, hier ist es der Einkauf.

Aufnahme beendet. Ab in die Küche zum Schnitt. Ich mag beim Fernsehen lange Bild-Einstellungen, also nichts Kleingeschnittenes. So auch bei meinem Ein-Topf.

Jedes Gemüse bleibt jeweils als Stück erhalten, wird nur geputzt. Die Fleischsorten werden individuell gewürzt, beim Lamm bitte weder Knoblauch noch Zimt vergessen.

118

Als großen Topf für meinen Ein-Topf benutze ich einen ovalen Gänsebräter, der auf zwei Kochflammen steht. Kassler, Lamm und Rind werden sorgfältig getrennt – angebraten, mit etwas Roséwein abgelöscht. Beim Fernsehen heißt dieser Vorgang Endfertigung.

Also weiter: Die harten Wurzeln und Knollengemüse werden über dem Fleisch locker geschichtet, dann noch das Brathähnchen drauf, darüber oder daneben, wo Platz ist, die restlichen Gemüse, die grünen Bohnen im Bündel. Alles wird sorgfältig mit einer Decke von Champignons belegt; die sind für den Saft zuständig. Nach einer Stunde – bei mittlerer Hitze – lege ich den Strauß Petersilie obendrauf. Salz hätte ich beinahe vergessen. Deckel zu und noch einmal 30–45 Minuten, fertig ist der Ein-Topf.

Seine Spezialität – es muß was mit Physik und Dampf zu tun haben – ist: Alles behält seinen spezifischen Geschmack, das Fleisch und das Gemüse. Nur am Boden fließen alle individuellen Säfte zu einem herrlichen Gemisch zusammen. Es lebe das Saft- und Soßen-Kollektiv. Den Wein sollte man erst zum Essen und nicht bereits während des Kochens trinken. Mir hat ein Rosé oder trockener Roter immer gut dazu getan.

Wenn sich dann alle über den Ein-Topf in der Mitte des Tisches hermachen, kann jeder von allem kosten, wie gesagt kein Kollektivfutter, aber gefräßiger Teamgeist wird verlangt.

Jedenfalls: Bei solchen Tischsitten kommt man ins Gespräch. Und der übliche Nachtisch „Fernsehen" entfällt an diesem Ein-Topf-Abend.

Jürgen Juckel: Hamburger Aalsuppe

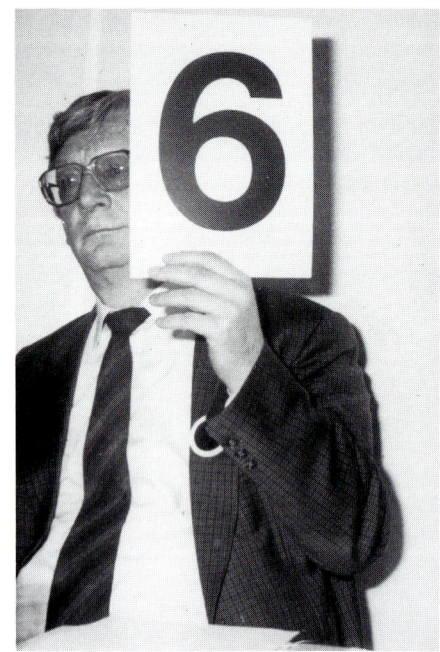

Ja, Kinnings, wer von den heutigen Profis, wer unter unseren dreisterne-gezierten Cuisine-Stars weiß schon noch etwas von Urgroßmutters Geheimnissen? Wem gelingt denn noch diese vieltönige nördliche Komposition aus Süß und Sauer, salzig und pikant? Wer erschafft noch die duftende Harmonie aus der scheinbar chaotischen Mischung von reichlich zwei Dutzend Zutaten, diesen Wohlklang aus für den Winter getrocknetem Obst und sommerfrischen Kräutern, diese Symphonie aus Land und Meer, Fleisch und Fisch und allen vier Himmelsrichtungen?

Manchem Südlicht soll sie ja als Zungentortur dritten Grades vorgekommen sein. Die Hamburger aber feierten schon 1814, als die napoleonischen Besatzer ab- und die Kosaken einzogen, das Ereignis mit einem gewaltigen Aalsuppenessen auf dem Jungfernstieg. Ein hoher Senat hat sogar einmal ein hanseatisch seriöses Dekret darüber erlassen, was sich eigentlich Aalsuppe nennen darf. Nämlich nur jene, in der auch wirklich Aalstücke schwimmen. Alles andere ist „Suure Supp".

Die aktuellste Story über die Hamburger Aalsuppe erlebte ich eben dort, wo sie herkommt. In der kleinen Gartenwirtschaft am Övelgönner Elbufer, dort wo die vorbeiziehenden dicken Pötte Hamburg Tschüs sagen, machte ich dem Kellner das Kompliment: „Also, solche Aalsuppe, so echt wie die früher bei der Oma, die habe ich noch in keinem Lokal serviert bekommen." Da beugte er sich herunter und flüsterte: „Nicht weitersagen – sie ist auch das einzige Gericht, das nicht unser Koch anrichtet. Die Aalsuppe kocht immer unsere Putzfrau."

Die im Garten von Övelgönne jedenfalls, von dem aus man die Pflaumenkerne beinahe bis in die Fahrrinne spucken kann, diese köstliche Terrine von der Putzfrau – die jedenfalls war echte Hamburger Aalsuppe.

Rezept

Holsteinischer Katenrauch-schinken-Knochen mit sehr viel Fleischresten
750 g frischer Aal
3 l Wasser
250 g Erbsen
250 g Wurzeln (Möhren)
1/2 Sellerieknolle
1 Petersilien-Wurzel
1 Stange Porree
150 g Apfelringe
150 g getrocknete Birnen
150 g Backpflaumen
1 große Tasse voll gehackter frischer Kräuter (Bohnenkraut, Majoran, Thymian, Petersilie, Estragon, Dill, Sauerampfer, Kerbel und, falls erhältlich, Tripmadam)
1 halbe Tasse Weinessig
1 Eßlöffel Zucker
1 Prise Salz
Dazu Mehl, Butter und Salz für Schwemm-Klöße.

Den Schinkenknochen in dem Wasser kräftig aus-kochen (ca. 1 Stunde), bis sich das Fleisch löst, dann abschaben. Das geputzte und in Stücke

geschnittene Gemüse in die Brühe geben und köcheln lassen. Die Kräuter und das in heißem Wasser eingeweichte Backobst hinein geben. Mit Essig, Salz und Zucker abschmecken, ein runder süß-saurer Geschmack muß entstehen. Zuletzt kommen die mundgerecht geschnittenen Aalstücke und Schwemmklöße in den Topf. Jetzt nur noch ziehen lassen, bis die Klöße auftauchen. Eventuell, wie in alten Zeiten, als man darin das Dörrobst einweichte, mit Rotwein abrunden.

Passendes Getränk: ein Hamburger Bier – wenn die Hansestadt auch nicht mehr wie vor Jahrhunder-ten den Ruf der deutschen Brauerei-Metropole hat.

Eva Jentsch: Kasseler unter der Haube

Man richtet das Kasseler auf einer Platte an – statt Kasseler kann man auch Pute nehmen –. Der Doppelrahmfrischkäse wird mit dem Joghurt verrührt, mit Pfeffer und Salz abgeschmeckt und über das Fleisch gegossen. Dazu reicht man am besten Toast und Butter. Als Getränk dazu schmeckt sehr gut helles Bier.

Rezept

300 g Kasseler Aufschnitt
125 g Doppelrahmfrisch-käse
1 Becher Trinkmilchjoghurt (150 g)
etwas Salz und Pfeffer

Viel Zeit bleibt mir nie, um ein Essen für Gäste vorzubereiten. Ich habe aber sehr gern Besuch. So erwies sich das folgende Rezept als äußerst erfolgreich, da es etwas außergewöhnlich ist und bisher allen sehr gut geschmeckt hat:

Rheinische Reibekuchen
à la Helmut Kampmann

Die besten Reibekuchen, auch Kartoffelpuffer oder „Rivkooche" genannt, soll es im Rheinland geben. Natürlich kann ich das als Rheinländer nicht bestreiten. Wo käme ich hin!
Das Geheimnis vollmundiger Variationsmöglichkeit liegt in ein paar Zutaten, die den geriebenen Kartoffeln beigefügt werden.

Rezept

Vier Eier auf 1.500 Gramm Kartoffeln, drei geriebene Zwiebeln, fein geschnittener Schnittlauch, drei Eßlöffel Mehl, vier Eßlöffel saure Sahne oder Dosenmilch, Salz, fein gemahlener weißer Pfeffer und einen Eßlöffel winziger, gebratener Speckwürfel. Im heißen Öl einer Pfanne die dünnen Reibekuchen auf jeder Seite drei Minuten braten. Goldbraun und knusprig! Auf eine vorgewärmte Platte nebeneinander legen, nicht übereinander, sonst werden sie weich.

Beilage: Apfelmus und Preiselbeerkompott.
Getränk: ein halbtrockener Winninger Hamm, Riesling, Qualitätswein.

Tafelspitz mit Krengemüse
à la Margret Kämpf-Elbertzhagen

Maynel Kamy

Wenn ich Gäste bekomme und richtig Zeit habe, vorzubereiten, mache ich ein Gericht, das eigentlich die Lieblingsspeise meines Vaters war: Tafelspitz mit Krengemüse und Bouillon-Kartoffel. Das angenehme daran: die Hauptarbeit mache ich einen Tag zuvor. Schließlich muß das Fleisch fünf Stunden lang leise vor sich hinkochen. „Simmern" sagt dazu der Fachmann. Das Fleisch muß zwar weich werden, darf aber nicht kochen. Keiner will nur noch ausgelaugte Fasern zu sich nehmen. Das einzige Kunststück daran: Sie müssen einen Metzger haben, der nicht nur verkaufen will, sondern sein Fleisch auch mag. Von ihm hängt nämlich ab, wieviel Ehre man mit seinem Essen einlegt. Die Wahl des Fleisches, die Konsistenz sind wichtig. Ob Hüfte, Ocerschale oder Bug ausgewählt wird: Vertrauen Sie sich dem Metzger an, lassen Sie ihn entscheiden. Sagen Sie ihm aber auch hinterher, wenn alles wohlgelungen oder wenn Ihre Gäste mit steilen Zähnen dem Fleische nicht Herr wurden.

Rezept

Das Fleisch wird in kochendes Wasser gelegt. Genügend gesalzen. Nelken, Lorbeerblatt, Pfefferkörner dazu. Sparen Sie nicht mit Suppengemüse. Schneiden Sie alles hinein: Zwiebeln, Karotten, Lauch, Petersilie, Sellerie. Pfefferkörner dazu! Schäumen Sie ab. Giessen Sie das Gemüse ab, wenn es weich geworden. Das Fleisch muß weiter brodeln. Ungeduldige sind nicht gefragt. Stunden braucht es, bis es zart und weich geworden.

Das alles sollten Sie am Vortag machen. Am nächsten Tag langsam wieder heiß werden lassen, am Stück! Ich gebe Bouillon-Kartoffeln dazu, also koche Kartoffeln in der Brühe, die ich durch den Tafelspitz habe. Knackiger frischer Salat dazu, frisch geriebener Meerrettich, den ich mit süßer Sahne anrühre. Oder: ich gebe frisch geriebenen Apfel plus Sahne plus Meerrettich zusammen. Wichtig ist die Suppe, in ihr steckt viel Kraft, schon deswegen koche ich den Tafelspitz vor. Ich mache aus der Suppe eine fränkische Festtagssuppe, ganz so, wie es sie Zuhause gab, wenn Familienfeste vor-

bereitet wurden. Leberknödelchen gibt es dazu, Griesknödelchen. Manchmal auch Eierstich. Die Leber muß durchgedreht sein, mit Eigelb und Semmelbrösel vermischt, Majoran als Würze. Kleine, zwei Zentimeter große Klößchen forme ich. Die Griesklößchen sind auch nicht schwer. Ich koche einen Griesbrei, gebe Eigelb dazu, einen Stich Butter, Muskat, schlage schaumig. Forme Klößchen. Pasta.

Frische, knackige *Salate* gebe ich dazu. Ich nehme die der Saison, mische sie.

Als *Dessert* schlage ich etwas einfaches vor, fast schon vergessen, von den Speisekarten verschwunden: ein *Reisbrei nach Omas Art.* Reisbrei kochen, mit geschlagener Sahne am Schluß fast souffléartig werden lassen. Viel Zimt und Zucker darüber. Fast ein sparsamer Nachtisch. Das herrliche ist, wer ihn ißt, begeistert sich wieder. Der Reisbrei erinnert an frohe Kindertage-Geburtstagsschlachten.

Mein Trinkvorschlag, Frankenwein, der herb ist und gut dazu paßt. Er schluckt sich gut, macht Stimmung. Was am Tafelspitz überdies auch noch prima ist: Er hat nicht soviele Kalorien, vorausgesetzt, man läßt die Kartoffeln und den guten Reisbrei weg.
Falls Sie aus *Kren* (Meerrettich) Gemüse machen wollen: frisch geriebenen Meerrettich kurz in Butter rösten, mit Mehl abstäuben, mit Sahne auffüllen. Fertig.

„Mandschurei" à la Harald Karas

SFB

Rindfleisch, Suppengrün, Markknochen werden gekocht. Fleisch abkühlen lassen und in Würfel schneiden. Gekochten und rohen Schinken zerkleinern. Eier klein schneiden, ebenso Gewürz- und Senfgurken, und alle Zutaten in einer Schüssel untereinander heben.

Soße: Zwei Eßlöffel Butter zerlassen, mit Mehl ablöschen und die Rindfleischbrühe zufügen; einen Eßlöffel Curry oder auch mehr – je nach Geschmack – darunter rühren. Dazu Reis servieren.

Rezept

1 1/2 Pfund Rindfleisch (Tafelspitz)
3 Markknochen
1/4 Pfund gekochter Schinken
1/4 Pfund roher Schinken
6 hartgekochte Eier
2 bis 3 kleine Gewürzgurken
5 bis 6 Senfgurken (in Stücken)
1 Bund Suppengrün
Curry
200 g Reis

Ehrlich gesagt, ich koche selbst nicht, ich lasse kochen. Meine Frau kann's einfach besser als ich. Und deshalb herrscht bei uns Arbeitsteilung: Sie kocht und ich esse – und zwar mit Genuß!
„Da hast du was Schönes angerichtet", habe ich anerkennend gesagt, als sie vor Jahren mit folgender kulinarischen Komposition mein ungeteiltes Wohlgefallen erregte. Das Ganze ist fernöstlicher Provenienz, heißt „Mandschurei" und schmeckt auch Mitteleuropäern vorzüglich.

Cholon-Nudeln à la Friedhelm Kemna

Rezept

200 g Chines. Eiernudeln
100 g Krabben
2 Scheiben Schinken-speck
3 Frühlingszwiebeln
4 EL. Maiskeimöl
200 g Bohnensprossen
Sojasauce

Die Nudeln kochen, bis sie „al dente" sind, ca. 3 Min.; in einem Durchschlag gut mit kaltem Wasser durch-spülen und trocknen. In einem Wok oder großer Pfanne das Öl erhitzen und darin die Zwiebeln und Schinkenspeck, dann die Krabben kurz anbraten. Die Nudeln nun gleich-mäßig darüber verteilen, 1 Min. braten, bis sie gold-braun sind. Die Bohnen-sprossen darunter mischen und weitere 2 Min. wenden. Mit Soja-sauce abschmecken. Heiß mit Stäbchen essen. Dazu schmeckt am besten ein leichtes kühles Pils.

BONNER GENERALANZEIGER

Zu den besten Stunden eines Korrespondenten während des Vietnam-Krieges gehörte es, in dem chinesischen Teil von Saigon, Cholon, an den duftenden Garküchen ein würziges, leichtes und zugleich schmackhaftes Nudel-gericht zu sich zu nehmen. Diese schöne Erinnerung versuche ich daheim, in einem eigenen Versuch am Herd nützlich zu machen:

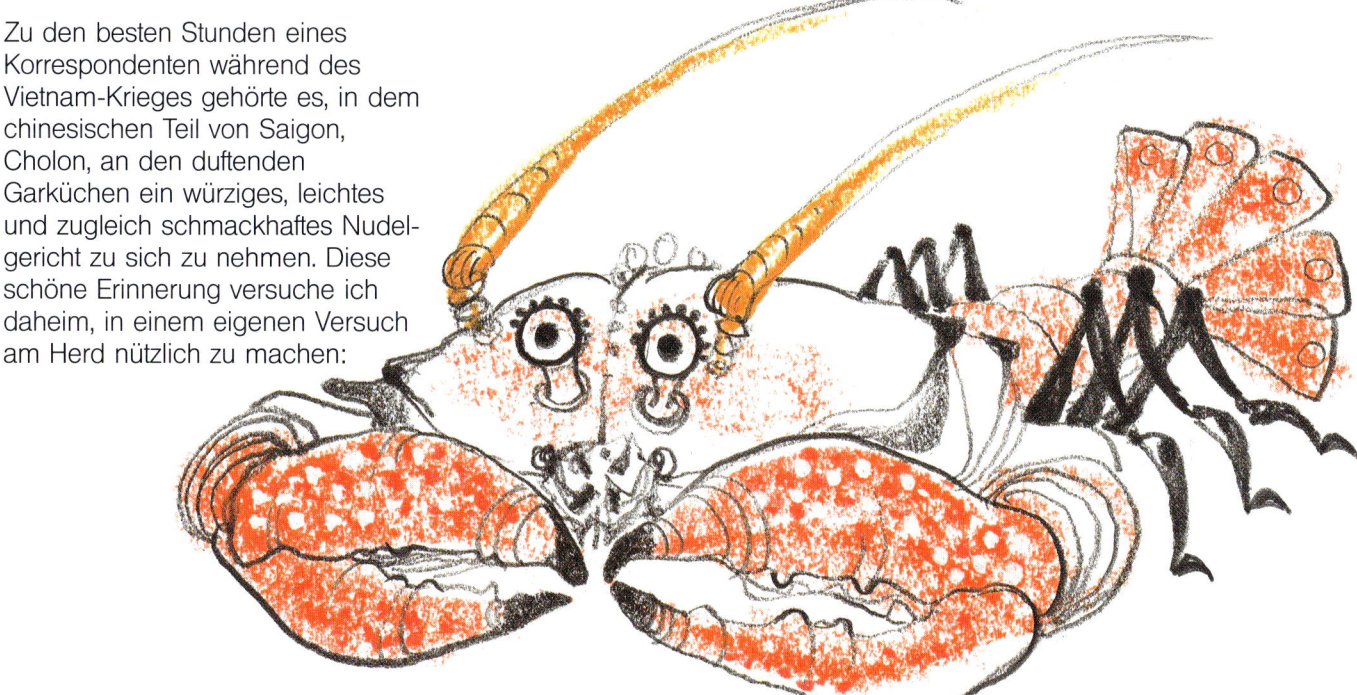

Hannes Keil: Vollwert-Menü

Für mich als Anreger und unermüdlicher Propagandist einer völlig neuen (in Wirklichkeit uralten) Eßkultur gibt es eigentlich kein spezielles Lieblingsrezept, weil ich in täglicher Variation ununterbrochen Lieblingsspeisen zu mir nehme.

Diese Auswahl-, Zubereitungs- und Eßkultur zu beschreiben, ist hier nicht der Platz – ich werde demnächst ein eigenes Buch darüber schreiben. Verraten sei nur: Meine Kost ist auf ganz spezielle, weitestmögliche Weise

☐ Vollwertig und frisch
☐ Natürlich belassen und bearbeitet
☐ Fleischlos, aber nicht vegetarisch
☐ Zuckerlos, aber süß, wo es sein muß

Diese Liste läßt sich noch weit verlängern, genügt aber vielleicht schon, um anzudeuten, daß diese Art von Eßkultur dem Prinzip der Ernährung auf hohem ästhetischen Niveau huldigt.

Daß dabei als Nebenprodukte ethische, moralische und nicht zuletzt gesundheitliche Werte gleichsam wie Perlen, als der noch wertvollere, denn der eigentlich angestrebte Inhalt der Auster zutage treten, deutet schon darauf hin, daß der so sich Delektierende keineswegs einer neuen Bescheidenheit frönt, sondern, ganz im Gegenteil, ein eher bedauerndes Lächeln für jene letztlich längst obsoleten Päpste einer überfeinerten Illustrierten-Völlerei übrig hat, die zu ihrem eigenen Schaden noch nicht geschnallt haben, daß, wie z.B. in der dem Essen so nahen Medizin, die GANZHEIT der körperlichen und geistigen Vorgänge das Wesen Mensch erst ausmacht. Kurz: Essen hört nicht hinter dem Gaumen einfach auf. Aus diesen kurzen Andeutungen wird der verehrte Leser sicherlich schon den Eindruck erarbeitet haben, daß ein vereinzeltes Kochrezept nicht im Sinne der neuen Nahrungsmittelphilosophie liegen kann, deren Grundrezept

☐ Geschmack
☐ Phantasie
☐ und Kontinuität

lautet.

Um dem populären und verständlichen Wunsche, hier etwas Nachvollziehbares zu finden, dennoch stattzugeben, sei hier ein einfaches Menü beschrieben, welches ästhetischen Maßstäben halbwegs standhält, ohne jedoch nach irgend einer Seite zur Übertreibung zu neigen.

Rezept

„Dollies Capucine"

Pro Person eine knappe Hand Haselnüsse, grob gehackt, ein Eßlöffel grob geschroteter und al dente gekochter Dinkel, angerichtet in einer Sauce aus 2 EL Crème fraîche mit je 1 TL feinstens zerkleinertem Löwenzahn und Salbei. Diese Mischung wird serviert auf einem großen Blatt Kapuzinerkresse und garniert mit einer tieforange leuchtenden Blüte ebenderselben.

„Garlic Romantic"

Pro Person zwei Zehen frischer Knoblauch, leicht geröstet in 1 TL Olivenöl (extra vergine), 5 junge Brennesselblätter, blanchiert, ein Hauch Rosenpaprika, das Ganze abgelöscht mit einer klaren vegetarischen Gemüsebrühe aus der Dose. Das Süppchen wird garniert mit den blauen Blüten des Borretsch (ohne das Blütenkörbchen) und serviert in Tonschälchen von der Größe einer Mokkatasse.

„Krautrolls N.Y., N.Y."

Pro Person 3 große Weißkohlblätter halbgar dünsten und darin das Fleisch von einem halben gekochten und entgräteten Hummer einrollen und unter dem Grill hauchzart anbräunen. Das Dünstwasser von Kraut und Hummer mit etwas Sojasauce, einer

„Hayberries"

Pro Person je ein Teelöffel frisch und fein gehackte Gänseblümchenblüten, Zitronenmelisse und Lavendelblättchen, ungefähr 2 Stunden mariniert in 1 Tasse süßer Sahne und

Vorzugsmilch zu gleichen Teilen, kurz vor dem Servieren mit 1 Tasse Walderdbeeren vermischt.

„Russian coffee"

1 Tasse Darboven-Kaffee, darin aufgelöst ein gestrichener Teelöffel dänische Süßrahmbutter und 2 cl sehr kurz erhitzter polnischer Wodka.

Messerspitze frisch gemahlenen Kümmel, 1 TL frischem Ysop und 1 EL Distelöl zu einem wohlschmeckenden Fond einkochen. Dazu ganze Pellkartoffeln, die mit etwas Liebstöckel (nicht ganz jung) und einigen Rosmarinblättchen in irischer Salzbutter leicht goldbraun geschwenkt werden.

„Schnelle Bohnensuppe"
à la Fritz Klein

Rezept

Zwiebeln und durchwachsenen Speck würfeln und anbraten. 2 Dosen weiße Bohnen mit Suppengrün und eine kleine Flasche Ketchup und einen Becher saure Sahne dazugeben. Zwei Paar Debrecziner in Scheiben schneiden, einen Schuß Rotwein und einen Brühwürfel unterrühren. Mit Lorbeerblatt, Thymian, Paprika, Pfeffer aus der Mühle und einer Prise Zucker würzen. Kurz aufkochen und es kann serviert werden!

N D R

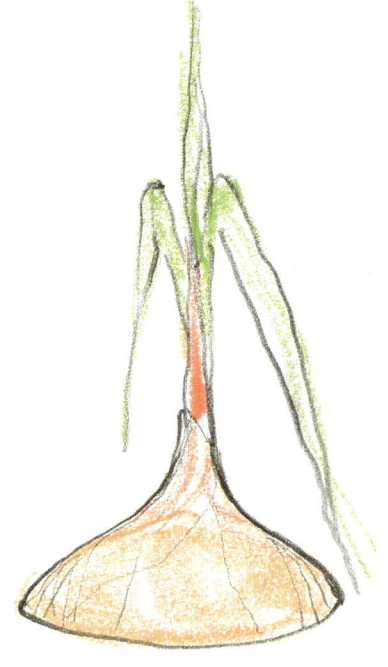

Reinhard Kleinmann: Schupfnudeln

SWF

Meine Familie stammt aus Hohenzollern, dort, wo die Schwäbische Alb nicht mehr rauh, sondern voll von Geschichte und Geschichten ist. Doch immer war es so, daß die Jüngsten aus den Familien weggehen mußten, das Land war zu klein und die Realteilung unbarmherzig. Es gibt Historiker, die den Weg der Zollerngrafen über Nürnberg, Brandenburg, Berlin, bis zum deutschen Kaiserthron auf diese Weise erklären. Mein Vater suchte, als er als „zollerisches Landeskind" sich in Preußen umsehen mußte, um Studienrat werden zu können, Münster in Westfalen aus. Das einzige, was er, solange er lebte, in der Küche meiner aus Münster stammenden Mutter selbst zubereitete, waren Schupfnudeln. Sie müssen so originär schwäbisch, so bestimmt von der kargen Art der Alb sein, daß sie niemand machen kann, der nicht von dort ist. Doch gut geschriebene Rezepte machen heute vieles möglich, was einmal undenkbar schien.

Mich erinnern diese Schupfnudeln unmittelbar an meine Kindheit. Ich kann sie heute selber machen. Früher war das, was die Schwäbische Alb hervorbrachte, Getreide und Kartoffeln, ein Gericht für sich, Endiviensalat oder Tomatensalat wurde dazu gegessen, getrunken wurde ein Krug Most. Heute, bei den bedeutenderen Essen unserer Zeit, passen die Schupfnudeln am besten zu Wildgerichten. Ich trinke dazu Schwarzriesling aus den württembergischen Weingebieten, hohenzollerische gibt es nicht. Es gibt viele Gerichte, die nur dann richtig schmecken, wenn sie selbst zubereitet worden sind, aber es gibt kein Gericht, bei dem sich mit Recht sagen läßt, es mit eigenen Händen gemacht zu haben. Und dazu die Erinnerung!

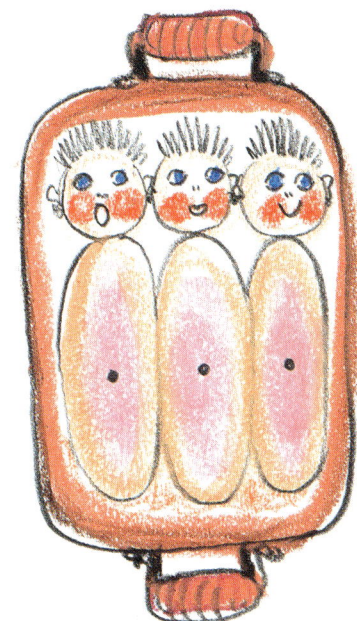

Rezept

Am Tag zuvor gekochte Kartoffeln müssen geschält und fein gerieben werden Eier, Salz, Muskat und Mehl kommen dazu. Soviel Mehl, daß der Teig zusammenhält. Den Teig kneten und mit der Innenfläche der beiden Hände fingerlange und fingerdicke Nudeln formen. Danach gibt es drei Möglichkeiten:

1. die Schupfnudeln im heißen Fett braun braten
2. die Schupfnudeln im etwas gesalzenen Wasser einmal aufkochen, dann abtropfen lassen und dann braten
3. die abgetropften Schupfnudeln auf dem „schwäbischen" Backbrett ausbreiten. Wenn sie gut trocken sind, in der Pfanne mit gequirltem Ei und Rahm übergießen und überbacken.

Käs-Spätzle mit Acker- oder Blattsalat à la Roderich Klett

Süddeutscher Rundfunk

Salatsoße:

Vermeiden Sie den Fehler, mit dem man sogar den schönsten Salat ruinieren kann und nehmen Sie nicht zu viel Essig. 2 Eßlöffel 5 %igen Essigs, den Sie mit 3 Eßlöffeln Wasser verdünnen, sind ausreichend. Fügen Sie 5 kräftige Spritzer Maggi-Sauce dazu und eine kleine zerdrückte Knoblauchzehe sowie eine Messerspitze Salz. Alles kräftig schlagen, danach erst 6 Eßlöffel Öl unterrühren. Nochmals kräftig schlagen.

Rezept

Käs-Spätzle

750 g Mehl
7 Eier
eventuell wenig lauwarmes Wasser
250 g geriebenen Emmentaler-Käse
Salz
100 g Butter
500 g Zwiebeln

Salat

Weinessig
Maggi
Knoblauch
Salz
Erstklassiges Pflanzenöl

Spätzle:

Wenn Sie noch nie Spätzle gemacht haben, kommt nun der schwierigste Teil, denn Sie müssen nicht nur den Teig richtig herstellen, sondern auch den Teig zu Spätzle schaben. Doch nur Mut: Generationen von Schwaben haben diese Probleme schon bewältigt – und, wie gesagt, das Ergebnis lohnt sich. Also:

Mitmenschen, die gerade mit einer Diät begonnen haben, sollten an dieser Stelle besser nicht weiterlesen, sondern hurtigen Blicks zu einem anderen Rezept eilen, denn hier wird eine süddeutsche Verlockung beschrieben, die, so man ihr erliegt, keinesfalls spurlos am Esser vorübergeht. Aber: Wer der Versuchung erliegt, dessen Gaumen wird aufs sanfteste umschmeichelt, dessen Zunge wird von weichem Wohlschmeckendem wunderbar eingehüllt – und (siehe oben!) dessen Umfang wird zunehmen, vor allem dann, wenn er in dieser Sache zum Gewohnheitssünder wird.

Zuerst das Mehl in eine große Schüssel, dann die Eier aufschlagen und dazugeben, salzen. Wichtig ist, daß alle Zutaten Zimmerwärme haben. Mit einem Kochlöffel so lange durchschlagen, bis der Teig sanfte Blasen wirft – oder mit dem Handrührgerät, bis sich der Teig von der Schüssel löst. Der Teig soll fest, aber nicht zu fest sein, weshalb Sie im Zweifel mit etwas lauwarmem Wasser nachhelfen, um die richtige Konsistenz zu erreichen.

Nun kleine Portionen Teig auf ein Spätzlesbrett geben, das vorher feucht gemacht wurde, und den Teig mit einem Spätzleschaber oder einem länglichen Messer ins kochende Wasser schaben. Jeweils kurz aufwallen lassen, mit einem Schaumlöffel herausfischen und auf eine vorgewärmte Platte geben. Zwei Portionen aus dem Kochtopf geben etwa eine Lage. Dann mit Käse bestreuen und die nächste

Lage Spätzle herstellen, wieder mit Käse bestreuen usf.
Am Ende die in Ringe geschnittenen und in Butter gebräunten Zwiebeln darübergeben. Wichtig ist, daß die Käs-Spätzle nun schnell und heiß serviert werden – oder warmgestellt werden (Austrocknen sollten sie jedoch nicht!).

Als Getränk empfehle ich einen trockenen schwäbischen Riesling aus Dürrenzimmern oder Verrenberg.

Bätzfläsch und Krumbireklös
von Hermann Kober

WÜRZBURGER VOLKSBLATT

Das Fleisch in die Butter-milch (oder heißen ver-dünnten Essig) mit den Gewürzen legen, dazu die in Scheiben geschnittenen Zwiebeln; zugedeckt 2 bis 3 Tage kühlstellen – dabei einmal wenden. In heißem Fett das gut abgetrocknete Fleisch von allen Seiten scharf anbraten. Mit einem Teil der durch ein Sieb gegossenen Beize (nicht zu viel – das Fleisch darf nicht „schwimmen") eine Stunde schmoren lassen. Im Schnellkochtopf geht es entsprechend schneller. Dann für die Soße eine braune Einbrenne unter Verwendung der Beize, Salz, Pfeffer, Tomatenmark und Zucker bereiten (Die Soße darf nicht zu dick sein!). Mit süßer Sahne verfeinern. Dazu serviert man in Franken Kartoffel-klöße aus rohen oder gekochten Kartoffeln. Es schmecken auch Semmel-klöße dazu.

Rezept

500 g Rindfleisch (Bug)
Für die Beize (= Bätz):
2 Zwiebeln
1 Lorbeerblatt
1 Nelke
Gewürzkörner, Buttermilch oder verdünnten, heißen Weinessig
Zum Braten:
ca. 30 g Fett
Mehl, Salz
1 Prise Zucker
1 Teelöffel Tomatenmark
Pfeffer, Sahne

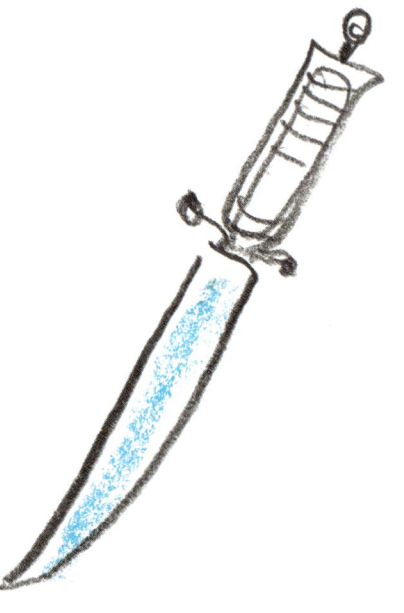

Lachsforelle à la Thilo Koch

Vielleicht hat es wirklich mit meinem Nachnamen zu tun, daß ich das Kochen schätze – zumeist als einer, der gern gut ißt (wenig, aber vom besten), manchmal auch als Hobby-Koch in der eigenen Küche, besonders sonntags, um meine Frau zu entlasten und auch wegen des puren Vergnügens am Spaß. Unsere Küche öffnet sich zu einem behaglichen Eßraum hin, und von dem aus geht der Blick (180 Grad) frei über das grüne Tal der Baar bis zum Schwarzwald, ein 100-km-Panorama. Wie schwer ist es da, sich auf Tiegel und Teller zu konzentrieren. Die Lachsforelle kaufe ich samstags auf dem Markt, unten im Städtchen Spaichingen. Der mobile Fischmann holt sie selbst aus dem Allgäu. Den Loire-Wein beziehe ich von Segnitz in Bremen, alles andere hat man (heute!) sowieso im Haus. Und dann braucht es nur noch zu schmecken. Das tut's.

Rezept

Vorspeise:

Ein Gläschen trockenen, weißen Portwein, Honigmelone (süß und reif) mit Danieli- oder Parmaschinken, sehr zart und fein geschnitten.

Hauptgang:

Eine frische Lachsforelle für 2, 3 oder 4 Personen, kochfertig ausgenommen und geschuppt. Innen und außen waschen, trockentupfen.
Innen und außen würzen: Salz, Pfeffer.

Innen mit Küchenkräutern füllen, wahlweise Petersilie, Schnittlauch, Liebstöckl, Thymian, Dill. Mit dünnen Speckscheiben belegen. In Alufolie wickeln, an den Enden einschlagen, aufs Backblech in den Ofen, etwa 20 Minuten. Lachsforelle auswickeln und in der heißen Alufolie liegenlassen. Haut, Oberseite und Gräten entfernen, Fleisch lösen, auf vorgewärmten Tellern servieren.

Erhitzte braune Butter darüber, sofort essen.

Beilagen:

Pellkartoffeln, dazu grüner oder gemischter Salat mit Zitrone und Olivenöl, Basilikum und Zwiebelsalz.

Wein:

Sancere von der Loire – wenn's festlich sein soll: „Baron de L."

Dessert:

Sauerkirschen, mit Kirschwasser flambiert, Vanille-Nußeis von Mövenpick. Irish Coffee.

„Dorlis Filetauflauf",
überliefert von Ralf Richard Koerner

Münstersche Zeitung

einen trockenen Rosé von der Loire oder einen herben Riesling von der Mosel. Ein roter Rhône-Wein paßt auch.

Rezept

(für 8 Personen)

1 1/2 kg Schweinefilet
1/2 kg kleine Tomaten
1 kg-Dose geschnitzelte Champignons
1/2 l süße Sahne
1/4 l saure Sahne
Sojasauce (ein paar Spritzer)
Zitrone (tropfenweise)

Filet in Scheiben schneiden, panieren, am besten am Tag zuvor von beiden Seiten hell anbraten. Die Filetchen senkrecht in gebutterte flache Auflauf-form schichten, darüber die Champignons verteilen und die kleinen Tomaten eingeritzt dazwischen setzen. Darüber Sahne, Sojasauce, Zitronentröpf-chen verteilen, eventuell etwas Paniermehl und ein paar Butterflöckchen dazu-geben. Ca. 60 Minuten im Backofen auf 200 - 220 Grad backen, dann nur noch wärmen.

Beilage: Reis

Ich bin ein barocker Typ, auch wenn man es mir nicht ansieht. Vorsicht vor Lukullus Verführungen hält mich schlank. Alle Willensstärke wankt jedoch, sobald ich „Dorlis Filetauf-lauf" gegenüber sitze. Meine Frau hat ihn bei einer Freundin entdeckt und macht ihn wundervoll. Das unwider-stehliche Gericht ist gut bekömmlich, auch wenn man, natürlich, eine Por-tion zuviel davon ißt. Wir trinken dazu

Rahmspießchen mit pikanter Soße
à la Hermann-Joseph Konze

Hermann-Joseph Konze

FULDAER ZEITUNG

Rezept

Zwei Schweinelendchen, anderthalb Pfund Nieren, ein Stück durchwachsenen Speck, Äpfel, Zwiebeln. Alles in kleine Stücke schneiden. Aus Alufolie eine Tüte falten, die Zutaten abwechselnd hineinlegen, salzen, einen Löffel Schmand oder zwei darübergeben. Bei 250 Grad 50 Minuten im Backofen garen.
(Schmand = Crème fraîche)

Soße:
Drei Eßlöffel Öl in der Pfanne erhitzen, drei Eßlöffel sehr fein geschnittener Zwiebel und drei Eßlöffel feine Speckwürfel darin glasig werden lassen. Sechs Eßlöffel Gulaschsuppe (aus einer Packung), drei Tassen Wasser, drei Eßlöffel Tomatenmark, drei Eßlöffel Tomatenketchup, drei Eßlöffel Bratensaft (aus der Dose), einen Hauch Cayennepfeffer, etwas Erbswurst.
Abseits vom Feuer:
Schmand.
Dazu gibt's Reis.
Getränk: Einen trockenen Frankenwein

Kartoffelsuppe, fein und deftig
à la Gudrun Kratz-Norbisrath

Frau Wah. Such'ate.

WESTDEUTSCHE ALLGEMEINE WAZ

Rezept

Sie brauchen für vier Personen 1 Pfund Kartoffeln. Lassen Sie sich von Ihrer Marktfrau nicht die Mehligen aufschwatzen! Sicher haben die auch ihre Vorzüge, aber für eine wirklich gute Suppe nehmen Sie getrost die Kartoffel, die Ihnen als beste Salatware angepriesen wird. Sie müssen sie am Ende doch durch ein feines Sieb streichen, also kann es Ihnen egal sein, ob die Kartoffel schon beim Kochen zerfällt.
Ein kleines Stück Sellerie. Nehmen Sie höchstens eine Achtelknolle; und wenn Sie nichts falsch machen wollen, noch weniger. Mit Sellerie können Sie wunderbar würzen, aber einen feinen Geschmack können Sie damit auch leicht totschlagen. Also lieber ein bißchen weniger.
Das ist an Zutaten zunächst schon mal alles. Waschen Sie die Kartoffeln

Ich esse gern. Ich koche gern. Meistens habe ich keine Zeit. Aus diesen drei schlichten Erkenntnissen ergibt sich zwingend eine vierte: daß meine Rezepte einfach, aber raffiniert sein müssen. Das ist kein Widerspruch; im Gegenteil. Einfach ist viel raffinierter, als Sie denken. Das heißt, wenn die Grundvoraussetzung stimmt: Daß einem Essen Spaß macht. Haben Sie bemerkt, daß dieser Satz bei mir an erster Stelle steht?
Natürlich liebe ich Hechtklößchen auf Blattspinat und dergleichen, aber das Aller-, Allerschönste auf der Welt

(soweit es sich um Eßbares handelt) sind für mich Suppen. Und von allen Suppen wieder esse ich am liebsten Kartoffelsuppe. Warum? Erstens, weil ich finde, daß Kartoffeln viel zu gut schmecken, als daß sie unter dicker Soße ein kümmerliches Neben-Dasein fristen sollten. Zweitens, weil es für Kartoffelsuppe einfach keine unpassende Gelegenheit gibt. Natürlich simmt das. Man muß nur die Grundregel berücksichtigen, daß es immer zwei Möglichkeiten gibt; im Bezug auf die Kartoffelsuppe eine feine und eine deftige.
Die feine geht so:

gründlich unter fließendem Wasser, bearbeiten Sie sie mit einer Bürste, schneiden Sie dunkle Stellen raus. Wenn Sie Angst haben, daß eine Erdkrume hängenbleiben könnte, schälen Sie ihre Kartoffeln. Aber finden Sie sich damit ab, daß Ihre Suppe längst nicht so gut wird. Schneiden Sie die Kartoffeln in dünne Scheiben, bedecken Sie sie knapp mit Wasser, salzen sie vorsichtig. Sellerie schälen; in Streifen schneiden, dazugeben. Kochen Sie beides, bis Sie merken: Alles ist gut gar und wird dem Sieb keinen Widerstand entgegensetzen.

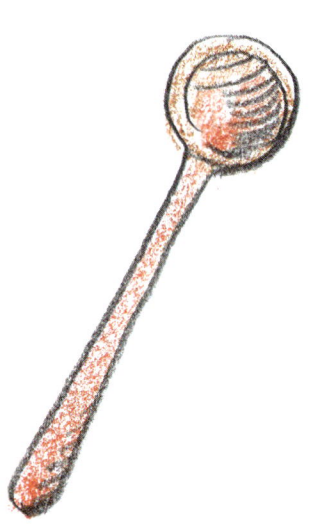

Wenn Sie das Gemüse mitsamt dem Kochwasser durchs Sieb gestrichen haben, werden Sie feststellen, daß der Brei im Topf noch viel zu dick ist.

Geben Sie Wasser dazu, bis die Suppe so dünn ist, wie Sie sie mögen! (Wenn ich gute Laune habe, nehme ich nicht nur Wasser, sondern auch einen Schluck trockenen Weißwein dazu.) Setzen Sie den Topf wieder auf die Platte und geben Sie feingehackte Petersilie, Basilikum und Majoran dazu; schmecken Sie ab mit Salz, einer Prise Zucker und frisch gemahlenem schwarzem Pfeffer. Alles schön heiß werden lassen, und fertig.

Nein, fast fertig. Denn außerdem gehören in die Suppe eine Handvoll geröstete Weißbrotwürfel, die zuunterst in den Teller kommen, und ein Löffelchen Crème fraîche, die zum Schluß als Klecks oben auf die Suppe gegeben wird. Die Crème wird immer nur so weit untergerührt, wie man gerade

mit Essen ist, damit der kühle, frische Sahnegeschmack erhalten bleibt … Glauben Sie nicht, die deftige Version ginge ganz anders. Bis zu dem Augenblick, wo Sie die Gemüse passiert haben, machen Sie alles genau wie vorhin. Beim Verdünnen lassen Sie diesmal den Wein weg, weil er nicht zu den kräftigen Sattmachern passen würde, zum Beispiel zu den Mettwürstchen, die Sie in der Suppe ziehen lassen können. Währenddessen schneiden Sie eine Stange Porree und zwei Möhren in feine Scheiben und braten beides in etwas Butter an. Vorsicht! Wenn der Porree wirklich schmale Kringel bildet, ist er in einer, spätestens zwei Minuten gar!

Die Möhrenscheiben also zuerst anbraten, aber auch die brauchen nicht länger als vielleicht vier Minuten. (Also rechnen: Möhren in die Pfanne, zwei Minuten braten, Porree dazu ...) Lassen Sie Schmand und Brotwürfel diesmal weg: beides ist zu fein für den Eintopf. Im übrigen sind Ihrem Erfindungsreichtum keine Grenzen gesetzt: Sie können Speckwürfel statt Würstchen nehmen; Sie können Zwiebelringe knusprig braten und oben auf die fertige Suppe geben; Sie können sogar, wenn Sie die Sache auf die Spitze treiben wollen, pro Magen eine Kartoffel zusätzlich schälen, in Würfel schneiden und in einem Extra-Topf gar kochen: Als Einlage für die fertige Suppe. Auf jeden Fall geben Sie am Ende wieder feingehackte Kräuter, Pfeffer, Salz und Zucker dazu und lassen alles mit heiß werden. Ich will nicht sagen, daß dies die beste Suppe ist, die ich kenne. Das wäre eine schreiende Ungerechtigkeit zum Beispiel gegenüber der feinen Tomatensuppe mit Gin, oder der Hühnerbrühe mit den Wirsingstreifen ... Aber, wie gesagt: Nehmen Sie die Kartoffelsuppe, die paßt immer.

Lasagne verde à la bolognese
von Fides Krause-Brewer

Dies ist nicht das Originalrezept. Dazu braucht man grüne Teigvierecke, die erstens schwer zu bekommen und zweitens mühselig zuzubereiten sind, weil man sie einzeln kochen muß, damit sie nicht zusammenkleben.
Ich mache die Lasagne, wenn ich 4-6 Gäste habe und weiß, daß ich am Tag nicht viel Zeit haben werde. Das meiste kann man am Abend vorher schon fertigmachen und die Lasagne eine halbe Stunde, ehe die Gäste anrücken, einfach in den Ofen schieben.

Ich habe dieses Rezept zum erstenmal an zwei Politikern ausprobiert. Das waren Egon Bahr und Klaus Schütz, der damals noch Regieren-der Bürgermeister von Berlin war. Ich dachte mir, wenn es nicht gelingt, ist das nicht so schlimm – solche Vollblut-Politiker merken sowieso nie, was sie essen. Aber weit gefehlt. Die beiden haben zwei Schüsseln voll verzehrt und sie dann regelrecht ausgekratzt.

Rezept

(für 6 Personen)

1 Pfund grüne Band-nudeln
1 Pfund Rindergehacktes
1/2 Sellerie-Knolle
3 große Mohrrüben
4 große Zwiebeln
1 große Dose Tomaten-mark
reichlich Béchamelsauce
Salz, Pfeffer, Oregano
Parmesankäse

Das Gemüse in kleine Würfelchen schneiden und in Öl langsam andünsten. Tomatenmark und soviel Wasser dazugeben, daß ein dicker Brei entsteht, mit Oregano würzen. Das Ganze so lange wie möglich köcheln lassen; mindestens eine Stunde bei ganz kleiner Flamme. Hackfleisch in Öl kurz durchbraten, zu dem Gemüsebrei geben. Salz und Pfeffer zugeben und beiseite stellen.
Nudeln al dente, also nicht zu weich kochen. Während-dessen eine dickflüssige Béchamelsauce machen. – Ich nehme dazu Marga-rine, Mehl, Milch und zwei Eigelb –.
Lageweise in eine feuer-feste Form Nudeln, Gemüse, Fleischbrei und Béchamelsauce einschich-ten, – jedes muß wenig-stens zweimal vorkommen, also Lagen nicht zu dick machen. Parmesankäse drüber streuen und im Backofen bei mittlerer Hitze gut durchbacken, bis die Käseschicht braun wird (nicht zuviel Ober-hitze)

Ich gebe dazu einen frischen grünen Salat, mit wenig Gurkenscheiben, angemacht mit einer Joghurt-Dillsauce.
Es paßt dazu: Roter Valpo-licella oder Soave-Wein.

Uwe Krögers Shepherd's Pie

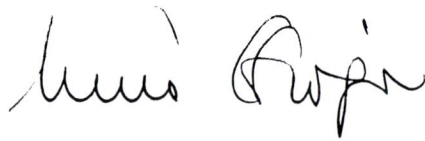

 *STUDIO LONDON*

Sobald ihr Name außerhalb des Vereinigten Königsreiches fällt, ertönen die Rufe des Entsetzens: die englische Küche, um Himmels willen, Finger und Gabeln davonlassen!

Verächtlich spotten die Franzosen, überheblich blicken die Deutschen über den Kanal, mitleidig lächeln die Italiener, verständnislos starren die Chinesen auf die englischen Teller, amüsiert knipsen die Japaner die für sie exotischen Gerichte. Ja, auch der wohlwollende Fremde wird – sofern bereits vertraut mit dem britischen Sinn fürs Understatement – zugehen, daß die englische Küche zumindest eines ist: anders.

Der Verzehr englischer Küchenprodukte ohne Leidensmiene in Gegenwart kontinentaler Mitesser gilt noch immer als rufschädigend, als

Demonstration asozialen Verhaltens sogar. Gelegentlich führt das Bekenntnis zu englischen Ernährungsgepflogenheiten zum Platzverweis. Wenn ich, was ich gern tue, im englischen Hotel durchaus landesüblich zum Frühstück statt des Spiegeleies gegrillten Kipper bestelle (Herings-Filets, gegrillt), muß ich mich vom Tisch des Kamerateams verabschieden. Der frische salzige Fisch-Duft, der meinem Teller entströmt, wird von den Kollegen als unzumutbarer Gestank bezeichnet. Endlich habe ich Gelegenheit mich ungestört dem Kipper, der Times, dem Guardian, der Financial Times sowie Mirror, Sun und Mail zu widmen ...

Abends, beim Dinner (englische Hauptmahlzeit), wird üblicherweise ein anderer Zielscheibe des Spotts (Neids): unser Kamera-Assistent mag sich beim Hauptgericht mit drei, vier Scheiben Lamm mit Mint Sauce bescheiden, aber wenn der Wagen mit den Süß-Speisen anrollt, gehen ihm die Augen über. Während die meisten sich mit einem excellenten Stück Apfelkuchen samt dickflüssiger Sahne begnügen, bezirzt Detlef die Dame vom Sweet Trolley gern zum wiederholten Nachschlag. Wenn er endlich bei der Trifle gelandet ist, einer farbenfrohen Pudding-Kuchen-Früchte-Süßstoff-Farbstoff-Kalorien-Mischung, gibt es nur noch zweierlei: Den übrigens auch in England nach dem Tee längst eingeführten Kaffee sowie ein, zwei Gläschen Drambuie (Likör aus Whisky und Orangen). Detlef weiß, daß die englische Küche ruf- und figurschädigend ist; daß sie anders, aber dennoch gut sein kann, wissen nicht nur der Kipper- und der Trifle-Freund.

Vor zwanzig Jahren kam mein Bruder nach einem Studienjahr in England halbverhungert und mit

berechtigtem Haß auf Frühstückswürstchen und Porridge zurück. Die Ernährungslage hat sich seitdem deutlich verbessert. Mehrere Faktoren gibt es.

Die Briten haben während ihrer langen Kolonialgeschichte und auch jetzt als Touristen gelernt, mit Lustgewinn fremder Länder Teller zu leeren. Auch Engländer kochen inzwischen „ausländisch", was zu einer Umstellung des Angebots geführt hat. Knoblauch, Auberginen, Camembert, Crème fraîche, die wichtigen Kräuter – alles das erhältlich selbst hundert Meilen außerhalb Londons. Gemüse, Obst, Fleisch und Fisch gab es ja schon immer in bester Qualität (wenn die Sachen bloß nicht in die falschen Hände gefallen wären).

Die Engländer also sind anspruchsvoller geworden. Teilweise ist das auch Verdienst der Zugereisten, die seit Jahrzehnten aus einer Mischung von Selbsterhaltungstrieb und Geschäftssinn die meisten der besseren Restaurants in den großen Städten betreiben. Nirgends außerhalb Chinas wird so gut chinesisch gekocht wie in London. Es gibt phantastische Franzosen, die Italiener und Griechen sind Legion. Der Renner ist derzeit die Indische Küche. Und es gilt von einer leisen Revolution zu berichten. Es gibt seit ein paar Jahren die Möglichkeit, sich in den Pubs, den Kneipen, mittags gut und sogar preiswert zu ernähren. Während vor zehn Jahren das Angebot beschränkt war auf meist nur ein paar milben-farbige Sandwiches, so wird heute in den meisten Pubs mittags gekocht, unter Umgehung der Tiefkühltruhe sogar. Es gibt einfache warme Gerichte (angereichert oft mit fremdländischen Zutaten) und Kalte Platten; Sandwiches gibt es auch noch, aber inzwischen sogar aus herzhaftem, braunem Brot hergestellt. Das, was man mittags in den Kneipen bekommt, heißt „Pub Grub", Kneipen-Futter. Pub Grub ist heute für viele die kleine, schnelle Lösung für den Mittagshunger. Die Richter vom Old Bailey, die Doktoren aus der Harley Street, die Sekretärinnen aus den Ministerien, und sogar viele der Zugereisten drängen sich mittags in den schönen alten Pubs. Zur Pint of Bitter (das milde, aromatische, nie zu kalte englische Bier) empfiehlt sich dann die in fast allen Pubs zu findende einfache, verläßliche und ur-englische Speise: die Shepherd's Pie. So wird sie gemacht:

Rezept

1,5 Pfund Kartoffeln
1 Pfund Hackfleisch,
Lamm oder/und Rind
etwas Gemüse, vorgegart,
Karotten, Erbsen oder was sonst zur Hand ist
100 g Cheddar, gerieben
1 Zwiebel, gekocht

Kartoffeln schälen, kochen, dann mit Milch, Butter, Salz und Muskatnuß zu einem weichen Brei verarbeiten. Zwiebel anbraten, Fleisch dazugeben, kräftig salzen und pfeffern, etwas Wasser angießen, mit Maizena oder Soßenpulver binden. Gemüse zugeben.

Die Masse in eine Auflauf-Form geben, mit Kartoffelbrei bedecken, mit Käse bestreuen und im Ofen bei 200 Grad backen bis der Auflauf goldgelb bis hellbraun an der Oberfläche ist.

Ursprünglich war das Gericht zur Verwertung der Reste des Sonntagsessens gedacht. Sollten Sie also Fleisch-, Saucen- und Gemüsereste haben, verfahren Sie so: Fleisch durch den Fleischwolf drehen, Zwiebel anbraten, Fleisch, Zwiebel, Saucen- und Gemüsereste mischen, und dann: siehe oben.

Sheperd's Pie, ein ordentlicher, ehrlicher Kneipen-Imbiß. Auf englische Tische kommt das Gericht meist am Montag, wenn die Reste durch den Wolf gedreht werden.
Wer daheim oder in der Kneipe dem alltäglich-montäglichen Shepherd's

Pie noch eine Delikatesse made in England nachschicken möchte, der sollte sich ein Stück Stilton Cheese bestellen und dazu ein Gläschen alten Port. Danach ließe sich mit Blick auf die englische Küche nur noch mit dem Motto des berühmtesten englischen Ordens sagen: Honi soit qui mal y pense.

Honig-Malz-Ente (oder Presse-Ente) à la Gerhard Krüger

BUNTE

Rezept

Eine fleischige Ente zerteilen, Rücken, Flügel, Hals in leicht gesalzenem Wasser stark einkochen (am Tag vorher), den Sud abgießen. Er wird später für die Soße gebraucht.

Brusthälften und Schenkel einmal teilen (auch wenn es etwas Arbeit macht, wird Entbeinung dieser Teile empfohlen – Knochen mit auskochen).

Die Fleischteile etwas pfeffern und salzen und in heißem Fett braten, kurz vor Ende der Garzeit die Stücke mit Honig beträufeln.

In der Zwischenzeit den Sud aufkochen und nach Geschmack bayerisches Blockmalz einrühren (wichtig ist das Rühren, damit das Malz nicht ansetzt. Die Soße ist fertig, wenn sie dickflüssig wird).

Beilagen

Mit Zimt bestreute Apfelscheiben in der Pfanne (zusammen mit dem Fleisch) kurz andünsten und trockener Reis.

Piki Blue Corn Tortillas
à la Hans-Dieter Kronzucker

STUDIO WASHINGTON

Das Land der Hopi-Indianer verbirgt sich hinter den Painted Desert – der Wüste im Südwesten der Vereinigten Staaten. Weil sich die Hopi lange des Zugriffs und der Neugier des Weißen Mannes entziehen konnten, haben sie in besonderer Weise ihre Kultur, auch ihre Eß-Kultur über viele Generationen erhalten. Die Hopi genießen unter den Indianern im Südwesten den legendären Ruf, sie hätten „die Alten" noch gekannt, jene Anasazi, die schon vor der Ankunft der Weißen in der Neuen Welt verschwunden waren. Nach der Sage der Hopi sind „die Alten" in alle vier Winde zerstoben, weil sie sich gegen ihre Götter vergangen hatten. Zur

Strafe müssen seitdem auch die Hopi sich mit dem „kleinsten Ohr" zufrieden geben, mit der kleinsten Sorte Mais. Noch dazu wurden sie in eine karge Landschaft verbannt, die den Anbau äußerst mühsam macht. Kein Wunder also, daß sich um den Mais-Anbau viele religiöse Regeln und Geschichten ranken.

Auch im Hopi-Land hat natürlich die Konserve „made in USA" Einzug gehalten, aber immer noch ist Mais die Grundnahrung, besonders der sogenannte Blaue Mais, aus dem man Piki macht. Sofern diese Nahrung überhaupt über die Genzen des Indianerreservats hinausgelangt, ist sie dort als „blue corn tortilla" bekannt.

Bei einem Besuch in Hotevila, einem der kleinen Stadtstaaten im Hopi-Land, hatte ich die Ehre, von Bauer Masayesva zum Essen eingeladen zu werden. Es entwickelte sich eine für den Indianer tägliche, für mich äußerst exotische Szene. Auf freiem Feld, umrahmt von wüstenartigen Bergen, hatte Mutter Masayesva den Tag über gutriechendes Mesquite-Holz zu Asche verbrannt. An den bläulichen Maisteig gegeben, wurde über einem neuentfachten Feuer aus der Masse eine Art Reibekuchen zubereitet. Dazu gab es eingemachte Früchte, Kräutertee, Honig und vieles andere. Aber im Kern liegt doch die „blue corn tortilla".

Rezept

Für diese köstlichen „Tortillas" nimmt man die Asche von Zedern-Blättern (bzw. Mesquite-Asche). Diese Asche gibt man in kochendes Wasser. Nach längerem Kochen wird die Flüssigkeit durchgesiebt, und wenn sie noch ganz heiß ist, dem blauen Maismehl zugegeben. Das Maismehl wurde vorher auf einem Stein gemahlen. Den Teig rühren, bis er dick ist. Dann mit den Händen 7 bis 10 cm große Kuchen pressen, etwa 2 bis 3 cm hoch. Falls gewünscht, Salz hinzufügen.

Die Kuchen werden auf einem Blech über offenem Feuer gebacken.

Lachstatar mit Kartoffelpuffer
à la Dieter Kürten

Den Lachs schneiden und fein hacken, die Schalotte fein hacken, mit Salz, Pfeffer, Zitronensaft abschmecken, mit Olivenöl verfeinern. Die Masse formen zu einem Klops. In der Pfanne in heißer Butter von beiden Seiten kurz anbraten. Auf dem Teller mit der heißen Butter, Crème fraîche und Kaviar garnieren; dazu kleine Kartoffelpuffer reichen.

Ich als Duisburger bevorzuge in diesem Fall Duisburger König-Pils.

Rezept

250 g frischer Lachs
1 kleine Schalotte
Salz
frischer Pfeffer aus der Mühle
Zitronensaft, Olivenöl
Crème fraîche

Hubert Locher: Kutteln, pikant

Mein Freund und Landsmann Thaddäus Troll hat der Nachwelt nicht nur das witzige Buch „Deutschland, Deine Schwaben" hinterlassen, er hat als Feinschmecker schwäbischer Zunge auch dafür gesorgt, daß sein Kutteln-Lieblingsgericht überliefert wurde. „Pikante Kutteln" nennt er sie, und obwohl ich als Oberschwabe die Kutteln am liebsten sauer esse – sein Rezept ist ebenso lecker.

Rezept

Ein Pfund Kutteln, zwei bis drei mittelgroße Zwiebeln, ein Drittel Liter Weißwein, zwei, drei Eßlöffel Öl, Lorbeerblätter, einen Teelöffel Kümmel, zehn Wacholderbeeren, zwei Nelken, eine Chilischote, sechs Körner Piment, sechs oder mehr Pfefferkörner, zwei Zehen Knoblauch, sechs Eßlöffel geriebenen Käse (Emmentaler), ein Ei, ein bis zwei Eßlöffel Tomatenmark, eine Sardelle, einen Fleischbrühwürfel oder einen Teelöffel gekörnte Brühe.

Die Kutteln kriegt man in jeder schwäbischen Metzgerei bereits vorgekocht und in Streifen geschnitten. Man brät sie zusammen mit den zu Würfeln geschnittenen Zwiebeln in dem Öl an, bis die Zwiebeln glasig sind, fügt dann Pfeffer und Salz hinzu und den Weißwein. In diesen köchelnden Sud gibt man die im Mörser zerstoßenen Gewürze und die Fleischbrühe. Haben Sie einen Dampftopf, geht das Folgende ziemlich schnell. Wer keinen Dampftopf hat, der muß die Kutteln noch etwa eine Stunde auf dem Herd kochen lassen. Im Dampftopf dauert das Garen nicht länger als zehn – zwölf Minuten. Danach geben Sie die Kutteln in eine feuerfeste Form, mischen in einem Mixbecher den geriebenen Käse, den gepreßten Knoblauch, das Tomatenmark und die mit der Gabel zerdrückte Sardelle, geben das über die Kutteln und überbacken das Ganze im Backofen einige Minuten bei großer Hitze.

Dazu ißt man natürlich Bratkartoffeln oder, wer's etwa leichter liebt, knuspriges Baguette. Das Getränk dazu ist natürlich eine Geschmacksfrage. Manche trinken gerne Bier dazu, andere einen kräftigen roten Landwein oder einen Spätburgunder.

Zwiebelgemüse und ein Krabbengericht
à la Günther von Lojewski

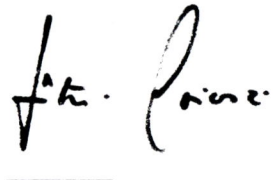

Rezept

Zwiebelgemüse

1 kg spanische Gemüse-
zwiebeln
2 Eßl. Zucker
1 Brühwürfel
2 Tomaten
Salz, Pfeffer
500 g Hackfleisch

Zucker in sehr heißem Fett
karamelisieren lassen.

Zwiebel grob zerkleinern
und zufügen, umrühren
und mit Brühe auffüllen.
Kochen lassen.
In der Zwischenzeit Hack-
bällchen nach Geschmack
zubereiten und im
Gemüse garziehen lassen.
Gegen Schluß geviertelte
Tomaten zufügen und alles
mit Salz und Pfeffer
abschmecken.
Beilage: Kartoffeln.

Tip: Ein Rest wird abends
mit Brühe verlängert und
mit Käse bestreut zur
Zwiebelsuppe nach Art
des Hauses.

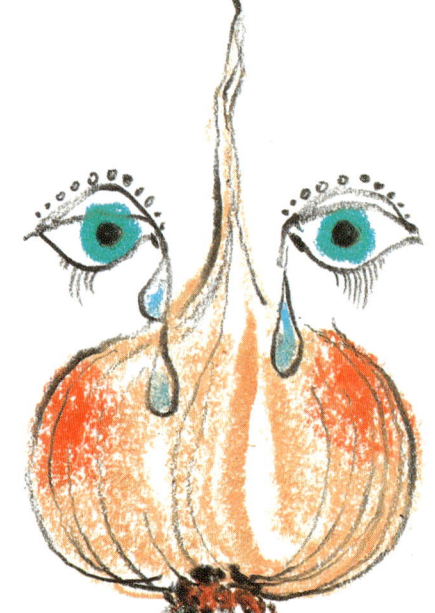

Krabbengericht

1 Pfund Krabben (frisch
oder gefroren)
2 Zwiebeln
2 Stangen Porree (Lauch)
Zitronensaft
Pfeffer, Salz
gekörnte Brühe
Dill
Wodka zum Flambieren
1 Joghurt oder
Crème fraîche

Krevetten oder Krabben
auftauen. Zwiebeln fein
würfeln, Porree in feine
Ringe schneiden, beides in
Öl dünsten. Die Krabben
zugeben, Wodka darüber-
geben, flambieren und
ausbrennen lassen.
Mit Zitronensaft, Pfeffer und
gekörnter Brühe
abschmecken, Joghurt
oder Crème fraîche unter-
rühren, kräftig mit Dill
bestreuen.
Mit Reis oder Stangenbrot
servieren.

Ein Brief von Wolf von Lojewski

ARD STUDIO LONDON

Sehr geehrte Frau Kohl,

herzlich gerne hätte ich mitgetan bei diesem Buch. Nur leider: Das Kochen nimmt unter den vielen Dingen, von denen ich nichts verstehe, eine Spitzenstellung ein. Zum Trost fühle ich mich hier völlig im Einklang mit meiner englischen Gemeinde. Die Küche ist es auf keinen Fall, die das Königreich groß gemacht hat.

Natürlich, da wäre das englische Frühstück, das

man ja – um jedes Risiko zu vermeiden – auf der Insel morgens, mittags und abends zu sich nehmen soll. Aber selbst meine geliebten „Eggs with Bacon" brate ich mir vorsichtshalber nicht selbst. Von den wenigen Versuchen ist nur hin und wieder einer ermutigend ausgefallen.

Die bemerkenswerte Erfahrung, die ich an den heißen Herden dieser Welt gemacht habe, ist allenfalls die, daß ich in Zukunft nicht mehr versuchen werde, während des Spiegeleierbratens noch andere Dinge parallel zu erledigen. Dem bin ich intellektuell nicht gewachsen. Meistens vergesse ich während des Brotröstens die Spiegeleier oder umgekehrt.

Sie sehen, es ist besser, ich bleibe dabei, möglichst nichts anzurichten. Für meine Umwelt ist das sicherer und für mich bequemer.

Wolf v. Lojewski

Wildschweinkeule mit Sauerkraut
à la Ingrid Lorenzen

NDR

Rezept

1 Kilo Wildschweinkeule
60 g Fett
2 Lorbeerblätter
4 Eßl. Wasser,
1/8 Liter saure Sahne
4 Zwiebeln
750 g Sauerkraut
trockener guter Weißwein
Gewürze nach
Geschmack

Das Fleisch wird mit Salz und Pfeffer eingerieben und im Bräter angebraten. Wasser, Lorbeerblätter, evtl. ein Schuß Rotwein werden dazugegeben, und im geschlossenen Topf läßt man die Keule im Backofen bei 225 Grad ca. 2 Stunden schmoren. Dann den Bratenfond mit heißem Wasser auffüllen und die Soße mit in Sahne angerührtem Mehl binden. Das Sauerkraut schmore ich mit den Zwiebeln und füge dann reichlich einen guten, trockenen Weißwein, man kann auch trockenen Sekt nehmen, dazu. Nach ca. 45 Minuten das Sauerkraut nach Bedarf abschmecken. Dazu reicht man Kartoffelklöße, Kartoffeln oder Kartoffelbrei. Als Getränk nehme ich dazu am liebsten einen Chablis.

Ich stamme aus Westpreußen und verlebte meine Schulferien oft bei Verwandten in Königsberg. Mein Onkel hatte eine Jagd in Fuchsberg und nahm mich sehr häufig auf den Anstand mit. Wild zu essen war in der Familie nichts Besonderes. Mich haben als Schulkind vor allen Dingen im tiefen Winter die Wildschweinrotten beeindruckt, von denen dann manchmal eines sein Leben lassen mußte. Wildschweinbraten war schon immer für mich etwas Köstliches und diese „Leidenschaft" hat sich bis heute erhalten. Die Kindheitserinnerungen aus Ostpreußen tragen dazu sicherlich wesentlich bei.

Waffeln nach bergischer Art
von Ernst Dieter Lueg

WDR

Anleitung zum Waffel-Essen mit Gästen

Merke: Waffelbacken ist Teamarbeit und überdies eine hohe Kunst! Ehrgeizige und unduldsame Waffelbäcker, besserwisserisch mit dem Schöpflöffel hantierend – sie müssen dann eben verzichten, und zwar auf das Beste, was die Waffel zu bieten hat: auf ihren Verzehr. Wer alles allein machen will, straft sich selbst.

Denn: die bergischen Waffeln müssen – und das ist unverzichtbar – heiß, allenfalls warm auf den Tisch. Für Gastgeber, jedenfalls dann, wenn sie den Genuß gerecht verteilen wollen, ist Mannschaftsgeist am Waffeleisen geboten. Nur das Waffel-Team, die Stafette, die sich ablöst und von der jeder einzelne weiß, daß es beim Teig – wie immer im Leben – auf die richtige Dosis ankommt, nur sie sichert gemeinsamen Genuß.

So geht es am Waffeltisch mit Gästen etwas unruhig zu. Es gilt, den versammelten Freunden das vorher verabredete Stafettensystem möglichst vorzuenthalten. Um Unruhe und Erstaunen zu vermeiden, sollte man möglichst unauffällig zum Wechsel am Waffeleisen verschwinden.

Unsere Töchter Barbara und Konstanze, – wohl wissend, daß das richtige „Kinderarbeit" sei – haben uns gelegentlich – es sei ihnen gedankt – aus dem Waffel-Team ausscheren lassen. Das darf indessen – erkennt man das System an – auf keinen Fall zur Regel werden! Bergische Waffeln – sie verlangen eine an Gerechtigkeit und Lebensqualität orientierte Logistik. Ganz anders dachte darüber meine Schwiegermutter auf ihrem westfälischen Bauernhof.

Sie, deren Waffelrezept wir ohnehin übernahmen, nahm das Zepter allein in die Hand. Sie machte den Teig, buk die Waffeln, duldete keinen Widerspruch und freute sich darüber, daß andere sich an ihren Waffeln erfreuten.

Aber: wo gibt es noch solche Schwiegermütter?

Rezept

1/4 l Sahne, 250 g Butter,
200 g Zucker, 4 Eier
1 Päckchen Vanillezucker
125 - 150 g Mehl
125 - 150 g Mondamin

Fett und Zucker schaumig rühren, Eier und restliche Zutaten zugeben und solange rühren, bis ein dickflüssiger Teig entsteht. Waffeleisen erhitzen und mit flüssiger Butter einpinseln. Etwa einen halben Schöpflöffel Teig in das Eisen geben und wenige Minuten backen lassen. Die Waffeln werden serviert mit Zucker und Zimt oder mit heißen Kirschen und Sahne oder einfach nur mit Puderzucker bestreut.

Erich Maletzke: Saure Eier (Senfeier)

Erich Maletzke

SCHLESWIG-HOLSTEINISCHE LANDESZEITUNG

Rezept

35 g Butter oder Margarine zerlassen
35 g Mehl unter Rühren solange darin erhitzen, bis es hellgelb ist
1/4 l Wasser und 1/4 l Sahne hinzufügen und mit einem Schneebesen durchschlagen die Soße unter Rühren zum Kochen bringen etwa 10 Minuten kochen lassen und mit zwei Eßlöffeln Senf, Salz, Zitronensaft und einem Eßlöffel Zucker abschmecken.
3 - 4 hartgekochte Eier (8 bis 10 Minuten) pellen, der Länge nach halbieren und in die Soße geben.

Solange ich denken kann, durfte man sich bei uns zu Hause in Pommern zum Geburtstag sein „Leib-und Magengericht" wünschen, und das sind für mich nun einmal „Senfeier". Meine Frau ist eine vorzügliche Köchin, aber trotz ernsthafter Bemühungen und vieler Versuche ist es ihr bisher nicht gelungen, die „Senfeier" genau so süßsauer mit möglichst dicker Soße zuzubereiten, wie ich es aus der guten, alten Zeit kenne. Den wirklich echten pommerschen Geschmack schafft nur meine Mutter, und zum erstenmal hat sie jetzt das Rezept auch einmal aufgeschrieben:

Filet americain nach Klaus Josef Maus

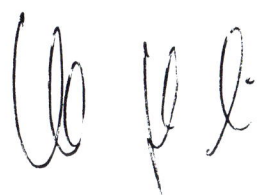

Köln, die Stadt in der ich seit 20 Jahren lebe und arbeite, ist reich an junger Kunst und alter Kultur. Sie sammelt sich nur dort, wo auch der Mensch kunstsinnig ist und sich die Freude am (Kunst) Genuß über Generationen entwickelt hat.
Weil Kochen eine Kunst sein kann und Essen ein Genuß sein darf, esse ich gern in Köln. Meistens aus Neigung, manchmal aus Pflicht und gelegentlich dann, wenn der heimische Herd kalt geblieben ist. Wenn aber die Neigung noch mit einem Schuß Sentimentalität angereichert ist, dann mache ich gern einen Kurzausflug ins heimatliche Revier, verbunden mit einem Sprung über die belgische Grenze hinter Aachen. Eine Region, die vielleicht nur noch vom Landstrich um Lyon in ihrer Kochkunst übertroffen wird. Dort gerät auch das eher Schlichte zur Perfektion, und an fast jeder Ecke wird das Handwerk beherrscht. Westlich von Aachen gibt es für mich fast immer nur eine Entscheidung: Ein Filet americain, natürlich mit Pommes frites, wie sie nur die Belgier hinkriegen und natürlich mit einem Bier, wie es nur die Belgier brauen.
Rund um die Welt kann man ein Filet americain bestellen. Aber nirgendwo scheint es mir besser als jenseits der Schlagbäume von Aachen. Und ich möchte annehmen, daß es dort kreiert, bestimmt aber zur Perfektion entwickelt wurde. Wie gut zu wissen, daß Eßkultur nicht transportabel ist.

Rezept

700 g Rindergehacktes
Mayonnaise hergestellt aus
1/2 dl Öl
1 Kaffeelöffel Zwiebelessig
8 Schalotten sehr fein gehackt
25 g Kapern
1 Kaffeelöffel Senf
20 g gehackte Petersilie
4 Spritzer Worcestersauce
Salz und Pfeffer
4 Eigelb

Das ganze schaumig schlagen und dann mit dem Rindergehackten verrühren. Wer Zutaten mag, kann Essiggurken oder Essigzwiebeln beilegen.

Champignons à la Rudi Michel

Um beim Buchtitel zu bleiben: Wenn ich mir vorstelle, was man in 38 (Berufs-)Jahren so alles angerichtet hat, dann geht das auf keinen Eßtisch – noch nicht einmal auf die so sehr strapazierte Kuhhaut. Die Rezepte und Früchte in Frankreich, Italien, der Schweiz und Südamerika sind nicht ohne Folgen für Körperumfang und Gewicht geblieben. Eben deshalb, sagt meine Frau, bist du ein Gourmand und kein Gourmet. Und darüber entbrennt insbesondere dann ein kleiner Streit auf Sparflamme, wenn sich meine frankophile Genußsucht zwischen Elsaß und Bretagne nicht mit ihren Besichtigungswünschen der Loire-Schlösser in Einklang bringen läßt. Ich

behaupte, daß man abwechselnd beides sein kann, Gourmet und/oder Gourmand.

Nein, sagt sie, schlag nach bei Langenscheid, dort steht in der siebten Auflage (1984):
gourmand (adj.) gefräßig, gierig nach . . ., naschhaft (su.) Vielfraß, Feinschmecker gourmet Weinkenner, Feinschmecker.
Im Brockhaus von 1922 ist ein Gourmand ein „Vielesser, im Deutschen fälschlich auch Feinschmecker, dagegen ein Gourmet, der eigentliche Feinschmecker, besonders Weinkenner – auch Weinsachverständiger."

Als Nachspeise kredenze ich meiner Frau dann das Taschenbuch Nr. 17 des Herrn Duden „Leicht verwechselbare Wörter", Ausgabe 1973. Dort ist unter Gourmand/Gourmet zu lesen:
Im Französischen bedeutet le gourmand soviel wie Schlemmer, während le gourmet mit Feinschmecker zu übersetzen ist. Im Deutschen ist dieser Unterschied nicht festgehalten worden. Schon im 18. Jahrhundert bei der Übernahme des Wortes ins Deutsche ist Gourmand in der Bedeutung Feinschmecker gebraucht worden. Wenn auch eine strenge Scheidung zwischen Gourmand und Gourmet im Deutschen nicht besteht, kann man bei bewußtem Gebrauch folgende Bedeutungsnuancen feststellen:
Ein Gourmand ist ein Mensch, der gerne gut und zugleich viel ißt, während ein Gourmet aufgrund seiner diesbezüglichen Kenntnisse in der Lage ist, über Speisen und Getränke ein fachmännisches Urteil abzugeben und gern ausgesuchte, besonders feine und leckere Dinge, Delikatessen verzehrt, ohne jedoch unmäßig dabei zu sein.

Also: ein sehr strenger Unterschied besteht nicht – oder vielleicht doch? Gibt es keine Übereinstimmung in der Familie, bleibt die Küche kalt und ich serviere mir Pfälzer Landleberwurst mit viel Majoran aus der Hausschlachtung vom Bauern B., der mir natürlich auch gleich das runde Brot mit der dunklen Kruste mitgegeben hat. Dazu trinke ich dann eine Weißwein-Schorle sauer, der Wein natürlich Pfälzer Gewächs. Wem das nicht schmeckt, dem empfehle ich in solchen Streitfällen Holsteiner Katenschinken anstelle der Pfälzer Leberwurst. Beides ist von Strohwitwern und Singles ohne jede Hilfe im Nachschlagwerk anzurichten. Und da kann nichts anbrennen . . .
In trauter Zweisamkeit – unter Verdrängung aller ideologischer Auseinandersetzung um die Typisierung meiner Geschmacksnerven – bitte ich am Tag danach zärtlich um was Zartes: Um Champignons. Champignons machen immer ein bißchen Arbeit, aber mein Leib- und Magengericht kann man zeitlich gut vorbereiten, bis es auf den Tisch kommt.

Rezept

12 große Champignons
ca. 75 g Crème fraîche
200 g Bavaria blue
(Blauschimmelkäse)
1/8 l Schlagsahne
250 g grüne Nudeln
1 Eßl. Olivenöl
1 Bund Petersilie
Pfeffer und Salz nach
Gespür und Gefühl

Nach dem Reinigen der Pilze die Köpfe von den Stielen trennen. Die Stiele kleinschneiden, mit Crème fraîche und ca. 100 g Blauschimmelkäse verrühren. Das Ganze mit Pfeffer und Salz abschmecken und die Champignonköpfe damit füllen. Die Pilze dann in eine Form setzen und mit Sahne begießen. Dann rein in den Backofen, auf 250 Grad hochheizen und 20 Minuten lang backen. Zeit genug, um inzwischen die grünen Nudeln in Salzwasser mit Öl 10 bis 12 Minuten kochen zu lassen (al dente!). Danach Nudeln abtropfen lassen und mit 100 g Blauschimmelkäse, fein gehackter Petersilie vermengen. Und darauf später die Pilze anrichten und servieren.

Ißt so ein Gourmand? Nein! Zugegeben, alles rührt meine Frau an. Was ich anrichte? Ich stelle den Wein kalt, denn dazu muß ein kühler Elsässer Riesling über die Zunge perlen. Und die *Nachspeise* richte ich nicht an, sondern her, denn Kochen kann man das nicht nennen.

Und das geht so:

Ich nehme

4 Bällchen Vanilleeis
2 Eßl. geschlagene Sahne
2 Teel. Nescafé
1 Eßl. Cognac –
ein bißchen darf über den Löffelrand hinauslaufen.

Dann verquirle ich alles und serviere es in hohen Stielgläsern. Zuletzt verteile ich Strohhalme, denn die Sogwirkung erhöht die Gaumenfreuden.
Das Ganze nenne ich Mocca-Cognac-Sorbet.

Gourmand oder Gourmet: ich esse halt gern und viel und fein – was ich auch immer damit anrichte.

Dieter Möller: Karpfen Schwarz und Bier

 ARD – Studio Prag

Bereits im 9. und 10. Jahrhundert wurden in Böhmen Karpfenteiche angelegt. Eine wahre Explosion der Karpfenzucht setzte im 15. und 16. Jahrhundert ein.

Vilem Rosenberg, ein Adeliger aus Südböhmen, verfügte zwar über große Ländereien, aber über wenig Bares, da sein Land überwiegend aus Sumpfen bestand und wenig fruchtbar war. Er machte aus der Lage das beste und legte die größten Fischteiche Böhmens an. Vilem Rosenberg war überhaupt sehr erfindungsreich: Er betrieb den Bergbau, gründete Brauereien und unterstützte sogar die Alchimie. Nicht nur in Geschäften, auch in Sachen Politik war er unterwegs und erfolgreich. Er leitete die diplomatische Mission Böhmens nach Polen in den Jahren 1572-1576, um für Böhmen einen polnischen König zu gewinnen. Sein Werben war erfolgreich, er selbst wurde in Polen so populär, daß man ihn dort zum König wählen wollte.

Auch die Gerichte konnten ihm nicht widerstehen: Nach einem jahrelangen Streit mit dem Fürsten von Plauen um die Anerkennung als „Erster Fürst nach dem König" wurde ihm dieser, allerdings recht wertlose Titel, zugesprochen.

Weniger erfolgreich war er in seinen vier Ehen: Er blieb ohne Erben. Nach seinem Tode brachte sein jüngerer Bruder Petr Vok, für seine Lebenslust bekannt, der den Frauen, dem Wein und dem guten Essen reichlich zusprach, das Kunststück fertig, innerhalb weniger Jahre das Erbe herunterzuwirtschaften. Nach kurzer Zeit schon mußte Petr Vok die Burg Krumlau (Böhmisch Krumlov) in Südböhmen an den Kaiser Rudolf II. verkaufen. Aus lauter Ärger wandte er sich ab vom katholischen Glauben. Der lebenslustige Petr Vok wurde schließlich verfolgt und starb einen einsamen Tod. Auch er hatte keinen Erben. Irgend jemand aus der weitverzweigten Verwandschaft übernahm die Ländereien.

Noch heute sind im geschichtsträchtigen Böhmen die Spuren der Rosenbergs zu finden, vor allem in Böhmisch Krumlau, das heute noch von der alten Burg dominiert wird. Dort, in Südböhmen, gibt es noch heute die zahlreichen Teiche, aus denen jedes Jahr vor Weihnachten die Karpfen gefischt werden. Aus jenen alten Tagen hat sich auch das Gericht „Karpfen Schwarz" erhalten, noch heute wird es in böhmischen Familien als festliches Weihnachtsessen zubereitet.

Rezept

Karpfen Schwarz

4 größere Portionen Karpfen
2 Eßlöffel Butter
1/2 Sellerieknolle
1 Karotte
1 kleine Zwiebel
1 Zitrone
1 Teelöffel Fischgewürz
1 Eßlöffel Zucker
1 Eßlöffel Johannisbeer-Marmelade
1 1/2 Eßlöffel Mehl
3-4 Eßlöffel geriebener Lebkuchen
1 Handvoll getrocknete Pflaumen
1 Eßlöffel Rosinen
8 geschälte Mandeln
1/4 Liter dunkles Bier

Mit einem Eßlöffel Butter wird das kleingeschnittene Gemüse gedünstet, zusammen mit Fischwürze, Zitrone nebst Rinde und Johannisbeermarmelade – ungefähr 1/2 Stunde. Inzwischen wird eine dicke Sauce aus Butter und Mehl gerührt und dem gedünsteten Gemüse beigefügt. Die Sauce wird

schwarzen Biers begossen. Die vier Portionen Karpfen werden in die Sauce hineingelegt. Jetzt kocht alles in mäßiger Hitze 10-12 Minuten.

Nicht zu vergessen: Es gehören leichte Knödel dazu.

mit Zitronensaft abgeschmeckt. Der geriebene Lebkuchen wird eingerührt. Alles zusammen kocht noch eine Viertelstunde. Die Sauce wird in eine Kasserolle durchgesiebt. Es kommen getrocknete Pflaumen, Rosinen und Mandeln dazu. Jetzt wird alles in einem viertel Liter

Hawaiischer Feuertopf à la Hans Mohl

Essen auch mit einem Feuertopf nicht unbedingt etwas zu tun hat. Aber wie das so manchmal geht, es blieb bei diesem Namen. Und uns allen – nicht nur Oskar – schmeckt dieses Essen ganz ausgezeichnet. Was heißt hier ausgezeichnet, phantastisch schmeckt es!

Wie das Rezept genau ist, habe ich bisher gar nicht gewußt. Ich wußte nur, daß dazu sehr viele unterschiedliche Zutaten gehören, von sehr gegensätzlichem Geschmack, sehr pikant. Obendrein eine gesunde Wahl. Denn man braucht dazu nur wenig Fett, stattdessen aber, und das lieben wir, viel Obst und Gemüse.

Rezept

1 Schweinelende
2 Zwiebeln
4 Kartoffeln
2 Paprikaschoten grün
1 Paprikaschote rot
(wenn möglich)
3 Tomaten oder
1 Döschen Tomatenmark
2-3 Äpfel
1 mittlere Dose Ananas in Stücken
2-3 Bananen
1 kleines Glas Perlzwiebeln

1. (kann schon vorbereitet werden; dann gut verschlossen in den Kühlschrank stellen):
   Alles würfelig schneiden: zuerst Fleisch und Zwiebeln, dann geschälte Kartoffeln und

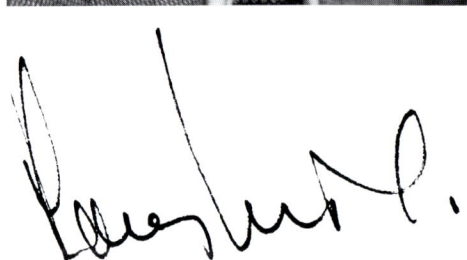

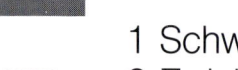

Wenn Oskar zu Besuch kommt, gibt es nur einen Wunsch von ihm an uns: den Hawaiischen Feuertopf. Dafür würde er extra das nächste Flugzeug von München nach Frankfurt nehmen. Und kein noch so verlockendes Angebot könnte ihn dazu bringen, einmal etwas anderes zu versuchen, eine andere Wahl zu treffen, obwohl Helga ihm schon manche ihrer Spezialitäten vorgeschlagen hat: Süßsaures chinesisches Huhn, doppelt gebraten, unser beliebtes Fleischfondue mit köstlichen Soßen, oder den superleckeren Zucchini-Auflauf. Kein Kartoffelpuffer jedoch konnte ihn umstimmen, nicht unser von den Kindern so geschätzter Bohnen-Möhren-Topf, nicht einmal die

Johannisbeer-Grütze, mit frischen Himbeeren geschmackvoll bereichert. Oskar bleibt beim Hawaiischen Feuertopf. Ruft an: Wann gibt's ihn denn endlich wieder? Eigentlich heißt dieses Gericht ganz anders. Helga war es in irgendeiner Zeitschrift aufgefallen, hatte es einmal ausprobiert, sicherlich etwas nach persönlichem Geschmack abgewandelt. Aber als es erstmals auf den Tisch des Hauses kam und wir begeistert fragten: „Wie heißt denn dieses tolle Gericht?", da erinnerte sich Helga nur noch an Hawaii. Was bei uns gleich heiße Assoziationen auslöste, Träume von einem Südseeurlaub mit fremden Genüssen. Helga protestiert zwar immer wieder gegen diesen Namen, weil das

Äpfel, zuletzt Paprika und Tomaten.

2. Fleisch und Zwiebeln in etwas Fett kurz anbraten. Äpfel, Kartoffeln, Paprika, Tomaten, alles kleingeschnitten dazugeben, erhitzen, durchrühren, mit 1-2 Tassen Wasser auffüllen und mit Salz und gekörnter Brühe würzen. Deckel drauf und ca. 1/2 Stunde köcheln lassen.

3. Ananas, evtl. mit Saft, dazugeben und mit Curry kräftig würzen. Alles durchkochen. Abschmecken.

4. Kurz vor dem Servieren Bananen schälen, längs- und querteilen, mit etwas Mehl bestäuben, in heißem Fett anbraten. Die abgeschütteten Perlzwiebeln mit erhitzen. Wir servieren alles als Krönung in einem brandroten „Feuertopf" köstlich scharf und fruchtig süß. Guten Appetit!

Als Getränk bevorzugen wir meistens einen trockenen Rheingauer, während ich, ehrlich gesagt, dazu meistens nur Mineralwasser trinke. Denn der Feuertopf schmeckt scharf und macht Durst. Vor allem Appetit auf mehr und bald.

Ich hoffe, Oskar kommt bald wieder. Da ist die Freude dann doppelt groß. Einmal weil Oskar wieder einmal zu Besuch ist. Und zum anderen, daß es endlich, endlich einmal wieder Hawaiischen Feuertopf gibt. Ohne Oskar habe ich da nicht viel Aussicht. Weil meine Frau sagt: „Nein, den Feuertopf gibt's nur, wenn Oskar kommt".

Notabene: bei uns gelingt er immer, auch wenn er stets etwas anders schmeckt. Das genau ist ja das reizvolle! Zumal hier die Regel nicht stimmt, nach der die Geschmäcker verschieden sind; hier sagen alle: Hmmmm, das schmeckt!!

Josef Mühlbauer: Bahmi Goreng

Nichts geht für mich über eine indonesische Reistafel, aber für die vielfältigen Vorbereitungen würde mir daheim in Deutschland die Zeit fehlen. Und so ziehe ich, wenn ich hin und wieder mit Leidenschaft das Regiment in unserer Küche übernehme, ein Gericht namens Bahmi Goreng vor, und dabei gehe ich jede Wette ein, daß ich kaum mehr als eine halbe Stunde für die Zubereitung dieses Gerichtes brauche, eines Gerichts, das bisher noch jeden unserer Gäste gerne wiederkommen ließ.

Wünschen die Herrschaften eine Vorspeise, so empfehle ich stilgerecht für jeden eine *Loempia,* eine Gemüse-Fleisch-Mischung in einem hauchdünnen Teig gebacken. Doch lohnt es sich kaum, diese bei uns auch Frühlingsrollen genannten Loempias selber zuzubereiten, man bekommt sie tiefgefroren in jedem Lebensmittelgeschäft. Diese Loempias serviere ich zusammen mit einer „Süß-Sauer-Sauce", ebenfalls fertig zu kaufen.

Doch nun zur Hauptmahlzeit, zum Bahmi Goreng. Bahmis, eine Art zu Körbchen geformter Bandnudeln, auch Mie genannt, kaufe ich ebenso fertig ein wie die anderen Spezialzutaten.

In wieviele Länder in aller Welt mich mein Beruf auch schon geführt hat – am meisten fasziniert mich immer wieder Südostasien. Mein Traum vom Paradies ist ein Reisterrassen-Dorf im Inneren der indonesischen Insel Bali, ist *Pilling* mit seinen Hütten unter hohen Koskospalmen, von mächtigen Bananenstauden umstanden und voll feuerroter Blütenkaskaden in winzigen Gärten vor jedem Haus, und darin der mit Orchideen geschmückte Tempel der Ahnen, der Götter und Dämonen. Lächelnde braune Menschen im bunten Sarong begrüßen dich, und du erlebst ihre liebenswerte Gastfreundschaft und genießt all die Geheimnisse ihrer raffiniert gewürzten tropischen Küche.

Rezept

250 g Bahmi oder Mie
1 Tütchen Boemboe Nasi Goreng (gewürztes Trockengemüse, Fertigprodukt)
2 Zwiebeln
350 g mageres Schweinefleisch (Filet oder auch Schnitzelstück)
350 g Hühnerbrust
3 mittelgroße Bananen
350 g grüne Weintrauben
1 kleine Dose Mandarinen
indonesische Soja-Sauce, süß und gesalzen
Salz, Pfeffer, Muskat
Sambal Oelek (spanische Pfefferschotenpaste, Fertigprodukt)
4 Eier
Kokosfett, Butter

In einen großen, mit Wasser halbvoll gefüllten Topf gebe ich das Trockengemüse sowie einen kleinen Schuß Soja-Sauce, rühre alles gut um und stelle den Topf auf das Feuer.

Nun kommt eine möglichst große Pfanne auf den Herd, etwas Kokosfett hinein, und bei schwachem

Feuer werden die in dünne Ringe geschnittenen Zwiebeln leicht angeschwitzt. Dann gebe ich das in feine Streifen geschnittene Hühner- und Schweinefleisch hinzu, rühre alles gut um und verstärke die Hitze. Inzwischen dürfte unser Wasser kochen. Also: die Nudeln hinein, einmal umgerührt, die Hitze soweit reduziert, daß unsere Bahmis leicht sprudelnd weiterkochen und auf die Uhr geschaut, denn nach 10 Minuten sind die Nudeln gar.

Bis es soweit ist, widmen wir uns wieder unserem Fleisch. In unsere nun schon köstlich duftende Pfanne geben wir die in Scheiben geschnittenen Bananen, die Weintrauben und die abgetropften Mandarinen. Jetzt wird gewürzt: Salz, Pfeffer, Muskat, wenig von dem sehr scharfen Sambal Oelek. Zum Schluß gieße ich reichlich süße und gesalzene Soja-Sauce zu. Wieviel und in welchem Mischungsverhältnis, kann

ich nicht sagen, das ist Geschmackssache. Ich persönlich liebe das Bahmi Goreng süß-scharf und bevorzuge daher Ketjap manis, also die süßere Variante der Soja-Sauce.
Zum Schluß bereite ich in einer Pfanne mit Butter für jeden ein Spiegelei.
Danach wird aufgetragen. Zuerst die abgetropften Bahmis, darüber das Fleisch mit der Soße und den Früchten und obenauf

die Spiegeleier. Für jene, die individuell würzen und/oder es besonders pikant mögen, stelle ich noch ein Schälchen mit Sambal Oelek und eine Flasche Soja-Sauce auf den Tisch.

Dazu kann Tee getrunken werden, aber auch Bier, denn dieses indonesische Mahl gibt köstlichen Durst. Ich selber ziehe einen Weißwein vor. Es muß nicht unbedingt ein Chablis sein, auch ein trockener Pfälzer Riesling oder ein herber Elsäßer Edelzwicker tut's.

Wollen Sie ihre Gäste besonders verwöhnen, so servieren Sie zum Abschluß noch Papayaschnitze (entkernt!) mit Limonensaft.
Und am allerbesten schmeckt es unter einem Veranda-Dach bei sommerlichen Temperaturen.

Petersfisch für Genießer und Eilige
à la Friedrich Mönckmeier

 STUDIO TEL AVIV

Das Interesse am Petersfisch, den es inzwischen ja auch in Deutschland tiefgekühlt zu kaufen gibt, erwachte bei mir bei Dreharbeiten am See Genezareth. Für Wim Toelkes „Großen Preis" wollte ich den Begriff „See Genezareth" erraten lassen. In der Schlußszene dieser kurzen Einspielung saß ich am Seeufer unter einer Palme an einem Tischlein-deck-dich. Vor mir auf einem Teller ein beim Grillen etwas zu braun geratenes Exemplar der Gattung Petersfisch.

Beim darauffolgenden Urlaub in Deutschland wollten Freunde und Verwandte immer wieder von mir wissen, ob denn dieser Fisch auch echt gewesen sei. „Echt ja, doch ungenießbar!", war meine Antwort.

Denn nach der Panne beim Grillen war das Prachtstück von Petersfisch über die Dreharbeiten auch noch kalt geworden. Im übrigen stammte er vermutlich gar nicht aus dem hinter mir liegenden malerischen See, wie ich schamlos vor der Kamera behauptet hatte, sondern aus einem der vielen nahegelegenen Fischzuchtteiche. Als ich später Petersfisch in einem Restaurant probierte, fand ich ihn so wohlschmeckend, daß ich ihm zu mehreren schmackhaften Auftritten am eigenen Herd und Grill verholfen habe.

Die Rezepte

Petersfisch für Genießer

Fisch schuppen und ausnehmen bzw. auftauen. Säubern, säuern, salzen. 2 große Zwiebeln in Butter andünsten, mit 1/4 l Weißwein und 1/4 l Bouillon aufgießen, darin 1 Schalotte, 1 Möhre, 1 Scheibe Sellerie, 1 TL Basilikum, 2 Knoblauchzehen, 1/2 TL grünen Pfeffer fast gar werden lassen. Fisch einlegen und garziehen.
Sud nach Belieben evtl. mit 1 EL hellem Soßenpulver abbinden und mit süßer Sahne oder Crème fraîche verfeinern.

Petersfisch für Eilige

Fisch schuppen und ausnehmen bzw. auftauen. Kleine Einschnitte entlang der Rückengräte anbringen, mit Marinade von Olivenöl, Rosmarin und Oregano von außen einreiben. Mit einer zerdrückten Knoblauchzehe von innen einreiben. Von jeder Seite 6-8 Minuten grillen, dabei ein wenig Rosmarin ins offene Feuer streuen.

In Israel pflege ich in beiden Fällen eine Flasche Carmel Sauvignon Blanc aufzuziehen. Doch auch jeder andere gute trockene Weißwein vermag natürlich den Genuß einer Petersfisch-Mahlzeit zu verfeinern.

Rindsschmorbraten
von Rudolf Mühlfenzl

 Münchner
Pilot-Gesellschaft für
Kabel-Kommunikation
mbH (MPK)

Rezept

700 g Zwiebeln
50 g Butter
1 kg Rindsschulter
1 Salbeizweig
1 Teel. Mehl
2 dl trockener Weißwein
Salz, Pfeffer
1 Prise frisch gemahlene
Muskatnuß
2 1/2 dl Rahm

Der Arbeitsaufwand ist gering. Genau 30 Minuten, vielleicht auch 5 Minuten mehr.
Schmorzeit: 2 1/2 Stunden

Die Zwiebeln schälen und in Scheiben schneiden. Die Butter erhitzen und das Fleisch auf allen Seiten gut anbraten. Gegen Schluß auch den Salbeizweig beifügen. Dann die Zwiebeln dazugeben. Das Mehl darüberstäuben. Einige Minuten unter ständigem Rühren anziehen lassen. Darauf achten, daß nichts anbrennt. Mit dem Wein ablöschen. Bis zur Hälfte verdampfen lassen. Das Fleisch mit Salz, frisch gemahlenem Pfeffer und Muskatnuß bestäuben. Den Rahm dazugießen und den Deckel aufsetzen. Hitze reduzieren und das Fleisch während 2 1/2 Stunden schmoren. Von Zeit zu Zeit die Zwiebeln umrühren und das Fleischstück wenden. Also, nach 2 1/2 Stunden sollte das Fleisch gar sein. Fleisch herausnehmen, auf eine Platte legen und den Salbeizweig entfernen. Die vollständig verkochten Zwiebeln – wenn nötig – mit Salz und Pfeffer abschmecken. Auf kleinster Temperatur warmhalten. Das Fleisch, wenn es abgekühlt ist, in Scheiben schneiden, vorsichtig zurück in den Topf. Mit einem Löffel jedes Stück mit Sauce begießen, damit das Fleisch beim Wiederaufwärmen nicht trocken wird. Fleisch sollte auf einer vorgewärmten Platte angerichtet werden.

Beilagen: Gnocchi, Gnocchi alla romana oder ganz einfach Kartoffelpüree.
Als Gemüse: Karotten und Fenchel, grüner Salat.
Wein: Valpolicella, Chianti.

Muscheln à la Gudrun
von Mainhardt Graf Nayhauss

KOLUMNIST DER **Bild**

Meine Frau und ich haben eine Zweitwohnung in Port Grimaud, direkt am Wasser der Bucht von St. Tropez. Ist die Familie dort unten, wünscht sie sich jedes Mal von mir „Muscheln à la Gudrun". Gudrun Koenig ist eine langjährige Freundin von uns, die mit ihrem Mann Hans in dieser bezaubernden Gegend der Côte d'Azur ganzjährig wohnt, und durch die wir dort selbst „ansässig" wurden. Sie hat das Rezept wiederum von Madeleine, einer älteren, etwas dickleibigen aber immer freundlichen

Fischfrau, die ihren Stand auf dem kleinen, dreckigen, kopfsteingepflasterten „Place aux herbes" hinter dem Café Sénéquier, dem „In-Place" von St. Tropez, hat.

Das Wichtigste ist – leider – das Putzen der Muscheln. Mithin viel Arbeit und nur unter Zuhilfenahme eines scharfen Küchenmessers und mit viel Wasser zu bewerkstelligen. Ich werde nie den Verdacht los, daß meine Frau und meine 17jährige Tochter Tatjana das Muschelgericht ebenso gut zubereiten könnten, aber, um ihre schönen Hände besorgt, mir die Arbeit überlassen. Dafür schmeicheln sie: „Keiner kann's so gut wie Papi!" Und der glaubt das schließlich auch.

Rezept

Man braucht zwei Töpfe, einen größeren für die von Algen, Kalkstein und Sand gereinigten Muscheln, einen kleineren für die Soße. Die Vorbereitung dieser ist der nächste Schritt.

Man gibt zwei große, kleingehackte Zwiebeln in besagten Topf, gieße Weißwein darüber bis die Zwiebeln gerade bedeckt sind. Dazu kommen reichlich Thymian, Rosmarin, ein Lorbeerblatt und Pfeffer. Bitte nicht eine kleingehackte Knoblauchzehe vergessen! Das Ganze läßt man auf kleiner Flamme gar werden.

Zur selben Zeit gibt man zwei Kilo Muscheln (ein halbes Kilo pro Person) in den zweiten Topf. Und zwar ohne Wasser! Keine Angst, sie schwitzen, während sie wiederum auf kleiner Flamme ziehen, genügend Flüssigkeit aus. Inzwischen hat man Zeit, eine Vorspeise zu essen.

Zum Beispiel Tomatensalat mit Morzarella. Wenn sich die Muscheln geöffnet haben, gibt man die Zwiebelsoße in den Muscheltopf, streicht über das Ganze zwei Eßlöffel Crème fraîche und streut gehackte Petersilie darüber. Fertig sind „Muscheln à la Gudrun"!

Dazu ißt man Baguette, das weiße Stangenbrot der Franzosen, und trinkt, wenn man stilgerecht bleiben will, einen Wein der Provence. Etwa einen weißen Cassis oder einen Rosé Château Minuty. Natürlich tut's auch jeder andere, aber ich finde, daß die auf den Pinien-, Thymian- und Lavendelkulturen gereiften Weine der Provence besonders gut mit den Gewürzen der Muschelsoße harmonieren. Wer nicht satt wird, was ich aus Erfahrung nicht glaube, ißt hinterher noch etwas Käse. Zum Beispiel einen Chaumes – der stinkt so schön.

Mohn-Schleska à la Franz Niessner

Franz Niessner (signature)

main-echo

Allein der Name weckt Erinnerungen, bei denen mir das Wasser im Mund zusammenläuft: Mohn-Schleska. Das war in den ärmlichen Dörfern und Städten Sudeten-Schlesiens ein Gericht, das Sonntagscharakter hatte. Und es war und ist mein Leibgericht, das sich auf Kinder und Enkel vererbt hat. Woher der Name „Schleska" in Verbindung mit einem Mohn-Gericht kommt, weiß ich nicht. Naheliegend wäre es, daß die Erfinderin des Rezepts eine Anleihe beim Tschechischen gemacht hat; denn Slezská heißt schlesisch. Hier nun das Rezept nach meiner Mutter- und Großmutterart:

Rezept

Ein Paket gekochte Kartoffelklöße

(Acht-Stück-Packung)
125 Gramm gemahlenen Mohn (Mohnmühlen gibt es in jedem großen Lebensmittelgeschäft, aber Kenner benutzen eine Handmühle, die den Mohn bis zum „Speckglanz" zerquetscht)
125 Gramm Butter
Zucker nach Belieben.

Den Inhalt der Fertigkloß-Packung anrühren und fünf Minuten quellen lassen. Den Teig dann in vier Zentimeter dicke Rollen walken und davon Scheiben von einem Zentimeter abschneiden. Diese Scheiben werden in sowohl daumenlange als auch fingerdicke Schleska geformt, die man dann in kochendes Salzwasser gibt und etwa zehn Minuten bei schwacher Hitze ziehen läßt.

Die jetzt fertigen Schleska müssen heiß auf den Tisch. Man streut viel Mohn darüber, mischt Zucker darunter und übergießt das Ganze mit soviel brauner Butter, daß Mohn und „Kartoffelnudeln" schön fettig-feucht glänzen. Bei meiner Mutter gab es vorher eine Gemüsesuppe.

Kastanien-Torte à la Helmut Oeller

Rezept

140 Gramm Butter
140 Gramm Zucker
70 Gramm Mandeln
1 - 1 1/2 Pfund Kastanien
(Maroni)
5 Eier
1 Milchbrot
Vanille

Butter und Zucker werden schaumig gerührt, man gibt 5 Eidotter nacheinander dazu sowie 70 Gramm fein geriebene Mandeln und 1 bis 1 1/2 Pfund gekochte und ebenfalls geriebene (zerstampfte) Kastanien. (1 Milchbrot wird abgerieben, in Milch eingeweicht und gut ausgedrückt, noch vor den Mandeln und Kastanien an die Masse gerührt). Zuletzt hebt man den Schnee der 5 Eiweiß darunter und bäckt die Torte bei mäßiger Hitze in einer mit Butter ausgestrichenen Form.

Bayerischer Rundfunk

Dieses Rezept fand ich in einem handgeschriebenen Kochbuch meiner Großmutter aus Lauingen, die im Offiziers-Casino von Dillingen das Kochen lernte und dort dieses Rezeptbuch zu schreiben begann, das sie ihr Leben lang weiterführte. Die Kastanien-Torte gibt es bei mir einmal im Jahr, zur Kastanienzeit.

Das Rezept erfordert Mühe, Geduld und Liebe. Meine Frau sagt immer: „Eßt sie mit Verstand".

„Sommer-Gulasch" mit Nachspeise à la Katharina Olbertz

Katharina Olbertz **Handelsblatt**

1 - 2 Knoblauchzehen
ein Schuß Maggiwürze
1 Briefchen Safran

Mit etwas Öl eine Kasse-
rolle heiß werden lassen
und dann nacheinander
das kleingeschnittene
Gemüse hinein. Ich wähle
folgende Reihenfolge,
damit das weichste
Gemüse nicht zerfällt:
Paprika, Bohnen, Zucchini,
Auberginen, Schlangen-
gurke, Tomaten, Petersilie.
Dann die Gewürze. Wenn
der ganze „Patsch" durch-
geschmort ist, füge ich die

Durch den endlich eingezogenen
Sommer inspiriert, möchte ich mein
zur Zeit liebstes, ganz einfaches
Gericht aufschreiben, dem mein
Mann, ein waschechter Rheinländer,
die lapidare Bezeichnung „Patsch"
zuordnete. Das Ganze ist eigentlich
ein einfaches Gemüsegulasch, das
der Phantasie keine Grenzen setzt.
Mir ist es so am liebsten:

Rezept

Zu gleichen Teilen
je 1 Pfund Tomaten
rote und grüne Paprika
Zucchini
Auberginen
grüne Salatbohnen
eine Schlangengurke
1 Bund Petersilie
1 Pfund Knoblauchwurst
etwas Öl
Pfeffer, Salz
Paprikapulver

auf Würfel geschnittene Knoblauchwurst und die Petersilie dazu und lasse das Ganze gar dünsten. Zum Schluß abschmecken und den Safran unterrühren. Dazu reiche ich körnigen Reis.

Wahlweise können Sie auch angebratenes und gewürztes Rinderhack zur Gemüsemasse nehmen. Das ganze Gericht eignet sich hervorragend zum Einfrieren und Wiederaufwärmen, so daß man es am besten in der Hauptgemüsesaison auf Vorrat herstellt.

Meine liebste Sommernachspeise ist auch schnell aufgeschrieben. Es ist ein *englischer Trifle*. Herstellung: In einer Glasschüssel Löffelbiskuit auslegen und mit Sherry übergießen. Dann aktuelle Früchte der Saison (Erdbeeren, Himbeeren oder Blaubeeren) darüber füllen (evtl. etwas zuckern). Darüber ein einfacher Vanillepudding. Das Ganze erkalten lassen und darüber eine Schicht süße Sahne verteilen, die mit Mandelblättchen dekoriert wird. Die Schüssel abdecken und für eine Stunde in den Kühlschrank.

Das ist nicht gerade ein Schlankmacher. Hat daher jedoch den Vorteil, daß er allen Leckermäulern bestens schmeckt.

Kaukasischer Spießbraten
nach Friedhelm Ost

Rezept

Man rechnet pro Person etwa 400 g Schweineschulter (ohne Knochen). Das Fleisch wird in etwa hühnereigroße Stücke geschnitten und mindestens 2 Tage in viel Zwiebeln eingelegt (das ergibt das „typische" Aroma).

Zum Essen werden die Fleischstücke auf etwa 70 cm langen Spießen über offenem Feuer gegrillt. Sie werden heiß mit Reis und heißen Tomaten gereicht.

Als Wein empfiehlt sich ein trockener Rotwein.

Gute Freunde von uns, deren Vorfahren aus dem Kaukasus stammen, machen bei größeren Festen diesen Kaukasischen Spießbraten, ein traditionelles Gericht der im 18. Jahrhundert nach Rußland/Kaukasus ausgewanderten Schwaben, der mir so gut schmeckte, daß ich ihn übernahm und ab und zu selbst anrichte.

170

Tagliatelle mit Artischocken nach Ute Pauling

WDR

Dieses Rezept ist gerade für berufstätige Frauen mit einer Vorliebe für originelle und unkomplizierte Küche gut geeignet.

Kombiniert mit einem Salat aus Mozarella, Tomaten und Basilikum läßt sich auch ein Abendessen kombinieren. Aber Vorsicht, die Zutaten in Mengen genossen, lassen nicht gerade vom Fleisch fallen (obwohl fleischlos!).

2 Eßlöffel vom Saft der Artischocken mit der Crème fraîche erhitzen, 1 Knoblauchzehe zerdrückt mit Salz und Pfeffer hinzufügen und zum Schluß die in kleine Stücke zerteilten Artischockenherzen unterheben.

Die Nudeln sollten „al dente" gekocht werden, bevor die Artischockencrèmesauce vorsichtig untergehoben wird.

Kann – mit glatter Petersilie verziert – als kleine, aber intensive Vorspeise gereicht werden. Es ist ratsam, mehr davon zu machen, weil erfahrungsgemäß Pastaliebhaber einen Nachschlag fordern.

Rezept

250 g Tagliatelle
1 Dose Artischockenherzen
1 Knoblauchzehe
(evtl. etwas größer)
1 Prise Salz und weißer Pfeffer
1 Becher Crème fraîche
etwas glatte Petersilie

Gegrillter Lachs mit Teriyaki-Soße
von Gerd H. Pelletier

(ARD) STUDIO TOKIO

Essen in Japan – das ist auch nach dreijähriger Korrespondenten-Zeit auf der fernöstlichen Insel ein täglich neues „exotisches Abenteuer" und zumeist trotz aller Fremdheit ein Augen und Gaumen gleichermaßen befriedigender Genuß.

Nirgends – auf vielen Reisen durch alle Kontinente – habe ich übrigens so viele Restaurants und „Lokälchen" (oft nur für 4-5 Gäste!) gesehen wie in meiner neuen Heimat Tokyo. Weit über 100 000 Eßlokale soll es in der 12-Millionen-Metropole geben. In einer Stadt, in der die alte Zunft-Ordnung noch so lebendig ist, daß es das „Elektronik-Viertel" (Akihabara), das Buchhändler-Viertel

(Kanda) und das Messerschleifer-Viertel (in Asakusa) gibt, kein Wunder, daß auch Bar-Viertel (Shinjuku und Roppongi) und Eßlokal-Viertel (Akasaka) eine belebende Konkurrenz und eine ungeahnte Genußvielfalt auf engstem Raum bieten. Verwirrend dabei für den Fremden, daß er höchstens durch Zufall oder den Tip eines einheimischen Bekannten entdeckt, daß sich die „schnuckeligste Kneipe" mit dem besten Koch im 2. Tiefkeller links vorne oder im 5. Stock rechts hinten (in einer zweckentfremdeten kleinen Apartment-Wohnung) befindet.

Freilich: Wer in Tokyo nach Landessitte „Aus-Essen-gehen" will und sich

nicht auf die über 500 „italienischen", 180 „französischen" und ein gutes Dutzend „deutscher", „schweizer", „russischer", „indischer" Restaurants beschränkt, sollte tunlichst vorher wissen, worauf er Appetit hat.

Denn: die allermeisten der japanischen Gaststätten haben sich auf wenige der japanischen Delikatessen beschränkt – sind, ob klein oder groß, Spezialitäten-Restaurants.

Da gibt es eine unübersehbare Zahl der „Sushi-Shops" (Sushi – leicht gesäuerter Reis, in den roher Fisch, Muscheln, Eier, Gemüse eingerollt werden, außen meist mit einem See-tang-Streifen zusammengehalten), Ramen-(Nudel)-Kneipen, Yokitori (Hühnerfleisch-Spießchen)-Häuser, Sukiyaki- (hauchdünnes Rindfleisch, gegrillt) und Shabu-Shabu- (Rindfleisch-Scheiben-„Fondue")-Restaurants.

Alle diese Spezialitäten – zusammen vielleicht noch mit Tempura (in Eier-Panada frittierte Fische, Shrimps, Gemüse etc.) – gehören freilich zum Standard-Repertoire internationaler Kochbücher, in denen sie wechsel-weise als „das japanische National-gericht" vorgestellt werden.

Doch – verzeihen Sie die Anma-ßung – für *so* „typisch japanisch" halte ich das alles nicht, wie den Fisch und den Reis, die beide seit altersher das Grundnahrungsmittel der Japaner sind.

Wohl nirgendwo sonst kommt der Fisch (jeder Art, Größe und Güte) so vielfältig und vor allem so *frisch* auf den Tisch wie hierzulande. Weshalb es sich auch *nur* die Japaner leisten können, den Fisch roh, als Sashimi, zu verzehren.

Doch keine Angst und kein heimliches Erschauern – so exotisch will ich Ihnen hier nicht kommen. Ich möchte Ihnen vielmehr von einem recht einfachen und ungemein delikaten Fischgericht erzählen, das ich auf manchen Reisen durchs Land in vielen Fischrestaurants in Tokyo – und auch schon selbst zu Hause probiert habe. Ein Gericht, das obendrein den Vorteil hat, so wenig „exotisch" zu sein, daß es auch mit europäischen „Bordmitteln" leicht zubereitet werden kann – und doch immer „typisch japanisch" schmeckt. Doch ehe ich die Details verrate – tun Sie mir bitte einen Gefallen: wirklich *frisch* muß jede Zutat sein – sonst fehlt dem Gericht alles „japanische".

Sollte die (Fisch-)Marktlage oder die Bequemlichkeit Sie zum Griff ins Gefrierfach oder zur Dose verleiten – vergessen Sie's lieber.

Hier also ist es – „mein" japanisches Lieblings-Gericht:

Rezept

4 frische Lachs-Filets (als Ersatz wären auch Thunfisch-, Rotbarsch- oder Kabeljau-Filets denkbar, aber längst nicht so schmackhaft wie das Original)

und für die *Teriyaki-Soße:*

1 Teel. Zucker
2 Teel. Sake (japanischer Reiswein) oder sehr trockener europäischer Weißwein
1 Eßl. Mirin (süßer Reiswein zum Kochen, in Europa in japanischen Geschäften erhältlich)
2 Eßl. Soya-Soße (von der herzhaften, salzigen Art) sowie
1 Eßl. Pflanzen-Öl (wenn Sie den Fisch nicht grillen, sondern, wie im folgenden vorgeschlagen, in der Pfanne braten)
4 Sträußchen Wasserkresse (zum Garnieren)
1 etwa 5 cm großes Stück von langem weißen Rettich.

1. Man mixt die Zutaten zur Teriyaki-Soße, bis sich der Zucker ganz aufgelöst hat.
2. Dann mariniert man den Fisch in der Soße für etwa 10 Minuten, dreht ihn gelegentlich um und trocknet ihn anschließend auf einem Papier-Küchentuch ab.
3. Man schält den weißen Rettich, reibt ihn und preßt das Wasser heraus.
4. Die Pfanne heizt man mit dem Öl auf Mittelhit-ze gut vor, legt die Lachs-Filets ein und brät sie, bis sie leicht braun sind.

Nun dreht man den Fisch vorsichtig, damit die Filet-Stücke nicht zerbrechen, und brät die andere Seite 2 Minuten. Überflüssiges Öl abgießen und

5. die vorm Marinieren übrig gebliebene Teriyaki-Soße über den Fisch geben und weitere 1-2 Minuten braten, bis eine schöne dunkelgoldbraune Farbe erzielt ist.

Mit Wasserkresse garniert und einem Häufchen geriebenen Rettich an der Seite heiß servieren. Nach Geschmack die beim Braten übrig gebliebene Teriyaki-Soße über den Lachs geben.

Wolfgang Penks Labskaus

Fleisch in wenig Wasser garen und kleinschneiden. Klein gehackte rote Beete und gekochte Kartoffeln durch den Fleischwolf drehen, mit den feingewiegten Zwiebeln und dem Inhalt einer kleinen Tube Sardellenpastete in heißem Schmalz kurz anwärmen. Mit Pfeffer und Muskat abschmecken, etwas Pökelrindfleischbrühe dazugeben. Nach Belieben mit Salz oder Gewürzgurken zu Tisch geben. Besonders gut schmecken hierzu noch ein oder zwei Spiegeleier.

Rezept

600 g Pökelrindfleisch, das man am besten beim Fleischer bestellt hat (auf keinen Fall Corned beef, wie oft in Rezepten angegeben).
4 Zwiebeln
100 g Schweineschmalz
1,2 kg gekochte, pürierte Kartoffeln
1 kleine Tube Sardellenpastete
Pfeffer, Muskat

Mein Leibgericht ist „Labskaus". Nicht nur, weil ich in meiner Jugendzeit bei einem kurzen Abstecher in die Seefahrt dieses Gericht kennen und lieben gelernt habe, sondern weil ich als Hobby-Koch mit diesem Gericht heute noch großen Erfolg und Anklang bei meinen Gästen finde. Gerade Feinschmecker und Gourmets sind von dieser Zubereitung begeistert.

Bohnen mit Birnen und Speck
von Hubert Rohde

SAARLÄNDISCHER RUNDFUNK

Den Speck in etwas Brühe mit den Zwiebeln aufsetzen. Nach einiger Zeit die in Stücke gebrochenen Bohnen mit etwas Bohnenkraut zugeben. Mit Brühe auffüllen.
20 Minuten kochen lassen. Zum Schluß die ungeschälten Birnen mit Stiel obenaufsetzen und garen. Mit Salz und Pfeffer würzen.
Die Birnen auf den Bohnen mit dem Speck anrichten, Birnen mit Zucker bestreuen.

Dazu passen Salzkartoffeln.

Rezept

500 g durchwachsener Räucherspeck (Dörrfleisch)
2 kleine Zwiebeln
3/4 l heiße Fleischbrühe (Würfel)
900 g grüne Bohnen
2 kleine Birnen pro Person
Salz
Pfeffer
Bohnenkraut

Ich erinnere mich noch daran, als Kind zum 1. Mal „Bohnen und Birnen" gegessen zu haben.
Als meine Mutter das Gericht auf den Tisch stellte, hielt ich die Birnen für Hähnchen-Schenkel, so daß ich beim Essen sehr überrascht war, daß es sich um gegarte Birnen handelte. Aber alljährlich, wenn Bohnen und Birnen erntefähig wurden, freute ich mich auf diese Mahlzeit.
Die Kinder tranken dazu Himbeersaft, während die Erwachsenen Bier als Getränk bevorzugten.

„Groten Heini"
à la Friedrich Wilhelm Räuker

Da das Sendegebiet des Norddeutschen Rundfunks sich über den norddeutschen Raum erstreckt, ist es sinnvoll, ein Rezept vorzuschlagen, das landschaftstypisch ist und das selbstverständlich zu den Gerichten gehört, die ich gerne esse: „Birnen, Bohnen und Speck", in Schleswig-Holstein nennt man es „Groten Heini", kann man als eines der norddeutschen Nationalgerichte bezeichnen. Es entspricht der Liebe der Bevölkerung für deftige und einfache Kost, die aber nicht ohne Raffinement in Geschmack und Komposition der Zutaten ist. Es gilt als Sommergericht und kann in vielen Varianten gekocht werden; der Phantasie sind hier keine Grenzen gesetzt. Ich bevorzuge die folgende Zubereitung:

NDR

Rezept

750 g lange Schneide-
bohnen
500 g Kartoffeln
1 dicke Zwiebel
1 Bund Thymian
1 Bund glatte Petersilie
4 aromatische Birnen
(keine Kochbirnen)
ca. 500 g magerer, leicht
geräucherter Schweine-
bauch
1 Glas Weißwein (herb)
etwas Butter oder
Margarine
4 Eßlöffel Crème fraîche

Den Schweinebauch, knapp mit Wasser bedeckt, aufkochen und ca. 1 Std. leicht köcheln lassen. Bohnen in Streifen schneiden, Kartoffeln schälen und würfeln. Zwiebeln würfeln und in Fett glasig dünsten. Kartoffeln und Bohnen zugeben, durchschmoren und mit ca. 1/4 l Schweinebauchbrühe und ca. 1/4 l Fleischbrühe (Brühwürfel) ablöschen. 1/2 Bund Thymian zufügen und ca. 30 Minuten schmoren. Kartoffeln sollen nicht zerfallen.

Inzwischen Birnen schälen, entkernen und vierteln. 1/4 l Wasser, Weißwein, etwas Zucker, evtl. etwas Zitronenschale aufkochen, Birnen zufügen und pochieren. Birnen dürfen nicht zerfallen.

Bohnen-Kartoffel-Gemüse auf einer großen Platte anrichten, den Thymian entfernen und Crème fraîche über das Gemüse geben. Restliche Thymianblättchen von den Zweigen zupfen und mit der gehackten Petersilie über die Crème fraîche streuen. Speckscheiben und Birnenviertel um das Gemüse garnieren. Dieses typische Sommergericht gab es früher, als man noch keine Tiefkühltruhen kannte, immer dann, wenn die Augustbirnen noch grün, die Bohnen gerade reif und der Schinken kurz vorm Ende war.

Dazu trinkt man in Norddeutschland natürlich ein helles Bier und danach – zur Verdauung – einen kühlen Klaren!

Kasseler vom Grill à la Chuchi Bonn, nach Jürgen Reiß

Jürgen Reiß

DEUTSCHLANDFUNK

Wie unsere großen Vorbilder, die Meisterköche, kochen auch wir Amateure am liebsten für wenige Gäste. Aber einmal im Jahr, nämlich am Karnevalssonntag, gehen die Kochbrüder der Chuchi Bonn „unters Volk" und kochen in großen Mengen. Dann bereiten sie beim „Biwak" des Vaterstädtischen Vereins auf dem Bonner Marktplatz viele hundert Portionen leckerer Gerichte und aus einem großen Faß Wein, zünftigen Zuckerhüten und ordentlichem Rum die größte Feuerzangenbowle der Welt.

Mir schmeckt da immer am besten unser traditionelles Kasseler vom Grill mit Sauerkraut spezial à la Chuchi Bonn.

Warum ein geborener Berliner so ein Kasseler besonders mag? Nun, das gepökelte Rippenstück vom Schwein heißt so, weil es der Berliner Fleischermeister Cassel (mit c!) erfunden hat. Mit der schönen Stadt Kassel hat es nichts zu tun. Übrigens sollte ein Kasseler nie zu salzig sein! Auf dem Bonner Marktplatz brauchen wir für unsere 150 kg Fleisch große offene Holzkohlengrills und für 20 Eimer Sauerkraut eine Gulaschkanone des Technischen Hilfswerks. Aber das Gericht läßt sich auch in kleinen Mengen auf jedem Gartengrill oder im Elektrogrill in der Küche bereiten.

Rezept

(für eine Party mit 8–10 Personen):

Kasseler

Ein milde gepökeltes Kasseler-Rippenstück (ca. 2 kg)
zwei große Zwiebeln (Gemüsezwiebeln), grob gehackt
eine viertel Knolle Sellerie, in kleine Würfel geschnitten
zwei EL Wacholderbeeren
ein Bund Petersilie
Paprikapulver
getrockneten Majoran

Sauerkraut

2,5 kg Sauerkraut
einen Kasselerknochen
100 g Schweineschmalz
ein bis zwei Speck-schwarten
200 g mageren gewürfelten Speck
drei Lorbeerblätter
einen EL Wacholderbeeren
einen halben Liter Apfel-wein
Zucker nach Geschmack

Das *Kasseler* wird auf dem glühenden Holzkohlengrill (oder unter dem Elektrogrill) auf allen Seiten angebraten, um die Poren zu schlißen. Dann wird es auf eine große Alufolie gelegt, mit Paprikapulver und Majoran bestreut und mit den Zwiebeln, dem Sellerie und den Petersilienstengeln belegt. Die Alufolie wird sorgfältig um das Fleischstück gefalzt. Dann kommt das Stück für ca. eine Stunde auf (oder unter) den Grill. Beim Öffnen der Folie entströmt dann ein so köstlicher Duft, daß wir Hobbyköche immer erst von den wunderbar aromatisierten Gemüsen naschen, bevor wir das Fleisch in Kotelett-Scheiben vom Knochen schneiden.

Das *Sauerkraut* auf unsere Art braucht lange. Darum wird es immer schon am Tag vor dem Verzehr angekocht. Mit Schweineschmalz, Kasselerknochen, Speckschwarten, gewürfeltem mageren Speck, Lorbeerblättern und Wacholderbeeren. Der Apfelwein wird nach und nach zugegeben, Zucker nach Geschmack. Immer wieder mal durchgerührt, muß dieses Sauerkraut spezial viele Stunden leise köcheln. Denn es gilt weiterhin, was schon Wilhelm Busch von seiner Witwe Bolte dichtete:

Daß sie von dem Sauerkohle
eine Portion sich hole.
Wofür sie besonders schwärmt,
wenn er wieder aufgewärmt!

Borschtsch, nach Ewald Rose

Wenn in meiner Umgebung bekannt wird, daß ich koche, kommt stets ungläubiges Staunen, ja Zweifel auf. Allerdings ist es mir bisher immer gelungen, diese Zweifel zu zerstreuen. In der Tat ist es auch für einen Blinden durchaus möglich, selbst und eigentlich ohne fremde Hilfe zu kochen. Es empfiehlt sich jedoch, besonders sorgfältig und konzentriert zu Werke zu gehen. Zum Kochen bin ich – wie wohl viele Politiker und Journalisten auch – dadurch gekommen, daß ich langsam der Restaurant-Küche überdrüssig geworden war und mein Heil am eigenen Herd suchte. Nachdem ich zunächst einiges an Lehrgeld zahlen mußte, stabilisierten sich die Kochergebnisse auf einem Niveau, welches auch auf die Anerkennung professioneller Hausfrauen stößt. A pro pos „kochende Männer" und „professionelle Hausfrauen": Häufig wird mir gerade von Hausfrauen bescheinigt, daß ich angeblich raffinierter und fantasievoller als sie selbst koche. Das mag vielleicht sogar stimmen!?! Doch: Ich bin ein Lust- und Launenkoch, der von keinen täglichen Zwängen, sprich der Versorgung vieler hungriger und oftmals undankbarer Mäuler geplagt wird. Müßte ich tagtäglich dieser Pflicht genüge tun, hätte meine Lust oder die Laune sehr bald ein Ende – und damit sicherlich auch die Fantasie!!!

Bevorzugt bereite ich Suppen, Eintöpfe und Salate zu. Ich verfüge zwar über eine große Anzahl von mehr oder minder lehrreichen Kochbüchern, allerdings habe ich noch nicht ein einziges Mal stur nach einer derartigen Rezeptvorlage gekocht. Vielleicht liegt es daran, daß ich keine „Dienstanweisungen" mag. Zu meinem Lieblingsrezept, der russischen Kohlsuppe „Borschtsch" bin ich nicht deshalb gekommen, weil ich mich an dem Buchprojekt von Frau Hannelore Kohl zugunsten der ZNS-Geschädigten beteiligen möchte, sondern durch mehrere Reisen in der Sowjetunion. Dort habe ich diese Suppe wirklich schätzen gelernt – auch wenn es für mich bei meiner ersten Reise höchst ungewöhnlich war, daß ich diese in Leningrad morgens zum Frühstück serviert bekam.

Rezept

(Mengenangaben für acht Teller oder Suppentassen)

Die Brühe

Gut 1 Pfund Ochsenbrust, zusammen mit zwei Markknochen, einer kleinen Dose geschälter Tomaten, – je nach Größe – 2-4 Zwiebeln, Knoblauch nach Geschmack und einer fein geriebenen Sellerieknolle aufkochen lassen. Drei Lorbeerblätter, Pfeffer und Paprikapulver dazugeben. Wer gerne etwas schärfer ißt, kann eine mittelgroße, möglichst kleingeschnittene Peperoni dazutun. Alles etwa zwei Stunden auf mittlerer Flamme kochen lassen und danach alles Feste aus dem Topf entfernen und

die Flüssigkeit durch ein Sieb fließen lassen.

Inhalt
Die Blätter eines großen, halben Weißkohles in Rauten; etwa 300 g Möhren in dünne Scheiben; je nach Geschmack – 1 bis 2 Pfund Kartoffeln in Scheiben und eine große Paprikaschote in kleine, dünne Streifen schneiden. Eine Stange Porree, ein Bund Schnittlauch, einen Teil der Blätter der Sellerie und Champignons (gleichgültig ob frisch oder aus der Dose) zerkleinern. Alles in die Brühe geben und etwa zwei bis drei Stunden bei mittlerer Hitze garen lassen.

Etwa eine dreiviertel Stunde, bevor der Eintopf fertig sein soll, ein mittleres Glas rote Beete (einschließlich der Flüssigkeit) hinzugeben. Vor dem Servieren ein bis zwei Töpfchen saure Sahne und kleingehackte Petersilie auf die Suppe geben.
An Gewürzen nur Pfeffer, Paprikapulver, Thymian und je nach Geschmack Muskat untergeben.

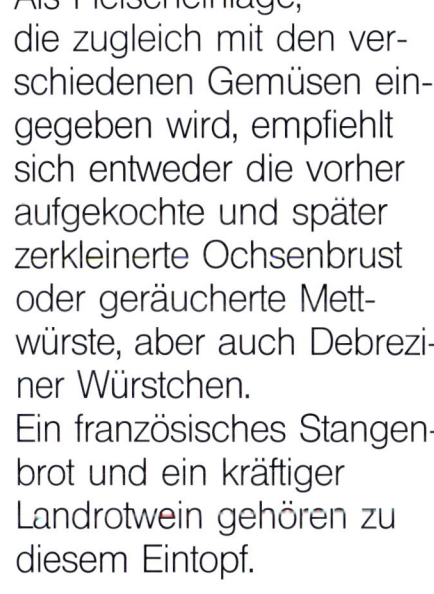

Als Fleischeinlage, die zugleich mit den verschiedenen Gemüsen eingegeben wird, empfiehlt sich entweder die vorher aufgekochte und später zerkleinerte Ochsenbrust oder geräucherte Mettwürste, aber auch Debreziner Würstchen.
Ein französisches Stangenbrot und ein kräftiger Landrotwein gehören zu diesem Eintopf.

„Satarasch" à la Gernot Romann

NDR

Rezept

750 - 1000 g Schweine-
fleisch (Schnitzelstück oder
aus der Schulter)
5 Eßlöffel Öl
4 mittelgroße Kartoffeln
2 Stangen Lauch (Porrée)
1 rote und 1 grüne
Paprikaschote
2 Zwiebeln
2 Knoblauchzehen
6 geschälte Tomaten (aus
der Dose)
Salz, Pfeffer, Paprikapulver,
Thymian
1/4 l Fleischbrühe
3 Eßlöffel Tomatenmark

Fleisch in Würfel schnei-
den, Kartoffeln, Zwiebeln,
Knoblauch schälen, Lauch
und Paprika putzen und
alles kleinschneiden.

Das Öl in einer Kasserolle
erhitzen, darin das Fleisch
etwa 15 Minuten anbraten.
Gemüse und zerkleinerte
Tomaten zugeben.
Gewürze einrühren und
mit der Fleischbrühe auf-
gießen.
Das Gericht zugedeckt gut
eine Stunde kochen
lassen. Evtl. Brühe nach-
gießen. Vor dem Servieren
Tomatenmark einrühren.

Kochzeit ca. 1 1/4 Stunden.

Dazu paßt als Beilage:
Reis, Salzkartoffeln oder
kräftiges Bauernbrot.
Getränkevorschlag:
trockener Rotwein

Hans Rosenthals Berliner Eierkuchen

Rezept

2 Eier
2 Eßlöffel Wasser
2 gehäufte Eßlöffel Mehl
1 Prise Salz
Butter zum Ausbacken

Alle Zutaten mit einem Mixer durchschlagen und 4 dünne Eierkuchen (auch Omelett genannt) auf der Pfanne ausbacken. Dazu Apfelmus – dünn gestrichen – sowie eine Tasse Kaffee.

Alois Rummel: „Gaisburger Marsch"

RHEINISCHER MERKUR
Christ und Welt

Einen großen Topf ein Drittel mit Wasser füllen (ca. 2 Liter), Knochen kalt zusetzen; Salz dazu; nun erhitzen; dazu geschälte halbierte Selleriewurzel, einige Blätter, geschälte Möhren, Petersilienwurzel; Lauch halbiert; Tomate einschneiden; 1 Zwiebel ungeschält halbieren, von beiden Seiten in der Pfanne in Butter bräunen, Petersilie. In der Zeit, da dies vorbereitet wird, hat sich das Wasser dem Kochen genähert, nun Fleisch zugeben und leicht köchelnd eineinhalb Stunden lang sieden.
In der Zwischenzeit Spätzle machen aus Mehl, Eiern, warmem Wasser, Salz; mittels Spätzleschwob verarbeiten.

Nach einer Stunde ist der Sellerie weich; auf einen Teller geben, etwas Essig darüber, damit er weiß bleibt; ist er abgekühlt, Öl und noch ein wenig Essig dazu, ein wenig Salz. Nun Kartoffeln schälen, in nicht zu kleine Stücke schneiden, in kleinen Topf etwas von der Brühe abnehmen, darin 20 Minuten kochen. Eine Zwiebel fein schneiden.

Nach der Kochzeit von eineinhalb Stunden gut die Hälfte des Fleisches würfeln. In mittelgroßen Topf abgeseihte Brühe geben, evtl. mit Salz abschmecken, wieder ganz heiß machen; Spätzle dazu, aber nicht kochen, damit sie nicht matschig werden; Fleisch hinzufügen, die gekochten Möhren; geschnittener Schnittlauch dazu und die in Butter

Rezept

(für 2 Personen)

500 - 750 Gramm gutes Rindfleisch zum Kochen z. B. Hohe Rippe
1 Suppen- und 1 Markknochen, 1 Selleriewurzel (im Sommer mit Blättern)
1 Stange Lauch
3 - 4 Möhren
1 große Tomate,
2 große Zwiebeln
1 Bund Petersilie
(im Sommer Petersilienwurzel)
1 Bund Schnittlauch
250 Gramm Mehl
3 Eier
3 - 4 große festkochende Kartoffeln
Essig, Öl

braun gedämpften Zwiebeln.
Die Kartoffeln werden getrennt serviert, werden aber mit der Suppe zusammen aus dem Suppenteller gelöffelt. Das nicht geschnittene Rindfleisch wird mit dem Selleriesalat verzehrt. Dazu paßt jetzt ein trockener Württemberger Weißwein.

Birnen, Bohnen und Speck
nach Dirk Sager

Eine Möglichkeit, des Heimwehs Herr zu werden, kann es sein, sich in der Ferne der Gerichte der Heimat zu erinnern. Da sagen dann süddeutsche Freunde nicht ohne Hochmut und Hohn: „Du kommst aus Holstein, Du Armer, womit kannst Du die Tafel im Ausland schon bereichern?"

Holsteinischen Schinken läßt man gelten aber sonst – wofür wäre diese Küche sonst noch berühmt? Fisch vielleicht – aber der ist nicht überall zu haben; schon gar nicht so, wie man ihn in Erinnerung hat.

Ich überraschte die Kollegen meist mit einem Gericht, dessen Name verwirrend ist, aber ein understatement angesichts des zu erwartenden Wohlgeschmacks, ein Gericht für die ersten kalten Herbstsonntage, dessen Zutaten selbst in Moskau zu bekommen waren und dort auch küchenpatriotische Russen für Norddeutschlands Küche erwärmte.

Geräucherter Speck und das Bauchfleisch werden 45 Minuten bis eine Stunde gekocht. In den gleichen Topf gibt man die Birnen und nach etwa 20 Minuten die Bohnen mit dem Bohnenkraut. Das Ganze wird gekocht, bis die Bohnen gar sind. Das Wasser wird abgegossen und das Gericht mit Petersilie auf einer Platte serviert.

Ein kräftiges Essen, zu dem die Freunde gern ein Glas Bier getrunken haben und danach auch ein Glas Schnaps. Meist waren sie zufrieden.

Rezept

geräucherter, durchwachsener Speck
Bauchfleisch
kleine, harte grüne Birnen und
grüne Bohnen
Bohnenkraut
Salz und Pfeffer

Norbert Sakowski: Sommerlicher Aal

BUNTE

Rezept

1 kg frischer, nicht zu dünner Aal
Salz, Mehl
ca. 200 Gramm Butter
ein halber Liter trockener Weißwein
drei große Bund glatte Petersilie
sechs bis acht Stück möglichst große Schalotten
frische oder getrocknete Minze
(Volumen ca. zwei Drittel der Petersilie)

Aal vom Fischhändler enthäuten lassen, Rückenflosse mit Küchenschere entfernen, Aal gründlich waschen und in fingerlange Stücke schneiden. Butter in Pfanne erhitzen, Aalstücke salzen und in Mehl wälzen, in der Butter von beiden Seiten goldbraun braten. Die gebratenen Aalstücke auf Küchenkrepp abtrocknen lassen und in eine andere Pfanne (in der das Gericht auch serviert wird) legen. Pfanne aufs Feuer stellen und mit dem vorher erhitzten Weißwein auffüllen.

Die sehr fein gehackten Schalotten darüber verteilen. Über das Ganze die grob gehackte Petersilie (ohne die harten Stengel) und die grob geschnittene Minze streuen. Bei mittlerer Hitze den Wein fast einkochen lassen, so daß nur sehr wenig Soße bleibt.

Die Petersilie und die Minze mit einem Holzlöffel von Zeit zu Zeit etwas in die Pfanne drücken, damit alles gar wird (ca. zehn Minuten). Ist keine frische Minze vorhanden, kann auch getrocknete verwendet werden. Hier die harten Stengel vorher entfernen und die Minze mit der Hand zerreiben. Eine halbe Handvoll getrocknete Minze ist ausreichend. Das Gericht darf nicht gerührt werden und wird in der Pfanne serviert.

Beilage: Stangenweißbrot.
Getränk: trockener Weißwein, möglichst der gleiche, der zum Kochen verwendet wurde.

Engelbert Sauter: Kartoffelauflauf

Es war ein trüber Apriltag, ein Tag, der eher Vorläufer des Novembers zu sein schien denn als Vorbote des kurz bevorstehenden Wonnemonats Mai zu erkennen war.

Ein Tag also, der auf die Gemüter der Menschen drückte und auch sie mit grauen und mißmutigen Gesichtern durch die Straßen eilen ließ. Ein Tag, der normalerweise nicht lange im Gedächtnis haften bleibt, sondern der – Gott sei Dank – vom ersten Sonnenstrahl verdrängt wird wie Wolken, Regen und Wind.

Für mich aber ist es ein Tag, der mir in Erinnerung bleibt – und dies in einem durchaus schönen, freundlichen und warmen Bild. Ich wurde nämlich an diesem Tage nach einem mehrwöchigen Auf-enthalt wegen eines Bandscheiben-leidens aus dem Krankenhaus ent-lassen und fuhr mit meiner Familie zusammen nach Hause.

An der Haustüre prangte ein „Herz-lich Willkommen"-Schild, gemalt von meinen Kindern, im Kamin prasselte ein Feuer, das Aprilwind und -kälte rasch vergessen ließ. Vor allem aber duftete es im ganzen Haus überaus verlockend, – und dieser Duft verriet mir, daß meine Frau zur Begrüßung mein Lieblingsgericht zubereitet hatte: einen vorzüglichen Kartoffelauflauf. Auf dem feierlich gedeckten Tisch mit Blumensträußchen stand auch schon das Lieblingsgetränk zum schmackhaften Essen: ein trockener, rheinhessischer Rosé, der nicht nur hervorragend den Geschmack des Essens abrundet, sondern auch dem Tisch eine besondere Note mit sei-ner funkelnden Farbe verleiht.

Und da saß die Familie um den Tisch beim köstlichen Auflauf, und aß und erzählte und erzählte und erzählte, ... was bei diesem Gericht dazu gehört: es ist ein Gericht für die Familie oder einen Abend mit Freun-den, denn es schmeckt auch lau-warm immer noch sehr gut. Ein wei-terer Vorteil: was nicht verzehrt wird, kommt in die Tiefkühltruhe und schmeckt beim nächsten Mal frisch aufgebacken fast noch besser.

Rezept

1 kg mehlig-feste Kartoffeln
150 Gramm Mehl
90 Gramm Butter
2 Teelöffel Salz
300 Gramm frisch geriebener Käse
250 Gramm Schinken-würfel (aus gekochtem Schinken)
1/4 Liter süße Sahne
200 Gramm saure Sahne
Pfeffer, Majoran, Muskat zum Abschmecken

Die Kartoffeln werden in der Schale gekocht, gepellt und anschließend noch warm gleich in eine gut gefettete Auflaufform durchgepreßt. Das Mehl drübersieben, anschlie-ßend die geschmolzene Butter draufträufeln und mit Salz abschmecken; mit einer Gabel Mehl und But-ter locker unter die Kartof-feln heben. Aus dem Teig einen etwa 3 cm hohen Rand ziehen. Käse und Schinkenwürfel auf den Teig geben und die mit den Gewürzen vermischte Sahne drübergießen.

Die Form kommt dann bei 220 Grad mindestens 60 Minuten in den Back-ofen; der Auflauf sollte knusprig gebräunt sein. Man serviert dazu einen Tomaten-/Gurken-Salat. Als Getränk paßt dazu ein rheinhessischer Rosé, z.B. ein Dalheimer Kranzberg, Spätburgunder Rosé – trocken –, der gut gekühlt sein sollte.

„Herrenspeise" und Pflaumenlikör à la Rolf Seelmann-Eggebert

NDR

Mein Vater, der Anwalt in Berlin war, liebte es, abends zwei oder drei Mandanten zum Essen mitzubringen, ohne daß meiner Mutter viel Zeit zur Vorbereitung blieb. Insofern mußte im Dahlemer Elternhaus oft „gezaubert" werden. Ein Nachtisch, den ich aus diesem Zauberkasten in Erinnerung habe, ist die sogenannte „Herrenspeise". Ob sie nur bei uns so hieß, weil es sie meist gab, wenn wieder einmal unvorhergesehene Gäste ins Haus standen, vermag ich nicht zu sagen.

Rezept

Man zerbröckelt Pumpernickel mundgerecht in einer Schüssel, deckt eine Schicht Schlagsahne darüber, der eine Schicht Konfitüre eigener Wahl folgt. Ich selber bevorzuge Sauerkirschen. Wenn man die Schichten dünn aufträgt, kann man den Prozeß noch ein-, zweimal wiederholen, bevor man den Schüsselrand erreicht. Die Zubereitung dauert knapp eine Viertelstunde, verkehrt machen kann man eigentlich nichts – kein Wunder, daß sich die Herrenspeise auch im eigenen Journalistenhaushalt, in dem es immer eilig zugeht, bis auf den heutigen Tag gehalten hat.
Und wenn Ihnen nach diesem – zugegeben – nahrhaften Dessert nach einem Verdauungsschluck zumute ist, versuchen Sie's doch mal mit einem Pflaumenlikör.

Pflaumenkompott, Pflaumenmus, Pflaumenkuchen, Backpflaumen, Pflaumen süßsauer – die Küche weiß gerade mit Pflaumen mehr anzufangen als mit anderen Früchten. Aber 1984 trugen die Bäume in unserem Garten so viele Zwetschgen, daß ihre Verwertung zusätzliche Phantasie forderte.

Und so setzte ich mich hin, entsteinte Pfund für Pfund, stopfte die rohen Fruchthälften in eine große bauchige Flasche, gab Kandis dazu, Zimt, Nelken und einige aufgeschlagene Zwetschgensteine. Dann füllte ich die Flasche mit Korn und ließ sie acht Wochen lang in Ruhe. Nach acht Wochen wird gefiltert. Danach soll man dem Likör abermals eine Ruhepause gönnen.

Ich muß freilich gestehen: Das Bräu schmeckte der ganzen Familie schon nach dem Filtern so gut, daß ich bis heute nicht weiß, wieviel besser es geschmeckt hätte, wenn es weitere acht Wochen gereift wäre. Da war es längst alle.

Altbierbraten von Joachim Sobotta

Joachim Sobotta

RHEINISCHE POST

Rezept

Schweinenacken salz-
pfeffern
von allen Seiten scharf
anbraten
4 Zwiebeln in kleine Würfel
hell bräunen
3 große Möhren in kleine
Würfel hinzufügen
1 Glas (0,2) Altbier zum
Löschen
1 Glas (0,1) Malzbier
ebenfalls übergießen

Während des Bratens 1 bis
2mal mit 0,1 l Altbier
löschen. Bräter mit Deckel
schließen, ca. 1 Stunde
braten. 2 Scheiben
Schwarzbrot zerkleinern,
Prise Nelkenpulver, Prise
Zimt, Altbier zu einer
lockeren Masse ver-
arbeiten.

Den fast garen Braten mit
der Masse bestreichen
und ca. 10 Minuten mit
starker Oberhitze über-
backen.
Den Sud mit Sauerrahm
verfeinern und mit Pürier-
stab die Sauce sämig rüh-
ren. Abschmecken!

Es muß nicht immer Düsseldorfer Alt
sein, was ein Düsseldorfer Chefredakteur zu sich nimmt, aber
dennoch möchte ich Ihnen ein vorzügliches Gericht vom Niederrhein
präsentieren.
Die Leute von Düsseldorf rheinab-
wärts lieben das eher Deftige, sie
verkehren weniger bei Käfer in
München oder in ähnlichen
Etablissements, sondern in bodenständigen Restaurants „um die
Ecke".

„Bäcker-Ofen" à la Markus Schächter

M. Schächter

Es gibt Gerichte, die haben Geschichte. Es gibt andere, die sind einfach gut. Es gibt solche, die haben Geschichte und weil sie gut sind, wird ihre Geschichte immer weiter erzählt werden.
Mein Gericht, das ich vorstellen möchte, gehört – wie ich meine – zur letzteren Kategorie.
Ich bin ein leidenschaftlicher Anhänger des „Bäcker-Ofens", einer pfälzisch/elsässischen Spezialität. Die Herkunft dieses traditionellen Gerichts für Arme und Reiche wird unterschiedlich und je nach Region anders erzählt. Meine Geschichte dieses Rezepts ist die, die mir meine Großmutter erzählt hat und von der ich glaube, daß sie im elsässisch/pfälzischen Grenzgebiet auch Anspruch auf Authentizität erheben darf:

Wenn morgens die Hausfrauen auf dem Weg zum Waschhaus waren, um die Kleider des Alltags reinzuwaschen, dann haben sie auf diesem Weg vorher beim Bäcker oder am Backhaus einen gefüllten Topf abgestellt, den der Bäcker in seinen noch heißen Ofen eingeschoben hat. Nach zwei bis drei Stunden Arbeit im Waschhaus haben die Frauen den Topf mit dem gegarten Inhalt wieder mit nach Hause nehmen können.

Rezept

Im Topf wurde am Vorabend folgendes gerichtet: Je 300 g vom jungen Hammel, Schweinenacken, Rindfleisch (zum Schmoren), 40 g Schweineschmalz, ein Schweinsfüßchen. Das Ganze wurde gesalzen, gepfeffert und mit zerquetschter Knoblauchzehe eingerieben und mit möglichst viel Weißwein übergossen. Dazu kommen noch
3 Zwiebeln,
2 Lauchstangen,
2 Karotten, 4 Nelken, Wacholderbeeren.

Dies hat man eine Nacht lang stehen lassen.
Am nächsten Morgen wurde das Ganze in eine irdene Form eingelegt,

und zwar schichtweise: eine Schicht in Scheiben geschnittene Kartoffeln (ca. 2 Pfund), eine Schicht Fleisch, dann die Gemüse und die Zwiebeln. Mit einer Schicht Kartoffeln und einer Schicht gehackten Zwiebeln wurde es abgeschlossen. Der dicke Batzen Schmalz wurde oben aufgesetzt und die Marinade darübergegossen. Ganz besonders Sorgfältige haben den Deckel mit einer Art Teig aus Mehl und Wasser hermetisch abgedichtet. Dann kam das Ganze zwei bis drei Stunden in den Backofen. Auch in unseren heutigen Backöfen ist dies in dieser Zeit gar und schmeckt vorzüglich.
Dazu paßt besonders ein weißer herber Wein. Ich persönlich liebe den Deidesheimer Herrgottsacker, Riesling. Er gibt dem rustikal-vornehmen Essen eine behagliche Kurve.

Blumenkohlauflauf à la Norbert Schäfer

N. Schäfer

1 Blumenkohl und 1 Pfund Möhren in Brühe kochen. Den Sud bitte aufheben. 1 Kilo Rindergehacktes mit Pfeffer, Salz und Knoblauch würzen und in einem großen Kessel kurz anbraten.

Für die Sauce brauchen wir 50 gr. Butter mit einem Streifen magerem Speck auslassen, auffüllen mit dem Blumenkohl/Möhren-sud und etwas Milch. 2 Ecken Velveta-Schmelz-käse hineinbröckeln, rühren bis er sich auf-gelöst hat. Mit Speisestärke andicken und abschmecken mit Salz, Pfeffer und Knoblauch.

Eine Auflaufform ausfetten und schichtweise Blumen-kohl, Möhren und Rinder-gehacktes einfüllen. Anschließend die Sauce darüber gießen und im Backofen bei 160 Grad überbacken, bis die Käse-schicht braun wird.

Als Getränk paßt dazu am besten Bier.

BLUMENKOHL

Ein Gericht aus der Südsee
von Winfried Scharlau

STUDIO SINGAPUR

Auf den Pazifischen Inseln wird eine Vorspeise serviert, die ich mit besonderem Genuß gekostet habe.

Vor der Hauptstadt Tongas, Nuku'alofa, vom Königspalast aus mit dem bloßen Auge zu erkennen, liegt eine kleine Insel, „Fafa" genannt, die zwei Baumeister aus dem bayerischen Innenministerium in eine Urlaubsenklave verwandelt haben. Anders als „Aussteiger" und „Beachcomber" haben die diplomierten Ingenieure aus München in der Südsee mehr gesucht als das einfache Leben im Schatten der Palmen. Sie haben sich zum Ziel gesetzt, eine unbewohnte Mini-Insel so zu entwickeln und auszubauen, daß Urlauber, die freilich keinen Luxus beanspruchen, sich wohlfühlen können. Blauer Himmel, Sonne, Strand und Palmen sind allein noch kein Milieu, das der menschlichen Existenz genügte. Hütten mußten gebaut werden. Trinkwasser liefert der Regen, wenn eine Anlage vorhanden ist, um die niederstürzenden Massen zu sammeln. In der Trockenzeit muß Wasser mit einem Boot aus Nuku'alofa herangeschafft werden. Natürlich erwarten die Urlauber Strom, zur Beleuchtung am Abend, nicht für Klimaanlagen (die hier als Luxus definiert werden). Schließlich muß ein Nachschubsystem für Nahrungsmittel und Getränke funktionieren, um die Küche zu versorgen.
Die meisten Anlagen, die Wohn- und Restaurationshütten vor allem, sind im tonganischen Stil gebaut worden; und natürlich werden auch lokale Gerichte im Restaurant angeboten. Eines davon heißt Ota Ika, „roher Fisch". Es ist eine Vorspeise, die

auch Europäer, die bislang den japanisch-pazifischen Kult um den rohen Fisch mit Vorbehalt gegenüber standen, veranlassen könnte, eine zweite Portion zu bestellen und auf die Hauptspeise zu verzichten.

Rezept

Frische Fischfilets, am besten Thunfisch, die in daumennagelgroße Würfel geschnitten werden.
Die Fischwürfel werden in einer Schale mit frischem Zitronensaft abgedeckt und bleiben darin 3 bis 4 Stunden.
Danach wird die inzwischen grau gewordene Fischwürfel-Masse vorsichtig gepreßt, um den Zitronensaft samt dem Fischwasser ablaufen zu lassen.

In einer großen leeren Salatschüssel wird danach eine neue Soße bereitet; bestehend aus
einer angemessenen Menge kleingehackter Zwiebeln
einer gleichen Menge kleingewürfelter grüner Essiggurken
die gleiche Menge kleingewürfelter geschälter Tomaten
und schließlich die gleiche Menge kleingehackter Eiweißwürfel.
Man gibt zunächst in die Salatschale einen Schuß Öl, gießt einen Schuß Essig nach, wer mag, darf auch eine Portion Weißwein hinzufügen.
In diese Sauce werden zunächst Zwiebel, Gurken, Tomaten und Eiweiß einge-
geben und gut vermengt. Danach werden die Fischwürfel eingefügt und noch einmal gut vermengt. Auf dieses Gemisch von Gewürzsauce und Fisch wird zuletzt Kokosmilch gegossen, so viel, daß sie die Masse gut abdeckt. Zu servieren mit Toast und trockenem Weißwein.
Wem die Beschaffung von Thunfisch und Kokosmilch

zu schwierig erscheint, der mag sich das fertige Gericht auf „Fafa" servieren lassen.

Auch eine Reise von 10.000 Li, so sagt ein chinesisches Sprichwort, beginnt mit dem ersten Schritt.

Werner Schawer: Beschwipstes Huhn

WDR

Die Hühnerteile anbraten, mit einigen Schnapsgläsern Calvados übergießen und sofort flambieren (Vorsicht, vorher vom Herd nehmen! Sonst fängt die Abzugshaube Feuer, während die Gäste schon im Anrollen sind).

Estragon wird hinzugefügt und alles mit 3/4 der Sahne übergossen und ca. 20 Minuten zugedeckt bei milder Hitze geschmort. Inzwischen werden die Äpfel geschält, entkernt und in Spalten

geschnitten. Die Zwiebeln werden geschält, 10 Minuten in Salzwasser gekocht und anschließend geviertelt.

Einen größeren Topf mit Butter ausschmelzen, die Geflügelteile gemischt mit den Äpfeln und Zwiebeln hineintun. Den gekochten Schinken kleinschneiden und in die Soße des ersten Topfes geben, die letzte Sahne dazutun und etwa 5 Minuten aufkochen lassen. Dann wird alles über den Inhalt des anderen Topfes gegossen. Den zugedeckten Topf in den

Rezept

(für ca. 6 Personen)

6 Hühnerkeulen
und/oder -brüstchen
500 g Zwiebeln
200 g gekochten Schinken
6 Äpfel (Boskop)
1/2 - 3/4 l Sahne
frischer Estragon
Calvados

Backofen (225 Grad) stellen, nach 10 Minuten den Deckel abnehmen und noch weitere 10 Minuten im Ofen lassen.

Ein schöner Pfälzer Riesling wäre ein passendes Getränk dazu.

Kartoffelpuffer mit Lachs und Kaviar
à la Andrea Scherell

Dieses Rezept koche ich besonders gern, wenn sich Gäste angesagt haben. Denn es erfordert wenig Zeitaufwand, schmeckt lecker, hat einen Hauch von haute cuisine und ist groß in der Wirkung. Dazu reiche ich trockenen Sekt oder Champagner. Man kann aber auch Wodka servieren.

Rezept

Man benötigt Kartoffelpuffer – selbstgemachte sind ideal, man kann aber auch tiefgefrorene verwenden. Darauf kommt eine Scheibe geräucherter Lachs. Das Ganze wird garniert mit einem kräftigen Löffel Crème fraîche und einem Teelöffel Kaviar. Da echter russischer Kaviar sehr teuer ist, kann man diesen ohne weiteres durch roten Kaviar ersetzen.

APF blick

Holsteiner Erbsensuppe
frei nach Helmut Schimanski

Wenn Norddeutsche 'mal richtig 'was Warmes „in' Liev" (in den Leib) brauchen, dann kommt „Arfen-Supp" – Erbsensuppe – auf den Tisch. Wer wie ich richtiger Holsteiner ist – geboren in der Nähe von Kiel –, der mag Erbsensuppe jeden Tag – auch am Sonntag. Erbsensuppe kann zum „Festessen" werden. Es gibt zahlreiche Varianten – holländisch, dänisch, schwedisch, mit Kartoffeln, ohne Kartoffeln, mit Schweinepfoten, mit Würstchen, mit gebratenem Speck, mit gerösteten Brotwürfeln, mit gelben Erbsen, mit geschälten Erbsen ... und dann gibt es „meine" Erbsensuppe, meine Lieblings-Erbsensuppe.
Da bin ich vielleicht konservativer, als mancher glauben mag, aber: Meine Oma hat sie schon so gekocht ... meine Mutter ebenso ... und meine Frau ist dabei, unsere vier Töchter „anzulernen". Und mich läßt sie hin und wieder auch 'mal in den „Kochpott" schauen.

Rezept
Grüne, ungeschälte Erbsen (mindestens 1 Pfund) werden über Nacht eingeweicht. Am nächsten Morgen wird's durch ein Sieb gegeben. Erbsen und Einweichwasser sind getrennt. Im Einweichwasser wird – und das macht den Kohl fett! – Nein, die Erbsensuppe würzig! – ein Schinkenknochen ausgekocht. Schön dick muß er sein. Reichlich Schinken sollte dran sein. Wenn sich beim Kochen das Fleisch vom Knochen löst, wird er „rausgefischt" aus der Brühe, und dahinein kommen dann die Erbsen. Sie dürfen nur langsam leicht köcheln.
Jetzt wird Suppengemüse gewaschen, geputzt, geschnitten. Porree, Sellerie, Möhren und Zwiebeln. Dann wird das Fleisch vom Schinkenknochen gelöst, und – wer will – legt noch etwas Rindfleisch (im Stück) parat.
So etwa nach einer Stunde, wenn die Erbsen noch sehr „al dente" sind, werden Suppengemüse, Schinkenfleisch (nicht mehr den Knochen) und Rindfleisch zu den köchelnden Erbsen gegeben. Klar, daß alles weiterköchelt.
Abgeschmeckt und nachgewürzt wird nach „Gusto". Aber bitte dezent, ganz „bedächtig" – wie Norddeutsche sagen. Der Schinken bringt nämlich reichlich „holsteinische Würze" mit.
Bei mir zu Hause wird serviert, bevor die Erbsen völlig zerkochen. Also, immer 'mal wieder in den Pott gucken. Die Suppe kommt so relativ „dünn" auf den Teller. Die Erbsen sollen noch auf dem Löffel kullern, sie sollen „klappern". Das erleichtert zwar nicht gerade die Verdauung ... aber mir schmeckt's besser.

P.S. Wer's allerdings gern dick mag, der nehme reichliche Mengen. Da kann er am nächsten Tag die Suppe noch 'mal warm machen und Kartoffeln dazu tun. Dann gibt's eine wirklich „massive" Erbsensuppe.

Peter Schiwy: Tante Herrys Suppe

BERLIN

Also, meine richtige Tante war sie nicht –, obwohl ich sie so nenne: Tante Herry. Hinter dieser Kurzform verbarg sich ihr eigentlicher Vorname Hermine. Der paßte zwar nicht zur Figur, aber zur Entschlossenheit und Durchsetzungskraft, mit der Tante Herry die Familie und vor allem Onkel Harry regierte. Eine Baltin, eine Dame, der ich alles zutraute, aber nicht sachkundige Metzgerarbeit.

Es war 1945 in der Umgebung Berlins. Die Russen hatten uns gerade überrollt. Die Not war am größten. Da traf ich Tante Herry in der Scheune, wie sie kunstgerecht ein „notgeschlachtetes" Schwein ausweidete.

Mich erfaßte angesichts der Metzelei fast der Ekel. „Faß' Dich Jungchen, das wird was", sagte Tante Herry. Und da empfahl sich bei ihr kein Widerspruch.

Den Beweis lieferte sie Tage später: Sie rief mich in die Küche und zeigte mir ihre klare Brühe. Alle Schrecken waren vergessen. Nie wieder hat mir eine Suppe so gut geschmeckt. Das ist meine Lieblingsspeise bis heute. „Den Tellergrund mußt Du sehen können", sagte Tante Herry.

Es ist tatsächlich so, man muß den Tellergrund sehen können. Kochen Sie, probieren Sie. Noch beim letzten Löffel werden Sie an Tante Herry denken.

Rezept

1 kg Kassler-Knochen
1/2 Pfund Kassler
1 Bund Suppengrün
1 Lorbeerblatt
4 Pimentkörner
1 Zwiebel mit Nelken gespickt
1/2 Pfund Möhren
1/2 Pfund Kartoffeln

Knochen und Fleisch waschen. Mit 1 1/2 Liter kaltem Wasser auffüllen. Suppengrün im ganzen und 2 Teelöffel Salz zugeben.

Zwei Stunden bei geringer Hitze ohne Deckel köcheln lassen. Danach Suppengrün, Knochen und Fleisch herausnehmen. Gewürfelte Möhren und Kartoffeln dazugeben und 15 Minuten mitkochen. Fleisch kleinschneiden, in der Suppe erhitzen; mit Salz und Pfeffer würzen.

Dampfnudeln Pfälzer Art
von Fritz Schlossareck

Frtz Schlossareck (Unterschrift)

RHEINPFALZ

Meine Großmutter hat sie süß gemacht und klein, so wie Wecken. Das war Ihr Hausrezept von der Schwäbischen Alb. Dazu gab es Apfelbrei. Auch in der Pfalz auf Süßes eingestellt, war mein erster Biß in eine der bodenständigen, dick aufgezogenen Dampfnudeln ein herber Schock. Salzig! Ich habe den Schock überstanden, aber Liebe auf den ersten Biß wurde nicht daraus. Wirklich auf den Geschmack gekommen bin ich erst über die Zutat: die Weinschaum-Soße. In der salzigen Nudel und der süßen Soße ziehen sich die Gegensätze deftig an. Das läßt man sich nicht nur als Nachtisch, sondern auch als ganze Mahlzeit gerne gefallen.

Zugegeben, die dicken Nudeln sehen schon wie gewaltige Kalorienbomben aus. Aber in ihrer salzigen Variante sollte man sich ruhig von ihnen verführen lassen. Die besten Rezepte stammen aus jener Zeit, in der wir uns über die schlanke Linie keine Sorgen zu machen hatten. Ein solches Rezept habe ich in einem „Koch-Lexikon" gefunden, das die „Rheinpfalz" in den ersten Nachkriegsjahren veröffentlicht hat. Ich empfehle es mit kleinen Abwandlungen gerne weiter.

Rezept

25 Gramm Hefe, in einer Tasse lauwarmem Wasser aufgelöst, gießt man an 500 Gramm vorgewärmtes Mehl. Man gibt 50 bis 70 Gramm zerlassene, aber nicht heiße Butter hinzu, Salz und bei Bedarf noch etwas Wasser. Ein bis zwei Eier verfeinern, aber sind nicht nötig. Der ziemlich feste Teig wird, bis er Blasen wirft, gut durchgeschlagen. Zugedeckt und warm gestellt läßt man ihn gehen. Mit einem Löffel werden eigroße Nudeln ausgestochen und in etwas Mehl rund geformt. Auf ein bemehltes Brett gelegt und zugedeckt, läßt man sie nochmals in der Wärme gehen. In der Zwischenzeit kocht man in einem großen, breiten und niederen Topf Wasser auf, das den Boden etwa zwei Zentimeter bedeckt. Man gibt Salz und einen Eßlöffel Fett hinzu. In diese Flüssigkeit setzt man die gut gegangenen Nudeln und deckt den Topf mit einem fest sitzenden, schweren Deckel zu. Es soll möglichst wenig Dampf entweichen. 20 Minuten bei guter Hitze kochen. Dann Topf beiseite ziehen und bei schwacher Hitze noch zehn bis fünfzehn Minuten durchgaren lassen. Die Dampfnudeln müssen unten eine schöne braune Kruste haben. Wichtig ist, daß der Topf von unten gleichmäßige Wärme hat – er gehört nicht in die Röhre – und daß der Deckel erst abgehoben wird, wenn die Nudeln fertig sind. Ent-

weicht der Dampf zu früh, fallen die Nudeln zusammen und werden glitschig. Zu den Nudeln serviert wird

Weinschaumsoße

Einen viertel Liter Wasser kocht man mit einem gehäuften Eßlöffel angerührtem Stärkemehl dicklich. Man gießt einen halben Liter Weißwein – ich empfehle einen kräftigen Pfälzer Riesling – daran, gibt drei bis vier Eßlöffel Zucker dazu und ein bis zwei – lieber zwei – verquirlte Eier. Die Masse wird über dem Feuer so lange geschlagen, bis sie anfängt schaumig zu werden. Achtung: die Masse darf nicht kochen. Dann wird die Soße vom Feuer genommen und noch etwas geschlagen. Wer mag, kann mit Zitronensaft nachwürzen.

Forelle à la Franz Schmedt

Rezept

4 frische Forellen
(ca. 250 g)
Saft einer Zitrone
4 Stengel Petersilie
Salz, Pfeffer
je 4 Stengel Dill,
Rosmarin und Estragon
1 Eßl. Mehl, 30 g Butter
2 Eßl. Semmelbrösel
Öl zum Einfetten

Für die Buttersoße:
100 g Butter
Salz
2 Teelöffel Zitronensaft
1 Bund Petersilie
1 Zitrone

Backzeit:
Auf beiden Seiten je
8 Minuten,
Elektroherd: 200 Grad.

Forellen ausnehmen, waschen und trocknen. Innen und außen mit Zitronensaft beträufeln. In jeden Fisch einen Stengel Petersilie legen. 30 Minuten ziehen lassen. Abtrocknen, salzen und pfeffern. Je einen Stengel Dill, Rosmarin und Estragon in die Fische legen. Diese dann dünn mit Mehl bestäuben, mit zerlassener Butter beträufeln und in Semmelbröseln wenden.
Bratrost mit geölter Alufolie überziehen. Darauf die Fische legen und in den vorgeheizten Ofen stellen. Während des Garens mit Butter bestreichen.

Inzwischen die Butter für die Soße in einer Pfanne erhitzen. Abschäumen, mit Salz und Zitronensaft würzen. Etwa 5 Stengel Petersilie fein hacken und in die Buttersoße rühren.

Fische auf einer vorgewärmten Platte anrichten. Mit der restlichen Petersilie garnieren. Buttersoße in einer kleinen Sauciere extra reichen. Dazu Petersilienkartoffeln und einen frischen Salat. Als Getränk trockener Gutedel aus dem Markgräfler Land (z. B. Auggener Schäf).

Dessert: Avocado-Schnee
2 Avocados
150 g Zucker
Saft von einer Zitrone
2 Eßl. Likör (Cointreau)
1/4 l geschlagene Sahne

Die Avocados waschen, halbieren, Kerne herausnehmen. Das Fruchtfleisch mit den übrigen Zutaten schaumig schlagen. Sahne unterziehen.
Den Avocado-Schnee in Portionsgläser füllen.

Gefüllte Schmorgurken
von Hans-Joachim Schlüter

„Gefüllte Schmorgurken", ist das auch recht? Wenn es die in meiner altmärkischen Heimat gab, dann war das schöner für uns als Heiligabend. Da gab es nämlich immer bloß Karpfen mit einer Zwiebel im Maul, und den mochten wir nicht.

Mag ja sein, daß Journalisten gelegentlich ganz schön was anrichten. Ich jedoch weise das weit von mir. Ich lasse anrichten. Nicht weil ich Chefredakteur bin, sondern weil ich nicht kochen kann.
Am liebsten schwäbische „Linsen und Spätzle", was an sich schon ein Genuß ist. Aber nach Großmutters Rezept, verfeinert mit Gelben Rüben (Mohrrüben), Lauch (Porree) und einem kräftigen Schuß Rotwein, ist das besser als a Gosch voll Glufe (Reißnägel), wie die Schwaben sagen. Da ich aber erst seit 33 Jahren in Stuttgart lebe, also immer noch ein Reingeschmeckter bin, habe ich natürlich kein Recht, das Rezept preiszugeben.

Rezept

1 große Gemüsegurke
350 g gem. Hackfleisch
1 altes Brötchen
1 Ei
1 Löffelspitze Thymian
Salz, Pfeffer
gehackte Petersilie
6 Speckscheiben
1 Zwiebel
500 g Tomaten
Fleischbrühe

Die geschälte Gurke halbieren, seitlich einkerben, entkernen und in Salzwasser einmal kurz aufkochen lassen. Hackteig aus Fleisch, Brötchen, Salz, Thymian, Pfeffer, Petersilie herstellen, in die Gurkenhälften füllen und mit 4 Speckscheiben umwickeln, welche mit Zahn-

stochern festgesteckt werden. 2 Speckscheiben würfelt man, brät sie an und dünstet darin Zwiebelwürfel. Abgezogene, entkernte und grobgehackte Tomaten mit der Fleischbrühe und der gefüllten Gurke dazugeben und alles im zugedeckten Gefäß ca. 45 Minuten schmoren. Soße binden. Dazu Reis.

Grüne Sauce à la Carl Schmidt-Polex

Meine Mutter hatte eines Tages den Hausnachbarn und Filmkomponisten („Heimat, Deine Sterne") Werner Bochmann nebst Frau und Logiergast zum Mittagessen eingeladen. Ein verirrtes Wehrmachts-Pferd war dem Dorf-Metzger in die Hände gefallen, wir Kinder wurden losgeschickt, um den Hauptbestandteil der „Grünen Sauce" zu sammeln, die den Pferdegeschmack aus den Koteletts bannen sollte: Sauerampfer.

Im Garten eines Nachbarn, dessen Villa von einem CIC-Offizier „requiriert" war, endete unsere Suche. Ein bewaffneter GI murmelte etwas von „Wehrwölfen", durchwühlte mißtrauisch unsere Körbchen, die gefüllt waren mit Sauerampfer-Blättern aus Nachbars verbotenem Garten und der nicht glauben wollte, daß diese Blätter unser Festessen werden sollten. Sein Boß, der CIC-Offizier, kam hinzu und packte uns ein improvisiertes Care-Paket zusammen: Schokolade, Corned Beaf, Ice-Cream. Er wurde bald darauf ein Freund unserer Familie und besuchte uns oft. Für „Grüne Sauce" konnte er sich nie erwärmen. „Nur Kühe fressen, was auf der Wiese wächst", pflegte er zu sagen.

P.S. Unser Festessen mit anfänglichen Hindernissen war übrigens ein großer Erfolg. Werner Bochmann fühlte sich nach „Pferde-Koteletts mit grüner Sauce" derart animiert, daß er seine schönsten Schlager auf unserem Flügel zum besten gab. Sein Mitbringsel entpuppte sich als äußerst witziger Alleinunterhalter: es war ein damals spindeldürrer, aus Berlin nach Oberbayern verschlagener und 1945 weitgehend unbekannter Schauspieler namens Gert Fröbe.

Mai 1945, die Amerikaner hatten am viertletzten Tag des II. Weltkriegs den oberbayerischen Ort Schliersee an der Grenze zu Tirol besetzt.

Zu essen gab es, was die deutschen Soldaten in ihren Vorratslagern (Alpenfestung!!) zurückgelassen hatten. Die Beilagen sammelten wir Kinder auf den Wiesen: Brennesseln (Spinat), Löwenzahn (Salat) und Brunnenkresse (Gewürz).

Rezept

100 Gramm Sauerampfer
2 Eßlöffel Schnittlauch
1 Eßlöffel Boretsch
1 Eßlöffel Estragon
50 Gramm Kerbel
1 Sträußchen Pimpernelle
1 Sträußchen Dill
2 Sträußchen Petersilie
1 Zwiebel

Alles mit dem Wiegemesser zerkleinern, dann mit Salz, frischgemahlenem Pfeffer, Essig und Öl vermischen. Dazu: den Dotter von einem hartgekochten Ei und kleingeschnittenes Eiweiß.
Grüne Sauce eignet sich als erfrischende Beigabe zu Tafelspitz mit Salzkartoffeln.

Zitronenhuhn à la Norbert Schneider

Rezept

Vier Hühnerbrüste
zwei Zitronen
Hühnerbrühe
Weißwein
Pfeffer, Salz
Butter
Petersilie, Schalotten

Man wäscht und reinigt
vier Hühnerbrüste, trocknet
sie gut ab und brät sie
kurz in Butter an. Dann
legt man sie in eine Auf-
laufform und übergießt sie
zur Hälfte mit Weißwein
und zur Hälfte mit Hühnerbrühe. Dazu gibt man den
Saft einer Zitrone, die
zweite Zitrone schneidet
man in Scheiben, sie
werden ebenso wie die
Schalotten und Petersilie in
die Brühe gegeben.

Die Auflaufform wird dann
mit Silberfolie abgedeckt.
Garzeit ca. 40 Minuten bei
kräftiger Hitze.

Zum fertigen Zitronenhuhn
kann man verschiedene
Beilagen vorbereiten. Ich
selbst bevorzuge Reis.

SFB

Norweger Lachs mit feiner Füllung
à la Uwe Schöllkopf

Jetzt hab' ich den Salat: Wenn sich daheim Besuch ansagt, guck ich in die Röhre. Während meine bessere Hälfte jetzt ausgiebig mit den Gästen parliert, paniert, grilliert und sautiert der Herr am Herd. Zu verdanken habe ich das Freund Paul, der mich vor drei Jahren zu einem öffentlich geförderten Edel-Schlemmertrip der Neuwieder Volkshochschule überredete. Was bei meiner Frau anfänglich auf Skepsis stieß („Lern lieber erst mal, wie man unseren Geschirr-spüler ausräumt"), entwickelte sich im Freundeskreis zum heißen Tip.

Der Kochkurs besteht immer noch, und in jedem Herbst startet eine neue kulinarische Reise um die Welt. Aus dem Elsaß stammt das nachfolgende Rezept:

Den Lachs ausnehmen, leicht schuppen und mit Salz, Pfeffer und dem Saft einer Zitrone innen und außen würzen. Garnelen abtropfen lassen, die frischen Champignons putzen und vierteln. Kräuterbutter anrühren. Den Lachs mit der Hälfte von Champignons, Garnelen und Kräuterbutter füllen, mit Zahnstochern zustecken und in gut gefettete Alu-Folie einwickeln. Im heißen Backofen bei 180 bis 200 Grad ca. 40 Minuten garen. Restliche Kräuter-butter in einer Pfanne zergehen lassen, restliche Champignons dazugeben und Sahne unterrühren (nicht mehr kochen!). Den gegarten Lachs mit frischer Petersilie überstreuen, Sauce übergießen und servieren.

Rezept

1200 - 1600 g Norweger Lachs
400 g frische Champignons
400 g Garnelen
200 g Kräuterbutter (dazu: 200 g Butter, 1 Bund Dill
1 Bund Petersilie
Worcestersauce
Salz, Pfeffer
etwas Zitrone schaumig verrühren)
600 g Petersilienkartoffeln (aus dem Glas oder frisch gepellt)
1/4 l Sahne
Saft einer Zitrone

Beilage: Petersilien-kartoffeln überbacken. Die Kartoffeln aus dem Glas auf ein Backblech geben, leicht mit Pfeffer aus der Mühle und mit Salz bestreuen, mit Kräuter-butterflocken belegen und etwa 30 Minuten im Backofen bei 200 Grad goldbraun rösten.

Getränk: Ein gut gekühlter trockener Riesling.

Sashimi, ein japanisches Fischgericht à la Peter Scholl-Latour

Rezept

Man braucht pro Person 125 Gramm sehr frischen Thunfisch oder Lachs, Barsch oder Makrele
1 Eßlöffel geriebenen weißen Rettich
1 Eßlöffel geriebene Möhre
1 Teelöffel angerührtes Wasabi (grüner Meerrettich) in Pulverform
japanische Sojasauce
Merin oder trockener Sherry

Der Fisch muß absolut frisch sein und im Stück gekauft. Vom Fischhändler filieren lassen. Mit einem scharfen Messer die Filets in dünne Scheiben schneiden. Die Scheiben auf einer Platte anrichten, mit geriebenem Meerrettich und geriebener Möhre servieren. Zu jeder Portion ein Saucenschälchen, in dem je ein Kleckschen Wasabi mit japanischer Sojasauce oder einer Mischung von Sojasauce und Merin verrührt werden, reichen.

Dieses Gericht sollte mit Stäbchen gegessen werden. Dazu trinke ich – falls vorhanden – Sake oder ein Glas Bier.

Zigeunerschnitzel St. Galler Art
à la Leo Schürmann

SRG

Rezept

4 Kalbsschnitzel
Salz und Pfeffer
1/2 dl Weißwein
Bouillon
1/2 dl Rahm
100 g Schinken
50 g Zunge
8 Cornichons
2 Tomaten
1 Büchse Champignons

Die Kalbsschnitzel würzen, goldgelb braten und in eine Platte geben.
Den Fond der Bratenpfanne mit Wein, Bouillon und Rahm ablöschen und zu einer feinen Sauce kochen.
Schinken, Zunge, Cornichons und Champignons samt Tomaten in feine Streifchen schneiden, mit der Sauce leicht dämpfen und alles auf die Kalbsschnitzel legen.
Dazu reicht man gekochten weißen Reis und trinkt eine Flasche Dôle aus dem Wallis und 1 Glas Valser Wasser St. Petersquelle aus dem Graubünden.

Das Rezept stammt von meiner Schwiegermutter, die in St. Gallen lebte und eine vorzügliche Köchin war. Als ich – gewissermaßen auf Brautschau – zum ersten Mal in die Familie meiner künftigen Schwiegereltern eingeführt wurde, servierte man Zigeunerschnitzel nach St. Galler Art. Das Gericht half mit, eine freundliche Atmosphäre zu schaffen. Sicherlich hatte ich mehr Augen für die Tochter des Hauses; weil man aber, wie man in Italien sagt, auch mit den Augen ißt, paßte alles recht gut zusammen! Der weitere Verlauf der Geschehnisse bestätigte die Volksweisheit, daß die Liebe – auch – durch den Magen geht.

Bodo Schulte: Oldenburger Grünkohl

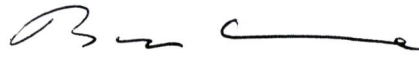

Nordwest Zeitung

Wer unter den Bonner Kanzlern, Ministern, Staatssekretären und Präsidenten etwas auf sich hält, der strebt zu Amt, Titel und Einfluß auch eine Königswürde an, die ihm für gutes und ausdauerndes Essen zuerkannt werden kann. Gemeint ist der Titel eines Grünkohlkönigs, den die Stadt Oldenburg einmal im Jahr vergibt, wenn sie in Bonn zum „Defftig Ollnborger Gröönkohl-Äten" einlädt. Initiator dieses rustikalen Mahls, in dessen Verlauf auch der Kohlkönig gekürt wird, war übrigens der erste Bundespräsident Theodor Heuss, der einmal auf die Bitte, die Stadt Oldenburg zu besuchen, negativ reagierte, dafür aber eine Teilnahme an einem Oldenburger Essen in Bonn

zusicherte. Seit dieser Zeit also, genau seit dem Jahre 1956, gibt es das Oldenburger Kohlessen in Bonn, zu dem die Einladungen sehr begehrt sind. Dementsprechend gleicht auch die Liste der Oldenburger Kohlkönige schon einem kleinen Gourmet-Gotha, da sich in dieser Liste praktisch die gesamte politische Prominenz Bonns wiederfindet. Um nur einige Namen zu nennen: Helmut Schmidt, Helmut Kohl und Hans-Dietrich Genscher.

Der Hinweis auf das Oldenburger Kohlessen in Bonn ist erforderlich, um zu erklären, warum eine so deftige Mahlzeit Eingang in dieses Buch findet, in dem wohl mehr von feinen Gaumenfreuden als vom handgezupften Kohl die Rede ist. Ferner gilt die einschränkende Vorbemerkung, daß Grünkohl erst dann richtig schmeckt, wenn er Nachtfrost bekommen hat. Folglich beginnt man mit der „Kohlsaison" am besten Mitte November und setzt spätestens am Gründonnerstag den Schlußpunkt.

Das nachfolgende Rezept ist für 12 Personen bestimmt, weil einmal der Kohl erst richtig in Gesellschaft schmeckt, zum anderen aber auch, weil nicht nur Wilhelm Busch, sondern auch Kohlkenner behaupten, daß aufgewärmter Grünkohl von Mal zu Mal besser schmeckt, am besten erst beim siebenten Mal.

Rezept

4 1/2 kg Grünkohl
6-9 Eßlöffel Schmalz
12-18 Kochwürste
12-18 Pinkelwürste
750 g geräucherter Speck
12 Scheiben Kassler
3 Teel. Salz
3 Teel. gestoßener Pfeffer
12 Eßlöffel feingehackte Zwiebeln
3 Prisen Zucker
6 Eßlöffel Hafergrütze
Fleischbrühe

Richtig angerichtet werden muß der Kohl schon, wenn er gut schmecken soll. Man zupft zunächst die Blätter von den Rippen ab, wobei darauf zu achten ist, daß die Blatteile groß genug bleiben müssen, weil wir Oldenburger Kohl und keinen Spinat kochen wollen. Es erfolgt dann eine gründliche Wäsche, bevor man den Kohl abtropfen läßt und anschließend mit kochendem Wasser überbrüht. Die Zwiebeln werden in dem heißen Schmalz angedünstet, dann kommen schichtweise Grünkohl, Hafergrütze und die Gewürze dazu. Man gibt schon etwas Wasser oder Fleischbrühe hinzu und läßt das Ganze etwa 10 Minuten kochen. Danach muß der Kohl noch einmal gut durchgeschüttelt werden, bevor man Kassler und Speck hinzugibt und die gesamte Mahlzeit etwa zwei Stunden sanft schmoren läßt. Die Pinkelwürste und die Kochwürste werden erst in der letzten Stunde hinzugegeben. Ist der Grünkohl gar, werden das Fleisch und die Würste herausgenommen, angerichtet und der Grünkohl noch einmal abgeschmeckt. Man reicht dazu trockene Salzkartoffeln, gegebenenfalls zusätzlich kleine Röstkartoffeln. Als Nachtisch macht man mit einer hausgemachten Roten Grütze oder Eis nichts falsch.

Zu der erwähnten Pinkelwurst ist zu sagen, daß dieser Name nicht in allen Teilen der Bundesrepublik geläufig ist. Es handelt sich um eine besondere Grützwurst mit Nierenfett, die im Oldenburger Land allein für den Grünkohl hergestellt wird. Da der Kohl sehr fett ist, wird er mit viel

Bier und Klarem oder Aquavit am besten verdaut. Eine Vorspeise ist nicht erforderlich, jedoch schmeckt eine hausgemachte Bouillon vor dem Essen deshalb besonders gut, weil dem kulinarischen Treffen in aller Regel eine Wanderung bei knackendem Frost vorausgehen sollte. Schon allein zum Aufwärmen nach der im Oldenburger Land „Kohlpartie" genannten Wanderung ist die kräftige Bouillon zu empfehlen.

Zum Oldenburger Kohl- und Pinkelessen gehört die Geselligkeit. Die Wahl und Vorstellung des Kohlkönigs oder der Kohlkönigin ist immer mit einer kleinen Tischrede verbunden. Apropos Kohlkönig: Während früher ausgesprochene Spitzenleistungen beim Grünkohlessen sozusagen die Voraussetzung dafür waren, zum König ausgerufen zu werden, nimmt man es in unserer kalorienbewußten Zeit mit diesen Kriterien nicht mehr so ganz ernst. Die Wahl des Kohlkönigs muß also nicht zwingend auf den besten Esser fallen, sondern man kann auch einen Gast mit dem

Kohlorden dekorieren, der besonders geehrt werden soll oder von dem man sich eine launige Kohlrede verspricht.

Für die Freunde der französischen Küche gibt es übrigens noch eine Variante des Oldenburger Grünkohl-Rezeptes, die im wesentlichen darauf hinausläuft, daß man unter Verzicht auf Pinkel, Kochwurst, Speck und Kassler den Kohl in der Endphase mit süßer Sahne übergießt, die wiederum ziemlich eindämpfen muß. Der Kohl wird dann mit gedämpften Eßkastanien garniert und mit kleinen Fleischstücken gereicht.

Aber welchem Rezept auch der Vorzug gegeben wird, zum Kohlessen gehört allemal die gute Laune, die übrigens schon Theodor Heuss einmal mitbrachte, als er den Gästen zurief: „Nun kohlt mal schön."

Kohlrouladen à la Schütz

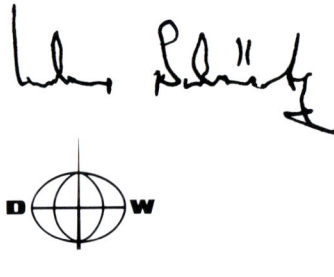

Deutsche Welle

Auf dem Weg zum Büro des Regierenden Bürgermeisters von Berlin im Rathaus Schöneberg hatte der heutige Intendant der Deutschen Welle, Klaus Schütz, an den Markttagen zehn Jahre lang Gelegenheit, sich schon im voraus Appetit auf seine Lieblingsgerichte auf Kohl-Basis zu holen.

Rezept

Man lege einen großen Weißkohl in kochendes Wasser, bis sich die Blätter lösen lassen. Falls erforderlich, wiederhole man den Vorgang. Aus 250 g Schweinemett, 250 g Tatar, 1 Ei, Salz und Pfeffer eine Farce herstellen, zunächst in die kleineren, dann in die großen Blätter einwickeln, sodaß Rouladenform entsteht, die mit Garn umwickelt wird.

Schmalz im Topf erhitzen, die Rouladen von allen Seiten anbraten, bis sie gebräunt sind, Wasser, bis alles gut bedeckt ist, auffüllen. Mit Salz und Kümmel würzen, kochen lassen bis zum Garen. Mit dem nicht gebundenen Sud anrichten, dazu Salzkartoffeln reichen. Dazu schmeckt ein leichter Mosel – meine Präferenz hat ein „Neumagener Rosengärtchen" – ganz vorzüglich.

Ich bin übrigens ein Liebhaber aller Kohlgerichte! Dabei schließe ich mich der Meinung von Wolfram Siebeck an, daß man auch dem Billigen eine Chance geben muß, sich als gut zu erweisen.

Brennesselspinat
von Richard Schulze-Vorberg

Zur Illustration lege ich mein schönstes Foto bei. Es zeigt mich auf dem Arm meiner Mutter. Sie ist eine hervorragende Köchin; ihr verdanke ich den Spaß am Kochen und die Idee zu diesem Rezept.
Mit guten Wünschen
Ihr Richard Schulze-Vorberg

Wenn man im Frühjahr die Mühe nicht scheut und sich einen Eimer voll frischer Brennesselspitzen sammelt, so läßt sich daraus ein besonders würziges Gemüse bereiten: Brennesselspinat.
Meistens ziehe ich beim Sammeln einen Handschuh über. Es geht aber auch ohne. Dann darf man nur nicht zu ängstlich sein und sollte die Brennesselspitzen von unten her fest mit Daumen und Zeigefinger anfassen. Freunden, denen ich diese Spezialität vorsetze, verrate ich das Brennessel-Geheimnis erst nachdem sie mit Genuß gegessen haben.

Die Brennesselblätter werden gewaschen und dann abgetropft.
Da ich von den reichlichen Vitaminen und Mineralstoffen, die das Unkraut enthält, möglichst viel erhalten und auch schmecken möchte, püriere ich bis zu einem Drittel der Brennesselmenge im Mixer. Den Rest dünste ich in einem großen Topf, dessen Boden mit Wasser bedeckt ist. Gleichzeitig lasse ich in einer Pfanne mit Butter den feingeschnittenen Knoblauch und Zwiebel glasig werden.

Rezept

1 Eimer (10 l) junge
Brennesselblätter
1 Zwiebel
3 Knoblauchzehen
1/4 l süße Sahne
etwa 50 g Butter
Salz, Pfeffer, Muskatnuß

Sobald die Brennesselblätter im Topf zusammengefallen sind, vermische ich sie mit dem Brennesselpüree, dem Knoblauch und der Zwiebel. Mit einem kräftigen Schuß Sahne lasse ich das Ganze kurz aufkochen. Sparsam schmecke ich das Gemüse mit Salz und Pfeffer ab. Den eigenwilligen Geschmack des Brennesselspinats unterstreiche ich mit einer Prise geriebener Muskatnuß.

Mit Pellkartoffeln oder Kartoffelpüree ist es ein köstliches Hauptgericht – mit einem saftigen Rindersteak und Bratkartoffeln eine vorzügliche Beilage.

Pofta Buna à la Heribert Schwan

DEUTSCHLANDFUNK

Journalisten richten selten etwas an: Morgens ein belegtes Brötchen aus dem Automaten, mittags Kantinenessen, abends kalte Platte, zuweilen ein warmer Imbiß.

Bei Dreharbeiten werden häufig Bratwurstbuden angesteuert. Man verzehrt ein halbes Hähnchen, doch Renner bleiben die Bockwürste. Nahrungsaufnahme – kein Eßvergnügen, da meistens die Zeit drängt. Auf Auslandsreisen – vor allem mit Politikern – wird das konsumiert, was gerade im Angebot ist: Kaltes Buffet,

zuweilen ein richtiges Menü. Journalisten sind im Berufsalltag eher bescheiden in Sachen Essen. Dagegen brauchen sie tagsüber reichlich Kaffee und Tabak, und wenn die Lichter angehen – Alkoholisches. Das ist zumindest meine Erfahrung.

Erlebt habe ich aber auch das Gegenteil. Noch nie im Leben mußte ich so viel essen wie auf einer Informationsreise durch Rumänien. Der Besuch einer LPG (Landwirtschaftliche Produktionsgenossenschaft) im Westen des Balkanlandes endete mit einem „Freß- und Saufgelage", das ich so schnell nicht wieder vergessen kann. Die überschwengliche Gastfreundschaft der Bauersleute brachte meinen Magen schließlich in arge Verlegenheit. Bei privaten Begegnungen lernte ich allerdings eine andere Küche kennen, die meine eigenen Kochversuche anregte. Die Vielfältigkeit und Brillianz der französischen und italienischen „Haute Cuisine" sind auch mir geläufig. Dennoch: „Die ländliche Schlichtheit" der rumänischen Kochkunst überzeugte mich sehr. Trotz gewisser Engpässe, trotz miserabler wirtschaftlicher Verhältnisse bringt sie Erstaunliches hervor. Es war allerdings nicht einfach, den Gastgebern die besten Rezepte zu entlocken. Einige von ihnen schrieb ich mir auf und probierte sie aus. Da ich mich am liebsten bei den Vorspeisen aufhalte, habe ich mir besonders jene gemerkt, die einzeln ein hervorragender Start zu einem ausgedehnten Mahl sein können, aber auch zusammen eine variationsreiche Partitur für ein abendfüllendes kulinarisches Programm sind.

Rezepte

Auberginensalat

3 mittelgroße Auberginen (möglichst schlanke)
1 mittelgroße Zwiebel
1 kleine Knoblauchzehe
Öl, Salz, Pfeffer
etwas Essig
oder Zitronensaft

Die gesäuberten, vom Stengel befreiten Auberginen werden der Länge nach halbiert und mit der Schnittseite auf einem mit Alu-Folie ausgelegten Backblech gegrillt. In der Zwischenzeit werden Zwiebel und Knoblauchzehe auf einem feinen Reibeisen gerieben und mit Salz und Öl cremig verrührt, bis ein weißlicher Brei entsteht. Wenn die Auberginenschalen dunkelbraun und knusprig sind, wird das „Fleisch" mit einem Holzlöffel herausgeschabt. Die Auberginenflüssigkeit sollte man abtropfen lassen. Die übriggebliebenene Fruchtmasse wird auf einem Holzbrett fein gehackt, bis sie Mus geworden ist, und dem Zwiebelbrei hinzugefügt. Das Ganze muß dann ungefähr 10 Minuten lang ständig umgerührt werden. Schließlich kommen Salz, Pfeffer und ein Tropfen Essig dazu. Garniert mit Tomatenscheiben oder in ausgehöhlte Tomaten gefüllt, kann man es sofort oder abgekühlt servieren.

Champignons gefüllt mit Schafskäse

500 g große, weiße Champignons
50 g Butter
100 g Schafskäse
1 Löffel Dill oder Petersilie (gehackt)
Salz
1 Löffel geriebener Parmesankäse

Die gewaschenen Champignons werden mit etwas Salz und Butterflocken in einem flachen Topf erhitzt, um weich zu werden. Die Champignonstiele, klein gehackt, werden in einem anderen Topf ebenfalls mit etwas Salz und Butter gedünstet. Den Schafskäse reibt man zu einer Paste

und fügt ihn zu den gedünsteten Champignonstielen hinzu. Dill und Petersilie ebenfalls. Mit dieser Masse füllt man die weichgewordenen Champignons, gibt noch etwas Butterflocken und geriebenen Parmesankäse dazu und läßt sie dann kurz in der Backröhre stehen, bis sie eine schöne braune Farbe bekommen. Man serviert sie sofort.

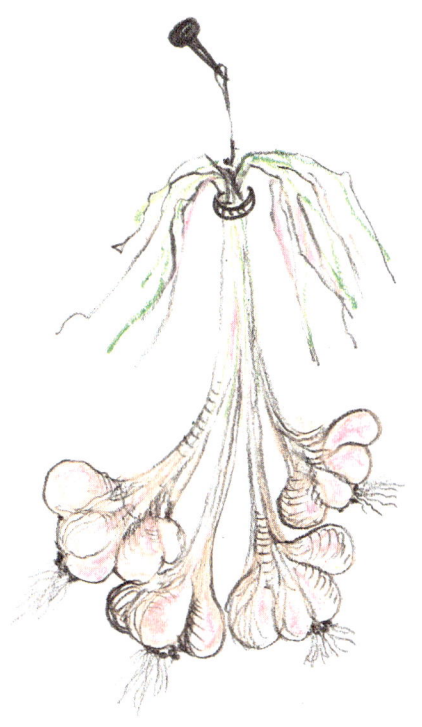

Salat aus Hechtrogen (auch Karpfeneier eignen sich dazu)

200 g Rogen
200 g feinstes Salatöl
Salz
Zitronensaft einer ganzen Zitrone
feingehackte Zwiebeln
Oliven, Salatblätter

Die Rogen (Fischeier) werden mit großer Vorsicht gewaschen und von den kleinen Häutchen gesäubert. Mit etwas Salz werden sie für einige Stunden lang zum Abtropfen in einem sehr dichten Sieb kaltgestellt. Danach kommen 2/3 der Gesamtmenge in eine Schüssel und werden unter wechselnder Beigabe von Zitronensaft und Öl mindestens eine halbe Stunde mit einer Gabel geschlagen. Wenn alles steif geworden ist, werden die restlichen Rogen hinzugefügt und sanft mit der Masse verrührt. Man serviert diesen Salat auf einem Teller mit Salatblättern und mit schwarzen Oliven garniert.

Wer ihn pikanter mag, kann auch klein gehackte Zwiebeln hinzufügen.

Gefüllte Eier

6 Eier, 2 Eidotter (roh)
100 g gekochtes Hühnerfleisch
1 Löffel Senf
100 g Öl
2 Essiggurken
Salz, Pfeffer

Die Eier werden hart gekocht, geschält und halbiert, das Eigelb vorsichtig herausgenommen. Die Hälfte davon verreibt man unter Hinzufügung von Öl, Salz, Senf und den 2 rohen Eidottern zu einer cremigen Soße. Das restliche Eigelb wird mit dem kleingehackten Hühnerfleisch und den Essiggurken gründlich vermischt. 2-3 Löffel der vorbereiteten Soße kommen noch hinzu. Mit Salz und Pfeffer pikant gewürzt, füllt man damit die halbierten Eier und legt sie dann in die übriggebliebene Soße. Man garniert sie mit etwas

Petersilie. Nach der Zubereitung sollte man die gefüllten Eier etwas kaltstellen bevor man sie serviert.

Schweinefilet (gespickt mit Knoblauch, gebraten und kalt serviert)

1 mittelgroßes Schweinefilet
5-6 Knoblauchzehen
etwas Butter
Thymian, Salz, Pfeffer
2-3 EL trockenen Sherry

Das Filet trocknet man gut ab und spickt es mit den Knoblauchzehen rundherum und tief ins Fleisch. Man reibt es mit Pfeffer – am besten grünen Pfeffer aus der Mühle – und Thymian ein. In zerlassener Butter brät man das Fleisch auf allen Seiten schnell an, so daß es eine schöne braune Farbe erhält. Dann fügt man den Sherry hinzu und läßt das Ganze etwa 15 Minuten bei geringerer Hitze zugedeckt schmoren. Man salzt und läßt das Fleisch kalt werden. Am besten schmeckt

das so zubereitete Filet, wenn man es in 1 cm dicke Scheiben geschnitten serviert.

Zu all diesen Vorspeisen pflegen die Rumänen Weißbrot zu essen und Tuica (Pflaumenschnaps) zu trinken. Trotz meiner Begeisterung für balkanische Gerichte gehöre ich nicht zu den Anhängern eines weitverbreiteten Kultes in Essen und Trinken. Daran hindern mich alleine der Beruf mit seiner begrenzten Freizeit. Es ist viel mehr die Freude am Selbstgemachten – ob einfach oder raffiniert. Sie verschafft Genüsse, auch sinnliches Vergnügen.
Sollte sich mein Wunsch je erfüllen, als Korrespondent nach Paris zu gehen, werde ich mich allerdings um die Aufnahme an der Nationalen Hochschule für Kochkunst bemühen, dessen Gründung der französische Kulturminister Jack Lang kürzlich forderte. Der feinsinnige Franzose begründete seinen Vorstoß mit dem Hinweis, Kochen sei „eine der stärksten kulturellen Ausdrucksweisen eines Landes oder einer Gesellschaft".
Die stürmisch anwachsende Zahl von „Schnellfressen" auf dem europäischen Kontinent kann für Langs Initiative nicht das einzige Motiv gewesen sein.

Mürbekränzchen
à la Helmut Stegmann

Dieses Rezept stammt von Hilde Koch, der Mutter des Münchner Sterne-Kochs Otto Koch („Le Gourmet"). Sie fertigt in ihrer ländlichen Heimküche die gesamte Patisserie fürs Restaurant des Sohnes. Dort bin ich erstmals auf ihre Backkunst aufmerksam geworden und war so begeistert, daß ich mir schließlich selbst in ihrer Küche ein paar Rezepte besorgt habe.

Zu den Plätzchen natürlich Punsch oder Kaffee/Tee.

Rezept

350 bis 400 g Mehl
knapp 300 g Butter
2 Eidotter
je eine Messerspitze
Nelken und Zimt
Schale einer halben
Zitrone
Hagelzucker
gehackte Walnüsse
Aprikosenmarmelade
Eiweiß zum Bestreichen

Aus Mehl, Butter, Eigelb und Gewürzen (kein Zucker!) einen Mürbeteig arbeiten. Falls klebrig, noch etwas Mehl dazugeben. Zwei Stunden kühl ruhen lassen. Dann zwischen Backpapier dünn auswellen, mittelgroße, runde Plätzchen stechen. Die Hälfte dieser Plätzchen so aufs ungefettete Blech (mit Backpapier auslegen!), in die andere Hälfte mit Fingerhut ein Loch stechen. Diese Ringe mit Eiweiß bepinseln, mit der Mischung aus Hagelzucker und gehackten Walnüssen bestreuen. Dann beide Hälften bei 190 Grad so lange backen, bis Oberfläche leicht braun wird. Anschließend sehr vorsichtig auf die ganzen Hälften die Marmelade aufspritzen und die noch warmen Ringe draufsetzen. Vorsicht: Gebäck ist sehr bruchempfindlich! Am besten nach Fertigstellung noch längere Zeit auf dem Blech ruhen lassen.

Soupe au Pistou
à la Dietrich Schwarzkopf

Eines meiner Lieblingsgerichte ist die provençalische Soupe au Pistou. Zum ersten Mal habe ich sie gegessen an einem sonnigen Neujahrstag in einem Landhaus in der Camargue, als Gast eines Hotelbesitzers aus Sainte-Marie-de-la-Mer, in dessen Hotel meine Frau und ich Silvester gefeiert hatten.
Duft und Geschmack der Suppe sind seit jenem Tage in meiner Erinnerung unlösbar verbunden mit einer damals (es war vor 20 Jahren) noch ganz und gar unbeschädigten einsamen und auf wilde Weise schönen Landschaft der Camargue.
Die Soupe au Pistou ist eine Gemüsesuppe, zu der ein entscheidendes Element hinzukommt, nämlich die Pistou-Paste. Sie ver-

ändert den Charakter der Suppe, erhöht ihn, läßt ihn einzigartig erscheinen, und man wagt fortan nicht mehr, dieses köstliche Gericht als Suppe zu bezeichnen.
Der Grundstoff, nämlich die Gemüsesuppe, entsteht wie folgt:

Rezept

Für 8 Personen braucht man 5 l Wasser, gut gesalzen und gepfeffert. Das Wasser wird zum Kochen gebracht. In einem separaten Topf werden 1 Kilo frische weiße Bohnen kurz angekocht. Sind frische weiße Bohnen nicht verfügbar, so kann man getrocknete weiße Bohnen verwenden, die vorher über Nacht eingeweicht werden müssen. Inzwischen werden vorbereitet: 6 mittelgroße Kartoffeln, in kleine Würfel geschnitten, 4 enthäutete und entkernte Tomaten, 350 g grüne Bohnen, bei denen die Fäden entfernt und die in kleine Stücke geschnitten sind, 6 mittelgroße geputzte Karotten, ebenfalls in kleine Würfel geschnitten, 4 Lauchstan-

gen (nur die weißen Teile), in Scheiben geschnitten, 6 Zucchini, geschält und in kleine Würfel geschnitten.

Wenn das Wasser in dem großen Topf kocht, werden zunächst die angekochten weißen Bohnen hinzugegeben, sodann die anderen vorbereiteten Gemüse (ausgenommen der Lauch und die grünen Bohnen) mit 2 kleinen Salbeizweigen. Das Ganze kocht zwei Stunden bei kleinem Feuer.
Eine halbe Stunde vor dem Servieren werden der Lauch und die grünen Bohnen hinzugefügt.

Während die Suppe kocht, wird die *Paste* hergestellt in einem Mörser aus Marmor oder Olivenholz. Zerstampft werden 2 oder 3 Hände voll frisches Basilikum, 6 kleingeschnittene große Knoblauchzehen (möglichst provençalischer Herkunft) sowie 300 g Parmesan, der zuvor in hauchdünne Scheiben geschnitten wurde. Der Parmesan darf nicht gerieben werden, weil sonst der klassische Geschmack der Paste entscheidend verändert wird. Damit die Paste geschmeidig wird, werden im Laufe ihrer Herstellung 5 bis 6 EL Olivenöl beigegeben. Das Zerstampfen der Zutaten zu einer feinen Paste ist ein mühsames Geschäft, aber das Resultat ist den Schweiß der Edlen wert.

Wenn die Gemüse gar gekocht sind, wird die Suppe vom Feuer genommen. Die Paste wird erst dann in die Suppe verrührt, wenn sie auf keinen Fall mehr kocht. Am besten löst man die Paste in 2 bis 3 Kellen Suppe auf. Wer die Soupe au Pistou einmal genossen hat, wird ihr verfallen.

Anton Sterzl: Fränkische Kartoffelsuppe

AACHENER VOLKSZEITUNG

Im kalten Winter 1945, kurz vor Kriegsende, habe ich auf einem eisernen Ofen, der in der Baracke eines Truppenübungsplatzes stand, eine Kartoffelsuppe gekocht. Ein Kamerad aus Leipzig, der nach eigenen Angaben ein ganzes Jahr auf dem Luxusdampfer „Manhatten" gefahren sein wollte, erklärte mir als Teilnehmer dieses Notstandsgerichts, daß er in seinem ganzen Leben noch keine bessere Suppe gegessen hätte.

Es mag sein, daß er noch nie in seinem Leben so hungrig gewesen war wie damals 1945; es kann aber auch sein, daß diese fränkische Kartoffelsuppe, wie sie meine Mutter in Perfektion zu kochen verstand, auch Feinschmeckern und Wohlstandsbürgern des Jahres 1985 noch außergewöhnlichen Wohlgeschmack vermittelt.

Rezept

5 bis 6 Kartoffeln
3 bis 5 Möhren oder auch gelbe Rüben, wie sie in Franken heißen
2 Stengel Lauch oder auch Porree genannt
1 Bund glatte Petersilie
1 Stück von der Sellerieknolle und Sellerieblätter.

Das ganze wird kleingeschnitten und in 40 bis 60 Minuten gargekocht. Dann entweder durch ein Sieb passieren oder mit dem Mixer pürieren. Abgeschmeckt wird mit Salz und Pfeffer, etwas Majoran und – je nach Geschmack – mit etwas Fleischbrühe.

Je nachdem wie Ihre Leber oder die Geschmacksnerven beschaffen sind, können Sie fetten Speck kleinwürfeln, in einer Pfanne auslassen und dann kurz vor dem Anrichten in die Suppe einmischen: entweder die braunen Speckwürfel allein oder bei Hunger und Kälte auch den ausgelassenen Speck dazu.

Es widerspricht auch nicht dem Stilempfinden, zusätzlich Weißbrotcroutons, scharf in Butter geröstet, zur Geschmacksverfeinerung auf die dickgehaltene Suppe zu legen.

Das Rezept kann man variieren, je nach Jahreszeit, Vorräten und Geschmack. In meiner Vorstellung aber wird die Kartoffelsuppe folgendermaßen zubereitet.

Wenn es Ihnen nicht geschmeckt hat, sagen Sie es mir, wenn es Ihnen aber geschmeckt hat, sagen Sie es auch anderen.

Willi Steul: Stifado

 STUDIO ATHEN

Rezept

1 Kilo Rindfleisch (Keule)
11/4 Kilo kleine Zwiebeln
1 kleines Wasserglas
Olivenöl
11/2 Gläser Rotwein
1/2 Glas Essig
1 Lorbeerblatt
5-6 Körner Wacholder
Salz, Pfeffer

Das Fleisch zusammen mit dem Olivenöl leicht anbraten, erst dann Zwiebel, Wacholder, Rotwein, Essig, Pfeffer und Salz dazu. Nicht umrühren – um die Zwiebeln nicht zu zerdrücken – sondern im Topf schütteln. 2-3 Stunden auf kleiner Flamme schmoren lassen, im zugedeckten Topf. Mit einem leichten Rotwein oder auch einem gut gekühlten Rosé servieren.

Im Schatten seines Traktors schwätzten wir über Gott und die Welt, der Bauer aus Kreta und ich. Über Rucksack-Touristen, die kommunistische Partei, Ministerpräsident Papandreou, Tomatendiebe und die EG. Bis der Mann mich fragte: „Ißt du gerne griechisch?"
Meine Liebe zum einfachen Tomatensalat mit Schafskäse und einem Schuß Olivenöl habe ich gestanden, auch zu den wunderbaren, kleinen, simplen griechischen Vorspeisen. Ich habe aber auch das Urteil einer Gruppe französischer Spitzenköche zitiert, die vor 2 Jahren in Athen meinten: „Griechisches Essen ertrinkt im Öl, wird anschließend völlig zerkocht und was dann an Geschmack noch geblieben ist, wird mit Zitronensaft eliminiert." Der Mann aus Kreta war wie vom Donner gerührt und bestand darauf, daß ich am Abend zum Essen komme.

Und wenn heute meine französische Frau in ihrem gallischen Kulinar-Chauvinismus Sätze losläßt wie etwa den: „Es wird ordentlich gekocht in Griechenland, Küche kann man es aber nicht nennen!" – dann sage ich nur ein Wort: STIFADO! Das nämlich gab's am Abend bei dem Bauer auf Kreta und es war absolut phantastisch.

Birnenkuchen „Christine"
von Peter Stockinger

Rezept

Mürbeteig:

200 g Mehl
100 g Butter
30 g Zucker
1 Prise Salz
1 Ei
1/2 Schnapsglas Wasser

gut durchkneten, mindestens 1/2 Stunde in den Kühlschrank, dann auf Tortenblech ausrollen

1 kg harte Birnen
2-3 Eier
400 g Crème fraîche
125 g Zucker
etwas Zimt
1 Päckchen Vanillezucker

Teig mit den Birnen ca. 20 Minuten backen, aus dem Ofen nehmen, das Crème fraîche-Gemisch drüber und nochmal ca. 20 bis 30 Minuten backen (lieber etwas länger, er muß schön braun sein).

SWF

Kartoffel-Reiter von Dieter Stolte

In der Nachkriegszeit waren Lebensmittel noch rar, und wer das Glück hatte, über ein Stückchen Land zu verfügen, konnte sich wenigstens mit seinem selbst angebauten Gemüse und Obst versorgen. Meine Eltern genossen diesen Vorzug nicht, weil sie keinen Garten besaßen. Darum war es für meinen Bruder und mich eine gern wahrgenommene Pflicht, die abgeernteten Kartoffelfelder abzugehen und nach vergessenen Kartoffeln Ausschau zu halten, die für unsere Familie damals eine wertvolle Ergänzung des täglichen Speiseplans darstellten. In dieser Zeit, in der dem Einfallsreichtum keine Grenzen gesetzt waren, entwickelte ich ein eigenes Rezept für ein Kartoffelgericht, das auch heute noch – 40 Jahre danach – zu den preiswerten Mahlzeiten gehört, die es gelegentlich in unserer Familie gibt und die ein wenig nostalgisch genossen werden:

Rezept

Man nehme nicht zu große Kartoffeln, wasche sie gründlich, umwickle sie mit dünnen durchwachsene Speckstreifen, die mit einem Holzstäbchen befestigt werden. Auf das Holzstäbchen stecke man eine kleine geschälte Zwiebel und darüber ein Stückchen festen Käse. Die so vorbereiteten „Kartoffel-Reiter" werden in eine gefettete Kasserolle gesetzt und gargeschmort. Dazu reiche man geschlagenen Quark mit Sauerrahm, abgeschmeckt mit einer Prise Salz und grünem Pfeffer sowie fein gehackten Gewürzgurken. – Den anschließenden Durst löscht am besten ein kühles Bier.

Choucroute au Champagne
von Isolde Tarrach

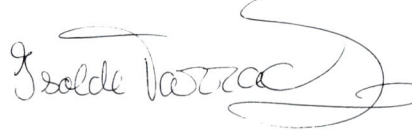

RTL plus

Es war ein grauer Novembertag, als ich nach Luxemburg kam. Nur wenige Menschen hetzten über den Place d'Armes im Herzen der Stadt. Ein vergilbter Plastiktisch, mit einem rostigen Draht an einen Baum gekettet, erinnerte an die fröhliche Geschäftigkeit, die an schönen Sommertagen dort herrscht, wenn die Touristen kommen, um billigen Schnaps und Zigaretten zu kaufen. Ich schlug den Mantelkragen höher, vergrub die Hände tief in den Taschen. Die Uhr über dem Eingang eines Möbelhauses zeigte kurz vor Acht. Ich mußte mich beeilen, wenn ich pünktlich sein wollte. Ein Kollege hatte mich um 8 Uhr zum Abendessen eingeladen. „Was wird's wohl geben?", überlegte ich. Die Menüs von Junggesellen waren mir einigermaßen bekannt – ein Hühnersüppchen aus der Dose als Vorspeise, dann ein lauwarmes Hähnchen, eine halbe Stunde vorher aus einer Grillstation besorgt. Dies ist keine Junggesellen-Schelte, sondern damals war's meine Erfahrung. Am liebsten hätte ich mich an diesem Abend in meinen wackeligen Käfer gesetzt und wäre nach Düsseldorf zurückgefahren.

„Ich habe Dir ein typisches Luxemburger Gericht gekocht", empfing mich der Kollege. Ich lächelte. „Hähnchen können nicht typisch luxemburgisch sein", dachte ich mir. „Was gibt's denn?", fragte ich deshalb neugierig. „Choucroute au Champagne", sagte er geheimnisvoll, während er mir aus dem Mantel half. Es schmeckte wirklich köstlich, nur eins enttäuschte mich – vom Champagner war weit und breit nichts zu sehen.

„Es war schön", sagte ich beim Abschied, konnte mir aber dann doch die Bemerkung nicht verkneifen: „Aber den Champagner, den hast Du vergessen". Er lachte laut. Wollen Sie wissen warum – dann sollten Sie das Rezept lesen, wie „Choucrout au Champagner" zubereitet wird.

P.S. Ich bin heute mit dem Kollegen befreundet. Mindestens einmal im Monat gibt es „Choucroute au Champagne". Und bisher hat er kein einziges Mal vergessen, dazu eine Flasche Champagner zu servieren. Aber unter uns: Ein ganz trockener Weißwein oder ein kühles Bier schmecken eigentlich viel besser dazu.

Rezept

1 - 1 1/2 kg Sauerkraut
60 g Schmalz oder Speck
1 - 2 Zwiebeln
2 Zehen Knoblauch
3 - 4 Gewürznelken
6 - 8 Pfefferkörner
Brühe
1 - 2 Glas Champagner
1/2 kg Pökelfleisch
6 - 8 Scheiben magerer Speck
6 - 8 Würstchen
8 Kartoffeln

Kleingeschnittene Zwiebeln und Knoblauch dämpft man in heißem Schmalz, gibt das Sauerkraut hinzu, Nelken, Pfefferkörner, bis zur halben Höhe dcs Sauerkrautes warme Brühe sowie 1-2 Glas Champagner. Dieses läßt man 1 Stunde langsam dämpfen (bei küchenfertigem Sauerkraut entsprechend kürzer). Fügt nun das gewässerte Pökelfleisch und den mageren Speck bei. Das Ganze 1 Stunde dünsten. Wenn nötig, füllt man noch etwas Brühe auf, damit das Sauerkraut nicht anbrennt.

30 Minuten vor dem Servieren, wenn das Kraut soweit weich ist, gibt man geschälte Kartoffeln bei sowie die Würstchen. Die Würstchen bitte vorher anstechen, damit sie nicht platzen. Anstelle des Pökelfleisches kann man geräucherten Schinken oder geräuchertes Bruststück verwenden. Die

Kartoffeln können ebenfalls so gut als Pellkartoffeln für sich allein gekocht und vor dem Servieren um die Platte gelegt werden. Choucroute au Champagne wird immer auf einer großen Platte angerichtet.

Auberginen Mousaka à la Knut Terjung

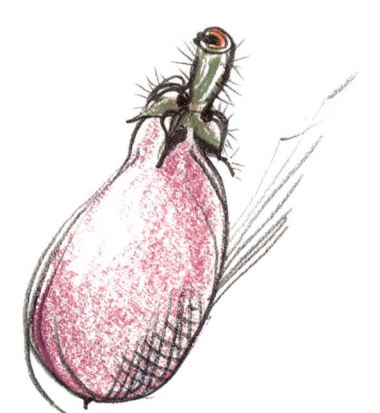

STUDIO ATHEN

Rezept

21/2 Pfund mittelgroße Auberginen
1 mittelgroße Zwiebel, gehackt
1/4 Tasse Butter
1 1/2 Pfund Hackfleisch
1/2 Tasse Weißwein
3 Tomaten, geschält und geschnitten oder 1 Büchse (1 Pfund)
3 Tassen Béchamel-Sauce
Petersilie, gehackt
Salz, Pfeffer
2 gehäufte Suppenlöffel Paniermehl
2 Eiweiß, leicht geschlagen
Olivenöl zum Braten
Brotkrumen
2 Eigelb
1 Tasse Käse, gerieben

Die Auberginen in feine Scheiben schneiden, mit Salz bestreuen und 1 Stunde ruhen lassen. Die Zwiebel mit der Butter weichbraten, das Hackfleisch und 4 Suppenlöffel Wasser beifügen. Während dem Kochen das Fleisch mit einer Gabel verteilen. Die Tomaten, die Petersilie, den Wein, Salz und Pfeffer beigeben. Zudecken und etwa 45 Minuten leicht kochen. Vom Feuer nehmen, das Paniermehl und die Eiweiß dazu mischen und gut vermengen.

Die Auberginen waschen und abtrocknen. In Olivenöl leicht anbraten, bis sie auf jeder Seite goldgelb sind.

Eine Gratinplatte von 22 x 32 x 5 cm Größe fetten, mit Paniermehl bestreuen und den Boden mit der Hälfte der Auberginen belegen. Eine Schicht, d.h. die Mischung Fleisch-Tomaten, beifügen, und mit einer Schicht Auberginen beenden.

Die geschlagenen Eigelb unter die Béchamel-Sauce ziehen, sowie 2/3 Tasse vom geriebenen Käse. In mittelheißem Ofen 45 Minuten, oder bis der Gratin goldgelb ist, backen, nachdem die Auberginen mit der Sauce bedeckt, und mit dem Rest Käse bestreut wurden. Proportionen für 6-8 Personen.

Zu diesem Gericht trinke ich hier in Griechenland besonders gerne einen Rotwein vom Faß.

Krautspätzle à la Werner Thunert

Ein Württemberger ohne Spätzle – undenkbar. An sich sind Spätzle unersetzliche Beilage zum Braten, zu sauren Linsen oder zum Gulasch. Als Kraut-, Schinken-, Käse- oder Petersilienspätzle sind sie aber auch ein ausgezeichnetes Hauptgericht. Deshalb zählen Krautspätzle zu meinen regionalen Lieblingsgerichten. Völlig anderer Ansicht war Ende der 60er Jahre im württembergischen Unterland freilich ein „Reingschmeckter" norddeutschen Geblüts namens Sigurd S., der wegen eines Leserbriefs beinahe eine Spätzles-Revolution ausgelöst hätte. Bezeichnete er doch in einer Zuschrift Spätzle als eine höchst unansehnliche, ungenießbare, pappige und teigige Masse, für einen Freund guten Essens gewissermaßen mehr als ein Graus. Er löste damit einen Leserbriefrekord aus: über 400 Zuschriften wurden zu diesem Thema veröffentlicht, und niemand wagte es, den Sigurd zu verteidigen. Fanatische Spätzle-Anhänger hätten ihn gewiß aus dem Ländle verjagt, hätte die Zeitung seine Adresse bekanntgegeben. Ach, hätte er doch wenigstens einmal Krautspätzle gekostet ...

Rezept

Man besorge sich 250 Gramm gutes Spätzle-mehl (Weizenmehl), das in eine große Schüssel gesiebt wird. Zwei Frischeier werden mit einer großen Prise Salz und einem Achtel Liter Wasser tüchtig umgerührt. Ein Teil dieser Masse wird dem Mehl, in dessen Mitte eine kleine Vertiefung gedrückt wurde, zugesetzt und ver-rührt. Vorsicht vor Klum-pen, die den Spätzlegenuß trüben! Mit Rührlöffel oder Mixgerät den Teig so lange schlagen, bis er Blasen wirft. Dann entweder die Teigmasse durch eine Spätzlemaschine in kochendes Salzwasser drücken oder – was Anfänger vor größere Probleme stellt – den Teig mit einem Messer blitz-schnell vom Holzbrett schaben. Die Spätzle sind dann fertig, wenn sie im kochenden Wasser an die Oberfläche drängen. Auf einem Sieb läßt man sie dann abtropfen.

Zuvor sollte allerdings schon das Kraut gerichtet worden sein. Dazu braucht man eine große Zwiebel, die gewürfelt und in einem Achtel Pfund Butter glasig gedünstet wird. Ein Pfund Sauerkraut, frisch vom Händler oder aus der Dose, wird zusammen mit einem Achtel Liter Wasser hinzugefügt. Sobald es aufgekocht hat, muß das Kraut noch annähernd eine Viertelstunde dünsten und mit Salz und Majoran geschmacklich verbessert werden. Man vermischt nun Spätzle und Sauer-kraut, gibt noch etwas zer-lassene Butter drüber und fertig ist das schmackhafte, ländliche Gericht.

Filet américain à la Gustav Trampe

 STUDIO BRÜSSEL

Belgien ist ein Land für Gourmets. Außer Paris dürfte kaum eine Stadt in Europa so viele Feinschmeckerlokale wie Brüssel haben. Vor allem kommen Liebhaber von Fischgerichten auf ihre Kosten. Aber die belgische Küche ist mindestens so bekannt für ihre einfachen, derben Gerichte. Davon möchte ich Ihnen eins vorstellen. Wenn Sie wieder einmal nach Belgien kommen, probieren Sie unbedingt das Nationalgericht des Landes: Filet américain, frites. Ob in Brüssel, Flandern oder der Wallonie, man findet es auf fast jeder Speisekarte. Filet américain verbindet die sonst so häufig verfeindeten Flamen und Wallonen. Amerikanisches Filet? Nun ja, in Amerika kennt man den Begriff nicht. Und um Filetfleisch handelt es sich auch selten. Was dann also? Filet américain ist schlicht durchgedrehtes Rindfleisch, nur feiner als unser Tatar und saftiger gewürzt. Dazu gehören Pommes frites, ob Sie es glauben oder nicht. Nach Friten, wie sie in Belgien im allgemeinen zubereitet werden, kann man im übrigen süchtig werden. Dazu sollten Sie ein Kriek, also ein Kirschbier, oder ein anderes der vielen belgischen Spezialbiere wie Kwak oder Geuze trinken. Dann haben Sie das tägliche Brot unserer belgischen Nachbarn genossen.

Kaninchen mit Estragon
von Heidi Ulmer-Kröll

Heidi Ulmer-Kröll

RHEINPFALZ

Rezept

1 Stallkaninchen
1 kleine Zwiebel oder
4 Schalotten
etwa 1/4 l Rieslingwein
Becher Crème fraîche
starke Bouillon
frische und getrocknete
Estragonblätter
1 Eßlöffel Essig,
Salz, Pfeffer
Butterschmalz und Butter

Selbstverständlich und gerne verrate ich das Rezept eines meiner Lieblingsgerichte, wobei ich vorsorglich anmerken möchte, daß noch jeder, der es bei mir probierte, freiwillig wiederkam. Es scheint also genießbar zu sein.

Daß es ein Kaninchen-Rezept ist, möge mir mein Bruder Peter verzeihen. Er hat es bis heute nicht verwunden, daß im ersten Nachkriegs-Hungerjahr sein schwarz-weißes Kaninchen – „Blatzl" hieß es, glaube ich – das Leben lassen mußte. Eines Tages war es verschwunden – ohne Zweifel in irgendeinem Kochtopf. Da bei uns zu Hause jedoch auch weiterhin fleischlos gegessen wurde, waren wenigstens wir über jeden Verdacht erhaben. Aber heute noch wirft mir Bruder Peter einen wehen Blick zu, wenn ich, sein stilles Leid vergessend, von Kaninchenbraten schwärme. Zum Glück liest er keine Kochbücher – also darf's heute Kaninchen sein, auch wenn es in der deutschen Küche nur eine Nebenrolle spielt. Sehr zu Unrecht übrigens, denn das zarte, weiße Fleisch ist fettarm, bekömmlich, und überdies läßt es sich auf vielerlei Weise zubereiten – mit Knoblauch und Thymian zum Beispiel, mit Honig und Wein oder mit Backpflaumen, mit Senf oder mit Estragon und Sahne, was ich am liebsten mag.

Ein frisches Kaninchen in mehrere Portionsstücke schneiden und in heißem Butterschmalz bei mäßiger Hitze unter häufigem Wenden in einer schweren Pfanne etwa 15 Minuten goldbraun braten. Inzwischen in einem Schmortopf eine kleine gehackte Zwiebel oder vier Schalotten in Butter glasig werden lassen, einen knappen Eßlöffel Essig (nach Möglichkeit Estragonessig) und einen Spritzer Rieslingwein dazugeben und weichschmoren. Die Kaninchenstücke werden nun in den Schmortopf geschichtet, gesalzen, gepfeffert und mit einem Teelöffel voll zerriebenem getrockneten Estragon bestreut. Aus der Bratpfanne das Fett abgießen, einen knappen Viertelliter Rieslingwein dazugeben, die Bratreste mit einem Holzlöffel abkratzen, etwas einkochen lassen und über die Kaninchenstücke im Schmortopf gießen. Dazu so viel starke Bouillon geben, daß die Stücke knapp zur Hälfte mit Flüssigkeit umgeben sind. Deckel drauf und schmoren lassen. Anderthalb bis zwei Stunden braucht ein nicht zu altes Kaninchen, bis es zart ist. Das Fleisch sollte sich leicht von den Knochen lösen. Hin und wieder die verdampfte Flüssigkeit durch etwas Bouillon ersetzen.

Ist das Kaninchen gar, werden die Portionsstücke zugedeckt im Backofen warmgestellt. Der Schmorsaft soll nun stark eingekocht werden. Wer frischen Estragon hat (bei mir wächst er im Vorgarten zwischen den Rosen), gibt noch einen Eßlöffel voll davon zu. Nun die Crème

fraîche löffelweise einrühren – keine Sorge, sie flockt nicht aus. Dazwischen immer wieder etwas einkochen lassen, hin und wieder einen Schuß Wein dazugeben. Das Probieren nicht vergessen, eventuell nachsalzen. Wem die Sauce zu säuerlich wird, kann jetzt statt des Weins auch Bouillon nehmen – aber nur Eßlöffelweise.

Jetzt kann angerichtet werden. Zum goldbraunen Kaninchen und der duftenden Sauce gibt es halbbreite Nudeln. Wer Gemüse anbieten möchte, kann in Butter geschwenkte, gekochte Erbsen und Gelbe Rübchen dazu reichen. Ich ziehe grünen Salat vor.

Da das Kaninchen in Rieslingwein geschmort ist, wird bei uns zum Essen natürlich auch Riesling getrunken. Daß es ein feiner, durchgegorener Pfälzer Riesling ist, versteht sich von selbst, und daß ich eben diesen Wein auch zur Zubereitung des Kaninchens verwende – das schmeckt man.

Borschtsch à la Erik Verg

In meiner baltischen Heimat wurde naturgemäß viel russisch gekocht. Sonntags gab es „Bef Stroganoff", werktags oft „Borschtsch". Letzeren konnte ich nicht leiden. Jetzt gehört er zu meinen Lieblingsgerichten, und meine Freunde bestätigen, daß er mir meist gut gelingt. Allerdings packe ich auch mehr hinein, als meine Mutter das aus wirtschaftlichen Gründen konnte. Und zwar so:

Rezept

In einem 6-8 Liter fassenden Topf läßt man 30 g *Butter* zergehen. Darin läßt man eine halbe Tasse *Zwiebeln* weich aber nicht braun werden. Jetzt kommen 750 g in Streifen geschnittene *rote Beeten* dazu und 4 EL *roter Weinessig,* 250 g geschälte und entkernte *Tomaten, Salz, Pfeffer* und *Zucker* nach Geschmack. Mit einem Achtel Liter *Rinderbrühe* läßt man das ganze eine Stunde zugedeckt köcheln.

Danach kommen noch dazu: knapp 2 l *Rinderbrühe,* 250 g geschnetzelter *Weißkohl.* Wenn die Suppe kocht: 1 kg gewürfeltes *Rindfleisch*, je 125 g *gekochter Schinken* und *geräucherte Wurst* (z.B. Kabanossi). Vier Stengel *Petersilie* in ein *Lorbeerblatt* gebunden versenkt man in der Suppe, um sie nach 30 Minuten wieder herauszufischen. Nachwürzen. Sollte die Suppe nun nicht mehr leuchtend rot sein, kann man noch *Rote-Beete-Saft* hinzugießen. Heiß servieren.

Als Dekoration mit *Dill* oder *Petersilie* bestreuen. Dazu wird eine Schale *Crème fraîche* (oder dicker „saurer Schmand") serviert. Jeder nimmt sich davon eine Insel auf seine Suppe. Nicht umrühren, sondern vom Rand der weißen Insel weglöffeln.

Diese Suppe ist eigentlich ein Eintopf und reicht als Hauptgericht für vier Personen. Dazu ißt man Schwarzbrot und trinkt einen eiskalten Klaren, am besten Wodka.

Karpfensuppe Hanns Verres

Hanns Verres (Unterschrift)

HESSISCHER RUNDFUNK

Ich koche gern, wenngleich selten, da anschließend – Gott weiß warum – die Küche den Eindruck erweckt, als sei darin ein ganzes Regiment eine Woche lang von Hilfskräften verpflegt worden.

Außer nach Österreich und Spanien reise ich am liebsten nach Ungarn, wo der Name „Verres", dort „Wärräsch" ausgesprochen, einige Seiten des Budapester Adreßbuchs füllt. Bei Kollegen im Studio Pécs (Fünfkirchen) des Ungarischen Rundfunks, das täglich eine Stunde in deutscher Sprache sendet, begegnete ich einer Karpfensuppe, die ich nunmehr an jedem Silvesterabend – leicht modifiziert – den anwesenden Freunden serviere – wobei mit schöner Regelmäßigkeit die Bemerkung fällt, daß sie – im Gegensatz zu meinen Sendungen – exzellent sei. Ich will sie Ihnen nicht vorenthalten und taufe sie hiermit in schöner Unbescheidenheit „KARPFENSUPPE VERRES" in der Hoffnung, dafür in der Hall of Fame in irgendeinem Winkel, unweit von Paul Bocuse, ein Plätzchen zu erhalten.

Rezept

Ich koche also zunächst einmal etwa ein bis zwei Kilo Kalbsknochen, die ich zuvor in kleine Stücke sägen ließ, drei bis vier Markknochen kommen hinzu, ein bis zwei Lorbeerblätter, eine große Zwiebel, ein paar Wacholderbeeren sowie – je nach Geschmack – ein bis zwei Bund Suppengrün, gewaschen und sorgfältig zerkleinert. Etwas Salz, zwei Brühwürfel. Kochzeit: etwa 2 Stunden. Von dem reichlich bemessenen Wasser sollte etwa ein Drittel verkocht sein.

Dann nehme ich die Knochen heraus und lege in diese Brühe zwei kleine, gewaschene und natürlich ausgenommene Karpfen von etwa je 1000 g, ohne die Innereien, lasse sie langsam und vorsichtig ziehen, ohne sie zu kochen, bis sie gar sind, nehme sie heraus, löse das Fleisch von den Gräten und lege die Stücke auf einen Teller. Gräten, Köpfe, Schwänze und die Innereien lasse ich jetzt noch einmal 20 Minuten in dieser Brühe sprudelnd kochen, seihe sie durch ein Haarsieb und verfeinere sie mit einem Schuß trockenen Weißwein, süßer Sahne, einer Löffelspitze Zucker sowie süßem und scharfem Paprikapulver. Die Karpfenstücke lege ich nun wieder ein und stelle die Suppe warm.

In einer Pfanne bräune ich Toastscheiben in Butter, bestreiche sie mit dem Mark, lege in jeden Teller eine Scheibe und serviere heiß.

Dazu passen ein herber Riesling oder ein Grüner Veltliner. Guten Appetit – die Suppe reicht nun für vier gute Esser.

Zwiebelkuchen à la Reinhold Vöth

In Würzburg, der Metropole des Frankenweins, gibt es jährlich in der Semmelstraße, also der Straße der Bäcker, die sogenannte Zwiebel-Kirchweih. Dieses Fest findet zur Begrüßung der Wallfahrer statt, wenn sie nach 4tägiger Wallfahrt von Würzburg auf den heiligen Berg der Franken, den Kreuzberg in der Rhön, wieder nach Würzburg zurückkommen. Hier wird dann in den Weinstuben und auf der Straße mit Zwiebelkuchen und Frankenwein die glückliche Rückkehr der Wallfahrer gefeiert. Der Zwiebelkuchen wird aber auch ansonsten das ganze Jahr über mit Vorliebe zum Frankenwein gegessen. Allerdings ist er schneller verzehrt als zubereitet.

Rezept

Für den Fränkischen Zwiebelkuchen benötigt man als Grundlage zunächst einen mittelfesten *Hefeteig:*
375 g Mehl
1 Ei
1 Teelöffel Salz
10-15 g Hefe
50 g Fett oder Butter
1/8 Liter Milch
Die Hefe wird mit etwas Zucker weichgerührt; dazu kommen 2 Eßlöffel Milch (lauwarm). Im Mehl wird eine kleine Grube gemacht, in die die verrührte Hefe hineinkommt.

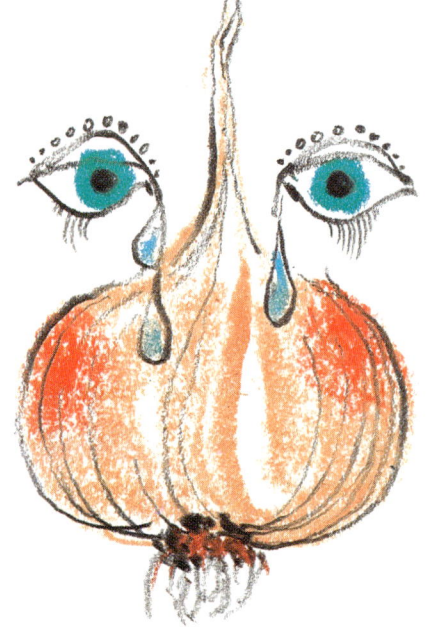

Die Hefe wird jetzt mit etwas Mehl verrührt. Das

Ganze wird abgedeckt, bis die Hefe gegangen ist, d. h. doppelt so groß geworden ist. Mit den übrigen Zutaten wird nun die gegangene Hefe und das Mehl zu einem mittelfesten Teig verarbeitet. Nach dem Gehen des Teiges wird dieser auf einem mit Butter gut gefetteten Blech 1/2 cm dick ausgerollt.

Während nun der Teig erneut geht, werden die übrigen Zutaten vorbereitet:

1 kg Zwiebeln
100 g Speck, in kleine Würfel geschnitten
1 Eßlöffel Salz
2 Eßlöffel Fett
2 Eier
2-3 Eßlöffel sauere Sahne und etwas Kümmel

Die feingeschnittenen Zwiebeln werden mit den Speckwürfeln weichgedünstet und mit den übrigen Zutaten vermischt und auf den gegangenen Teig gestrichen. Nun wird der Zwiebelkuchen etwa 30 Minuten lang bei 220 Grad gebacken.

Marillen-Knödel von Peter Voß

Sommer für Sommer treffen wir (zwei Familien mit insgesamt sechs Söhnen im Alter von 5 bis 17) uns in einer Hütte im Vorarlberg, im inneren Silbertal. Das Silbertal – es reicht von Schruns im Montafon bis zur Tiroler Landesgrenze – wird von der reißenden Litz durchflossen und ist im oberen Teil noch recht unberührt und nur im Sommer zugänglich.

„Ferien auf dem Maisäß" heißt für uns dort seit fünf Jahren die Devise. (Ins „Maisäß" zogen früher die Montafoner Bergbauern, wenn sie im Mai ihr Vieh talaufwärts trieben, bevor es dann im Sommer weiter auf die Hochalm ging.) Wir alle sind begeisterte Bergwanderer und fallen an so manchem Abend nach langer Hochtour abgekämpft und müde, aber glücklich wieder ins „Basislager" ein.

Doch vorher lauert in der Tal-Biegung eine große Versuchung: der Berggasthof „Fellimännle". Frische Forellen locken da und Wild, Eis und Knödel, Obstler und Radler-Maß – ein starker Reiz für leere Mägen, eine große Gefahr für das Ferienbudget. Vor allem Marillen-Knödel sind beliebt zum Nachtisch, mit Zucker und Zimt und wenn's geht oben drauf noch „Schlag", den die Speisekarte gar nicht vorsieht – ich hab' ihn hinzu erfunden.

Diese Knödel – sanft und süß für den Gaumen, aber wie gesagt hart und schwer verdaulich für die Familienkasse! Deshalb wurde durch väterlichen Erlaß die Knödel-Wende ausgerufen. Ohne Opposition – und sogar ohne Koalitionsstreit – vollzog sich die Konsolidierung nach dem Motto: selbstgemacht sind die nicht nur billiger, sondern noch viel besser. Neben Pfifferlingen und Heidelbeeren, die das Silbertal immer noch zu bieten hat, sind diese Knödel unentbehrlich für unser Hüttenleben geworden.

Und wenn der letzte Krümel vertilgt ist, wird zu später Stunde feierlich beschlossen: „Morgen laufen wir uns die angefutterten Pölsterchen in zwei- bis dreitausend Meter Höhe wieder ab!"

Rezept

1/2 Pfund Mehl
2 größere gekochte Kartoffeln
1 Ei
2 EL Quark
etwa 1/8 l Milch
Semmelmehl
Aprikosen

Die gekochten Kartoffeln schälen, reiben und mit Mehl, Salz, Ei, Milch und Quark zu einem festen Teig verarbeiten. Eine Rolle formen, in kleine Stücke schneiden und in jedes eine Marille einwickeln und mit feuchten Händen zu Knödeln formen. Die Knödel etwa 7 Minuten in siedendem Salzwasser kochen. Die gekochten Knödel in Semmelmehl wälzen und in einer Pfanne mit zerlassener Butter bräunen. Mit Zucker und Zimt – und Schlagsahne – anrichten.
Nach Belieben kann man auch anderes Obst verwenden!

Filetsteaks in der Bouillon
von Günter van Waasen

Burda

Weit davon entfernt, ein Vegetarier zu sein, habe ich mich in meinen ansonsten bescheidenen Kochkünsten zu einem relativ raffinierten Zubereiter von Filetsteaks gemausert. Noch besser als gebratenes Filet schmeckt mir jedoch das im Wurzelsud gekochte, weil man dabei nie Gefahr läuft, daß die äußere Partie des kostbaren Fleisches verbrennt oder hart wird.

Voraussetzung ist allerdings eine gute Rindsbouillon. Glücklicherweise hortet meine Frau immer ausreichende Mengen im Gefrierschrank, in größeren oder kleineren Portionen, die sie auch oft zur Herstellung und Verfeinerung von Saucen und Gemüsefonds hernimmt.

Rezept

2 l Bouillon
4 dicke gut abgehan-
gene(!) Filetsteaks, die
ebenso hoch wie breit sein
müssen
1 Bund Suppengrün
1 kg kleine festkochende
Kartoffeln
2 Bund junge zarte
Möhren
1 halbe Stange Meer-
rettich

Die Bouillon setze ich
noch einmal mit frischem
Suppengrün auf, koche
dann die Kartoffeln in der
Brühe (nicht zu weich),
nehme sie aus der
Bouillon und stelle sie
warm. Dann koche ich in
der gleichen Bouillon die
Möhren, stelle sie ebenfalls
warm. Die Filetsteaks
werden ungewürzt in die
Bouillon gegeben und bei
mittlerer Flamme (die
Bouillon muß aber
kochen) 10 Minuten gegart.

In einer tiefen Schale Kartoffeln, Möhren mit der
Bouillon anrichten (falls es
zuviel ist, können Sie den
Rest wieder einfrieren).
Obenauf lege ich die
gekochten Filets, die nun
mit ganz frisch gehobeltem
Meerrettich bedeckt wer-
den (der Meerrettich muß
noch in die Nase steigen!)

Zu diesem Festessen
trinke ich im Sommer
einen kalten trockenen
italienischen Weißwein, im
Winter einen leichten
Burgunder.

„Mutters Apfelstrudel",
überliefert von Karl Wanninger

Als Journalist, der neben anderem auch schon gut dreißig Jahre über Essen und Trinken schreibt, müßte ich Ihnen eigentlich sehr viele solcher unvergeßlichen Leibspeisen aufzählen. Wo anfangen und aufhören?

Beim Pot au feu in einem französischen Landgasthaus, bei einem Drei-Sterne-Kalbsbries, bei Lachs aus Irland oder Norwegen, bei einer Fischsuppe aus der Provence, bei einer frischen Entenleber in einem Wirsingsblatt über Dampf gegart, wie sie einer der Meister der Nouvelle cuisine so herrlich zubereitet ...? Nein, da käm ich vom hundertsten zum tausendsten.

Ich schicke Ihnen lieber ein Rezept, mit dem bei mir die Liebe zum Essen und später auch zum Kochen angefangen hat. Es ist die Leibspeise meiner Kindertage und das Rezept meiner ersten cook-it-yourself-Versuche, „Mutters Münchner Apfelstrudel":

Rezept

Mehl
Milch
Pflanzenöl
saure saftige Äpfel
Weinbeeren
saure Sahne
Butter
Zucker
Eier, Prise Salz

Das Mehl wird mit Eiern, einer Prise Salz, ein paar Eßlöffeln gutem Pflanzenöl, ein wenig Wasser zu einem festen Teig geknetet und zwar so lange, bis der Blasen wirft. Den Teig gibt man nun in eine angewärmte Schüssel, deckt ihn zu und läßt ihn ruhen. In der Zwischenzeit schält man die Äpfel, befreit sie vom Kernhaus und schneidet sie in Schnitzel, die man wiederum in dünne Scheibchen schneidet. In einer Schüssel mit Zucker und Weinbeeren vermischen.

Nun werden von dem ausgeruhten Teig Stücke heruntergeschnitten, mit dem Nudelholz ausgewalkt und schließlich mit gemehlten Händen ausgezogen, bis man dünne, fast durchsichtige Fladen erhält. Man legt sie auf ein Tuch, belegt sie dann mit Apfel-Weinbeer-Zuckermasse, gibt löffelweise saure Sahne drüber. Nun rollt man die Strudel zusammen und legt sie in eine gebutterte Form. Ein wenig heiße Milch darüber, obenauf Butterflöckchen und ab ins Rohr, mittlere Leiste, ca. 180 Grad. In etwa 50 Minuten ist der Strudel fertig. Er muß oben eine schöne goldbraune Kruste haben. Eventuell Milch nachgießen!

Meine Mutter hat ihn so gemacht, ich hab ihn so von ihr gelernt. Viele mögen diese Münchner Art lieber als den trockeneren Wiener Strudel. In unserer Kindheit war er am Freitag das schönste Fastenessen, heute mögen wir ihn als reiches Dessert zum duftenden Kaffee.

Entbeintes Huhn mit Porree
von Jörg Weigand

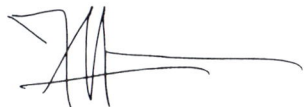

Ein Gericht, das insbesondere in den Südprovinzen Chinas, an der Grenze gegen die indochinesische Halbinsel, sehr geschätzt wird. Ich lernte es anläßlich einer Reise quer durch das „Reich der Mitte" kennen. Ein Gericht, daß ich selbst gerne zubereite.

Rezept

Das Fleisch eines entbeinten jungen Huhns oder Hähnchens, ohne Haut, in bissengroße Stücke geschnitten.

1 bis 1 1/2 Pfund Porree, möglichst jung. Von älteren, dicken Porreestangen nur das hellere Innere.
Sojasauce
Sake (Reiswein)
frischer Ingwer
Glutamat
Salz

Wichtig: Das Fleisch wird roh von den Knochen gelöst; die Sehnen an den Schenkeln müssen entfernt werden.

Immer nur bei sehr starker Hitze in der Pfanne garen; das Öl muß Blasen werfen, ehe die Zutaten hineingetan werden können.

Das geschnittene Fleisch wird in vier Eßlöffel Reiswein und fünf Eßlöffel Sojasauce ca. 3 bis 4 Stunden mariniert; es muß währenddessen mehrfach gewendet werden.
Zum eigentlichen Garen wird der in ca. einen Zentimeter lange Stücke geschnittene Porree in

heißem Öl 1 1/2 bis 2 Minuten angebraten. Ständig wenden! Danach wird etwas Salz sowie Glutamat beigegeben. Dann wird das Ganze vom Feuer genommen.
In einer zweiten Pfanne wird das Hühnerfleisch ebenfalls 1 1/2 bis 2 Minuten angebraten, dabei oft gewendet. Dann gibt man etwas Salz und Glutamat sowie einige kleingehackte Stückchen frischen Ingwers hinzu. Kurz weiterbraten lassen; anschließend den Porree beimengen und noch einmal etwa eine halbe Minute garen.
Serviert wird mit Reis oder Reisnudeln. Bei Tisch kann mit Sojasauce nachgewürzt werden.

Am besten schmeckt dazu ein herbes Pils. Weinliebhaber können dazu aber auch einen trockenen Weißwein, etwa einen Sauvignon „Entre deux mers" oder einen spritzigen Rosé trinken.

Forelle Rot nach Beate Wedekind

Beate Wedekind (Unterschrift)

BUNTE

Die „Forelle Rot" gibt es bei mir zuhause schon seit Jahren am Karfreitag. Wir trinken dazu Sancerre und essen dazu gekochte Kartoffeln.

Rezept

Zuerst einen Sud bereiten: Ein Liter Rotwein, es darf ruhig ein guter sein, entweder zwei kleine oder eine große Zwiebel geviertelt, eine Petersilienwurzel, eine Messerspitze zerbröselte Muskatblüte, zehn Pfefferkörner (leicht angestoßen), drei Würznelken.

Eine Stunde lang kochen, das Feuer kleinstellen, die leicht gesalzenen Fische hineinlegen und je nach Größe fünf, aber nicht länger als zehn Minuten ziehen lassen, herausnehmen und warmstellen. Den Sud dann durch ein feines Sieb seien und einkochen, bis sich die Flüssigkeit auf die Hälfte reduziert hat. Auf einer anderen Kochflamme röstet man währenddessen in einem kleinen Topf einen gehäuften Eßlöffel braunen Zucker, gießt ein Glas heißes Wasser dazu und läßt es kochen, bis der Zucker sich ganz aufgelöst hat.

In einer Pfanne läßt man einen Eßlöffel Butter goldgelb werden, bereitet mit einem Eßlöffel Mehl und Wasser nach Gefühl eine blonde Mehlschwitze, gießt die Schwitze mit dem Sud auf und fügt den aufgelösten Zucker dazu. Solange kochen lassen, bis eine dickflüssige Sauce entsteht. Dann gießt man die Sauce über die Forellen.

Als Nachtisch esse ich am liebsten „*Mousse au chocolat*", die man übrigens viel leichter zubereiten kann, als allgemein angenommen wird.

Man braucht dazu:
drei Riegel Kochschokolade
drei Eßlöffel Zucker
drei Eßlöffel Sahne
drei Eier

Die Schokolade wird zerkleinert in einem Wasserbad zum Schmelzen gebracht und zu einem geschmeidigen Brei verrührt. Dabei darf man allerdings nicht die Geduld verlieren, es muß solange gerührt werden, bis die letzten Klümpchen aufgelöst sind. Dann nimmt man den Wassertopf vom Feuer, rührt in die Masse das Eigelb, die Sahne und den Zucker unter. Das zu sehr steifem Schnee geschlagene Eiweiß wird sorgfältig unter die Masse gezogen.

Mehrere Stunden kaltstellen (nicht im Kühlschrank). Die letzten zwei Stunden dann in den Kühlschrank stellen.

239

Austern mit Speck à la Carl Weiß

Rezept

Ich brate sechs gut durchwachsene Streifen Frühstücksspeck in der Pfanne halb an. Kurz davor ein Dutzend Austern aus der Fischbude nebenan aufgemacht, ausgelöst und gewürzt mit einem Teelöffel Worcestershire-Sauce, einem Teelöffel Zitronensaft, etwas Salz und etwas Pfeffer. Die Speckstreifen in die Hälfte geschnitten und je um eine Auster gewickelt. Mit Zahnstochern festgemacht. Dann die eingewickelten Austern bei 180 Grad fünf bis sieben Minuten im Ofen backen. – Heiß serviert mit kaltem, bitteren Weißwein. Dazu paßt perfekt eine frische Pellkartoffel aus der Hand.

WDR

ARD-STUDIO BRÜSSEL

Als Junggeselle war ich schon mal ziemlich weit gediehen. Unter der Anleitung einer polnischen Wohnungsnachbarin hatte ich mich sogar an „Gefillte Fisch" rangemacht. Doch dann heiratete ich eine Frau, die nicht nur kochen besser konnte, und so ist mein Talent verkümmert. Schlimmer noch: wir zogen bald darauf für lange Zeit nach Hongkong, wo wir uns einen chinesischen Koch leisten konnten (zum hiesigen Preis einer wöchentlichen Raumpflegerin), ja, das war billig und wohlschmeckend, aber sittenstreng, der Hausherr durfte die Küche niemals betreten! Sonst verlöre der Koch sein Gesicht.

Das ist lange her. Meine Frau ist inzwischen selber eine ausgewiesene China-Köchin, wir haben „Chow" mindestens einmal die Woche, und wenn ich ihr zuschaue bei der blitzschnellen Hackarbeit und Schnibbelei, und sehe, wie die Hitzen in den Pfannen stimmen müssen, dann strecke ich die Stäbchen, die Wiegemesser und die sonstigen Waffen. Später haben wir in Washington gelebt. Im Land der früheren Frauen-Emanzipation habe ich wieder etwas Küchenboden zurückgewonnen. Weil Frauen in Amerika viel öfter ihre eigenen beruflichen Wege gehen, waren die Kerle abends oft allein. Sie verlangten ja nicht viel. Das bißchen, das sie essen, können sie auch trinken.

Aber wenn es dann kurz und gut sein sollte: Austern zum Beispiel sind im reichen Amerika beinahe Volksnahrungsmittel.

Steinpilze mit Salbei und Nudeln
von August F. Winkler

Seit Lachssoufflé und getrüffelte Täubchen literarisch rezensiert werden wie Theaterstücke und selbst Intellektuelle nicht mehr geniert erröten, wenn sie beim innigen Techtelmechtel mit einer sanft gebratenen Gänsestopfleber erwischt werden, gleicht die Bitte um ein Rezept einem Akt der Grausamkeit. Nur ein Rezept?! Gestern noch gab es beim Zweisternekoch Gerhard Gartner im Aachener „Gala" Hummer mit getrüffelten Grießnockerln, heute verspricht mir Eckart Witzigmann, dieser Göttergünstling unter den Köchen und Chef der Münchner „Aubergine", junge Tauben, gebraten auf Tannenwipfelhonig, und die gefüllte Poularde meiner Tante Therese oder deren Vanillekipferl waren auch nie zu verachten.

Mein Gott, ich habe kein Lieblingsgericht, ich esse alles gerne, was gut ist. Es ist nur eine Frage der Stimmung, ob ich einen gesulzten Kalbskopf, sanft mit Olivenöl beträufelt und unverschämt geknofelt, einem Steinbutt in Austernsauce vorziehe, oder wann mir eine Languste in Sauternes-Sauce lieber ist als goldbraun geröstete Kartoffel mit mächtig viel schwarzen Trüffeln. Jedenfalls hat Feinschmeckerei von ihrem Wesen her nichts mit Luxus zu tun, und so entscheide ich mich endlich für ein schlichtes Gericht: Steinpilze mit Salbei und Nudeln.

Rezept

Ein halbes Pfund weiße Bandnudeln kochen, danach abschrecken und abtropfen lassen.

In einer möglichst großflächigen Pfanne einen ordentlichen Batzen Butter zergehen lassen (man kann auch hochwertiges Olivenöl nehmen oder eine Öl-Butter-Liaison: nimmt man Butter, darf der Herd nicht stark aufgedreht werden). Darin zwei, drei mittelgroße Schalotten, enthäutet und kleingeschnitten, zart andünsten. Nicht braun werden lassen. Sobald die Zwiebeln fahlgelb sind, ein halbes Pfund sauber geputzte, doch um Himmels willen nicht gewaschene Steinpilze, grobwürfelig geschnitten, dazugeben. Bei mittlerer Hitze die Pilze unter behutsamem Schütteln der Pfanne oder Rühren mit dem Kochlöffel goldig werden lassen. Wenn die Steinpilze schön sind wie fürs Fotoalbum, etwa sieben bis elf frische Salbeiblätter in der Pfanne verteilen und kurz anrösten. Ein Stück Butter dazutun, eine Prise Salz, schließlich die Nudeln – und das Ganze noch zwei bis drei Minuten ziehen lassen.

Dazu schmeckt am besten ein durchgegorener, reifer, nicht säurebetonter Weißwein. Das kann ein Sylvaner aus Franken sein, ein Weißburgunder aus der Pfalz, ein Mersault aus Burgund, ein Grüner Veltliner aus der Wachau oder ein weißer Riesling aus dem Rheingau. Auch ein feiner Champagner ist keine schlechte Wahl: etwa ein Blanc de Blancs von Abel Lepitre, der 1976er von Pommery, ein Deutz „Cuvée William" oder der 1979er „Belle Epoque" von Perrier Jouet.

Ulrich Wickerts Gratin dauphinois

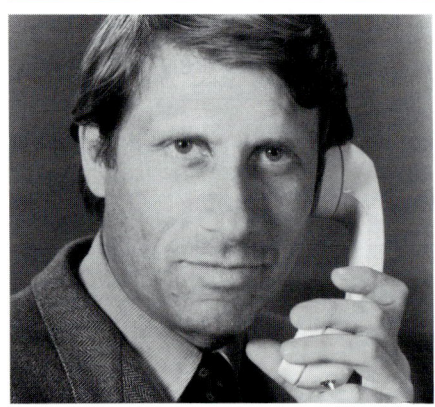

STUDIO PARIS

Sie ist mir unentbehrlich, die Kartoffel, die es in Frankreich schwer hatte, in den Kochtopf zu gelangen. Denn erst einmal wurde sie gesetzlich verfolgt. Das Parlament von Besançon verbat die Anpflanzung dieser Knollen im Jahre 1630 per Dekret, da ihr Genuß angeblich zur Lepraerkrankung führe. Und zu dieser phantastischen Gesetzesentscheidung kamen die klugen Herren, nachdem das Volk gerade zwei schreckliche Jahre Hungersnot hinter sich gebracht hatte. Ausgerechnet Lepra! Später klug geworden, vermuteten die Franzosen, dieses Gerücht hätte nur von den Engländern zum Schaden ihrer Erzfeinde in die Welt gesetzt werden können!
Am Hofe des aufgeklärten Friedrich des Großen spies nicht nur Voltaire Kartoffeln, der sie nicht besonders mochte, sondern auch die Soldaten des Preußenkönigs wurden mit ihnen gesättigt. Im Siebenjährigen Krieg

nun machte das preußische Heer unter anderen einen Gefangenen, der sich bald an die deutsche Kartoffelnahrung gewöhnte: der zwanzigjährige französische Apotheker Antoine Augustin Parmentier. Und Monsieur Parmentier tat noch mehr, als sich nur an die „Hannovraner Wurzeln", wie er sie nannte, zu gewöhnen. Zurück in seinem Land, nimmt er 1772 an einem Wettbewerb der Akademie von Besançon teil und wirbt für die Kartoffel als Volksnahrungsmittel. Vergessen das schändliche Dekret von anno dazumal. Parmentier darf dem König, es ist inzwischen Louis XVI, den fünfzehn Jahre später die Guillotine erwartet, den Erdapfel präsentieren, und schon bald nimmt die Kartoffel Platz in Frankreichs Erde. Doch wie soll man Bauern vom Wert einer Pflanze überzeugen, die doch über ein Jahrhundert angeblich Lepra verursachte? Nun, in solchen Dingen sind die Franzosen immer erfindungsreich gewesen: der König ließ um ein Kartoffelfeld in seinen Gärten tagsüber Soldaten aufstellen, die nachts abgezogen wurden. Schon vermuteten die Bauern in diesem Feld eine Besonderheit und gingen nachschauen – und vielleicht auch ein bißchen stehlen. Königin Marie Antoinette flocht sich sogar Kartoffelblüten ins Haar, um beim Hofball für die Frucht, die Hungersnöte beseitigen sollte, zu werben. Und Monsieur Parmentier vollendete sein Werk für die „Hannovraner Wurzel", indem er zahlreiche Rezepte für ihre Verwendung entwarf, von denen ich heute besonders schwärme für das *Gratin dauphinois.*

Rezept

Das Gratin dauphinois läßt sich köstlich ergänzen mit Lammkottlets und grünen Bohnen. Doch – bitte schön – gehen Sie davon aus, die „Taratuffoli" („kleine Trüffel" nannten sie die Italiener und daher stammt unser Wort „Kartoffel") stehen im Mittelpunkt des Geschehens. Also – man nehme:

Kartoffeln, am liebsten „Sieglinde", die ist nämlich schön fest. Man schneide dieselbe in gleichmäßige runde Scheiben, und man achte bitte darauf, daß alle gleich dick sind. So etwa anderthalb Millimeter. Um den Geschmack nicht zu beeinträchtigen, nehme der Koch oder die Köchin nicht ein beliebiges Messer, sondern achte darauf, daß dessen Schneide nicht oxydiert.

Die Scheiben wäscht man in viel Wasser, trocknet sie dann wieder ab. In der Zwischenzeit hat Ihr(e) Freund(in) oder Ehegatte schon eine nicht allzu große, flache Form vorbereitet: zuerst reibt man den Boden mit einer Knoblauchzehe ein, spart dann nicht mit Butterflocken, die Boden und Seitenwände einfetten.

Dann legt man die inzwischen gesalzenen und gepfefferten Kartoffelscheiben liebevoll in die Form, aber nicht höher als bis zur Hälfte. Zwischen die einzelnen Lagen können je nach Belieben kleingehackte Zwiebel-und Knoblauchstückchen gegeben werden. Die Kartoffeln werden nun mit warmer, fettreicher Milch übergossen, und zwar so weit, bis sie fast ganz verdeckt sind. Dann ab in den Ofen, der das Gericht erst einmal zum Kochen bringen soll und dann auf Simmerhitze herabgestellt wird. Nach fünfundvierzig Minuten sollte das *Gratin dauphinois* gelungen sein.

Siegerländer Reibekuchen
à la Eberhard Winterhager

Hefeteig wie gewohnt vorrichten, die zehn rohen Kartoffeln schälen und reiben (etwa ein Sieb voll) nur abtropfen lassen, nicht ausdrücken. Kartoffeln unter den Teig rühren und mit lauwarmer Milch zu einem geschmeidigen Teig (mit der Hand) schlagen, bis es Blasen gibt. Teig in der Schüssel eine halbe Stunde ruhen lassen, in die Kastenform geben und nochmals eine halbe Stunde gehen lassen.

Backzeit:
ca. 1 1/2-2 Stunden
Temperatur:
Gas etwa Stufe 4
Elektroherd: 180-200 Grad vorheizen.
Für kleinere Kastenform von allen Zutaten die Hälfte nehmen.
Der Reibekuchen wird wie Brot in Scheiben geschnitten und mit Butter bestrichen.

Rezept

2 Pfund Mehl
10 mittelgroße Kartoffeln
1 Messerspitze Natron
2 Päckchen Trockenhefe oder 1 Päckchen frische Hefe
1 gute Prise Salz (gut salzen)
1 Prise Muskat
lauwarme Milch

Siegener Zeitung

Piroggen à la Olaf von Wrangel

NDR

Ich brauche nicht lange darüber nachzudenken:
Immer noch würde ich der Pirogge (ein altes russisches Gericht) den Vorzug geben.
Piroggen erinnern mich an meine baltische Heimat, an mein Elternhaus in Estland. Sie waren dort an Sonntagen und an Feiertagen für uns so etwas wie eine selbstverständliche Tradition. Die baltische Küche war nun einmal durch die lange Zugehörigkeit des Baltikums zu Rußland stark von der russischen Küche beeinflußt.
Aber was sind Piroggen im einzelnen?

Rezept

In verschiedenen Größen (je nach Anzahl der Personen) wird ein Teig (wahlweise auch Blätterteig) mit einer bestimmten Füllung versehen.

Teig:
250 g Butter
500 g Mehl
2 Eigelb
3 EL saure Sahne
Salz
etwas Zucker

Zutaten zu einem Teig kneten. 60 Min. zugedeckt kaltstellen. Ausrollen. Ausstechen.

Ich selbst bevorzuge folgende *Füllung:*
500 g Beefhack (2 x durch die Maschine gedreht)
5 - 8 große Zwiebeln (sehr fein gehackt)
schwarzer Pfeffer
klare Brühe (Würfel)
1/4 l Schlagsahne
etwas Zitronensaft
125 g Butter
Eigelb/Milch-Mischung

Zwiebeln in der Butter glasig braten, 3/4 der Schlagsahne mit dem Zitronensaft zugeben, das Beefhack in der siedenden Masse kurz durchkochen, klare Brühe hinzufügen, einkochen lassen. Mit Pfeffer und dem Rest der Sahne abschmecken.

Backzeit: 40 Min.
Elektroherd: 200 Grad
Gasherd: Stufe 4
10 Min. vor Ende der Backzeit Piroggen mit der Eigelb-Milch-Mischung bestreichen.

Zu den Piroggen sollte klare Fleischsuppe gereicht werden mit einem Tupfer saurer Sahne.

Dazu paßt ein klarer Schnaps (oder zwei).

Flambete, von Ingrid Zahn

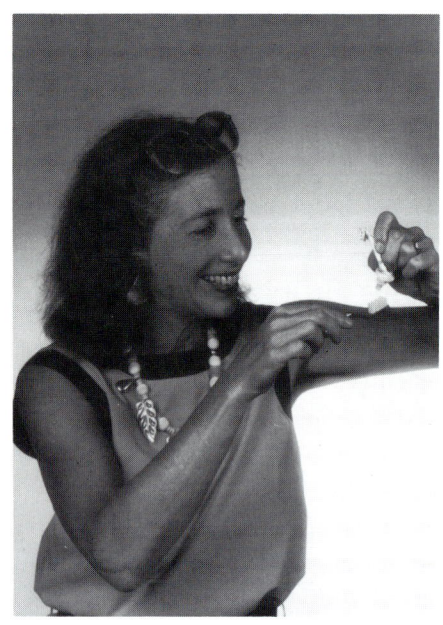

Ingrid Zahn (Unterschrift)

Alle Kinder, die bei der Wahl der Nachspeise das Sagen haben, jauchzen auf. Erwachsene, mit den Untugenden des Hauses vertraut, atmen durch. Sie dürfen zusehen, wie sich die Gastgeberin für sie ins Zeug legt, sie dürfen schnuppern, wie Butter auf der Pfanne zerschmilzt, wie sich Zucker und Zimt in der goldgelben Lache bräunen. Jeder Handgriff – und mehr als 10 sind nicht nötig, um diese Nachspeise herzustellen, – wird gemächlich zelebriert, Sekunden erscheinen als Minuten, der Familie, den Freunden kredenzte Zeit und Energie.

Mit FLAMBETE kann alles wieder gut werden.

Schnell und gut schreiben zu können, welcher Journalist würde sich das nicht wünschen? Beim Kochen mag es ihm ähnlich gehen. Schnell soll es gehen, gut soll es schmecken. Das schließt sich mitunter aus. Pannen sind vorprogrammiert. Dem hartnäckig Eiligen unter den Kollegen seis geflüstert: wenn schon hudeln, dann nicht durchgehend.

Was das mittelprächtig hingeschluderte Abendessen zu zweit, en famille, mit Freunden an Sorgfalt vermissen ließ, kann eine liebevoll zubereitete Nachspeise wettmachen. Mein Rettungsanker seit Jahr und Tag, wenn das Risotto angebrannt, wenn die Zuckertüte in die Tomatensuppe abgestürzt ist oder das Gulasch mit Tintenkuli-Einlage nicht schmeckt, heißt „Flambete".

Rezept

Bereitstellen: Zucker, Zimt, Bananen, Aprikosenlikör, 50 g geschälte Mandeln, Pfanne, Streichhölzer

10 Handgriffe in Zeitlupe auszuführen:

1. Pro Kopf eine Banane schälen.
2. Für 4 Bananen 1 Eßlöffel Butter in der Pfanne auf kleinem Feuer zerschmelzen lassen.
3. Die gleiche Menge Zucker wie Butter nehmen und unter leichtem Rühren in der Butter zergehen lassen.
4. Bananen mit Zimt bestreuen, mit den Mandeln in die Pfanne legen, ca. 6 Minuten lang bräunen lassen, ohne daß der langsam karamelisierende Zucker anbrennt.
5. Das heißt 6 Minuten dabeibleiben, die Bananen mehrfach wenden, die brutzelnde Mandel-Butter-Zuckersauce bewegen und vergessen, daß es Wichtigeres

gibt als den Inhalt dieser Pfanne vor Bitternis und Brand zu bewahren.

6. Pfanne vom Feuer nehmen, mit Aprikosenlikör begießen. Den Likör mit dem Streichholz anzünden.

7. Manöver wiederholen, falls das Gemisch nicht brennt, auf die Gefahr hin, daß die Esser anschließend von ihren Sitzen kippen.

8. FLAMBETE lichterloh serviert ist ein Vergnügen. Aber erst das dezent gierige Hungergemurmel, von seinem belgischen Erfinder „murmure d'admiration" genannt, das einstimmig anschwellende „hmmmmmm", stilisiert diese Nachspeise zu einer Eß-Apotheose. Ihr darf sich auch das aus der UdSSR weidlich bekannte Selbstbeklatschen zugesellen.

9. Ein Glas Sekt mit Cassis-Likör aus schwarzen Johannisbeeren in altersgerechter Mischung tue als Begleitgetränk ein übriges.

10. Die anschließende Zahnputzorgie macht dem Kariesteufel symbolisch Beine. – Verflixt! Die Tube ist schon wieder fast alle.

Willy Zirngibl: Schäufele und Klöße

Wenn ich meine jährliche Schroth-Kur in Oberstaufen mache, träume ich jedesmal nach einigen Tagen von einem knusprigen Schäufele mit Klößen und einer Maß Bier. Am nächsten Tag schleiche ich dann um eine der beiden Metzgereien im Ort und begutachte im Schaufenster die prächtigen Exemplare, die nirgendwo so verführerisch aussehen wie in Bayern. Als Belohnung für meine Standfestigkeit während der Kur mit Pflaumen, Wassersuppe und Brot, nehme ich mir bei meiner Abreise ein Schäufele mit nach Hause.

Rezept

Fränkische rohe Klöße (Kniedla)

Etwa 2 kg rohe, mittelgroße Kartoffeln, 1 Päckchen Knödelhilfe, ca. 500 g gekochte Kartoffeln, Salz, 50 g Butter oder Margarine, von 1-2 altgebackenen Brötchen ca. 1-2 cm große Würfel (Croûtons) schneiden.

Die Kartoffeln waschen, schälen und ins Wasser legen. In eine Schüssel eine Tasse Wasser geben und die Kartoffeln einreiben (mittelgrobe Reibe) Knödelhilfe dazugeben und unterrühren. Die geriebenen Kartoffeln portionsweise in ein sauberes Küchentuch geben und die Masse gut ausdrücken. Die Masse muß jedoch noch leicht formbar sein. Die gekochten Kartoffeln schälen und ebenfalls reiben. Rohe und gekochte Kartoffeln mischen, leicht salzen und mit etwas heißem Wasser, besser noch heißer Milch überbrühen. Der fertige Kloßteig muß formbar, jedoch geschmeidig sein, d.h. er muß beim Formen leicht durch die Finger rutschen. Die in Butter angerösteten Brötchenwürfel als Kern in die Klöße geben. Gleichmäßig formen und in reichlich kochendes Salzwasser einlegen. Kurz aufkochen lassen, bis die Klöße nach oben steigen. Im Topf ohne Deckel ca. noch 15-20 Minuten ziehen lassen und sofort heiß servieren.

Saure oder Blaue Zipfel

Pro Person als zweites Frühstück zwei frische, rohe, ca. 100 g schwere Bratwürste, Wasser, Weinessig, eine Prise Zucker, Salz, Pfeffer, Lorbeerblatt, Nelken, Wacholderbeeren, Senfkörner, in Ringe geschnittene Zwiebeln (pro Person eine mittlere).

Zum Verfeinern:

einige Pfifferlinge und eine geschälte entkernte Tomate, ein Schuß trockener Weißwein.

Wasser mit Essig und allen Zutaten aufsetzen und ca. 5 Minuten kochen lassen. Dann ca. 10 Minuten ziehen lassen, bis die Zwiebelringe einen leichten Biß haben. Danach die Bratwürste einlegen. (Tomate erst jetzt zugeben.) Die Würste solange ziehen lassen, bis sie eine bläuliche Farbe annehmen (ca. 8 Min.). Sie müssen sich fest anfassen, dann erst sind sie durch.

So servieren Sie die „Blauen Zipfel": Bratwürste auf den vorgewärmten Teller geben, etwas Sud dazu und viele Zwiebelringe darüber. Als Beilage geben Sie Schwarzbrot, als Getränk Bier oder Wein.

Schweinsschäuferle gebraten

Aus der Schweineschulter wird die Schaufel mit Schaufelknochen und Schwarte herausgeschnitten, bei portionsweiser Verarbeitung Schaufel längsseits vom Metzger durchsägen lassen. Pro Person ca. ein halbes Schäufele, ungefähr 200 - 250 g.

Nach Belieben Kümmel, etwas Knoblauch, Majoran oder Basilikum, Thymian. Zum Braten 2 - 3 Zwiebeln, Wurzelwerk grob geschnitten (gelbe Rübe, Lauch, Sellerie, Petersilie), 1 Tomate, getrocknete Pilze. Schwarte vom Metzger karoartig einschneiden lassen, mit Salz und Pfeffer kräftig einreiben, vor allem die Schwarte. Zunächst mit Zutaten im offenen Bräter ohne Wasserzugabe in den vorgeheizten Ofen geben (200 - 220 Grad, bei Heißluft 180 Grad) nach ca. 15 Minuten öfter wenig kochendes Wasser zugeben, jedoch nicht über die Schwarte gießen.

Bratzeit etwa 1 - 1 1/4 Std.

Bei dem ganzen Schäufele vor dem Braten am Knochen mit scharfem Messer etwa 3 - 4 cm einschneiden (Fleisch vom Knochen lösen). Bratzeit etwa 1 1/2 - 1 3/4 Std.

Kurz vor beendeter Bratzeit mehrmals mit Bier (am besten dunkles Bier) bestreichen.

Den fertigen Braten aus der Soße nehmen und im abgestellten Ofen heiß halten und 5-10 Minuten ruhen lassen, damit Fleischsaft beim Tranchieren nicht ausfließt.

Soße:

Bratenansatz lösen, aufkochen lassen, falls nötig wenig Brühe (Wasser) zugeben, nach Belieben mit etwas Stärkemehl (sehr wenig) binden, seihen und mit Salz, Pfeffer und etwas Paprika scharf abschmecken.

Beilagen:

Rohe Knödel und Sauerkraut.

Karthäuserklöße

Alte Semmeln (Milchsemmeln, Schnittweckla), für 4 Personen jeweils eine, 1/2 l Milch, 2 Eier, geriebene Haselnüsse, Semmelbrösel, abgeriebene Schale einer ungespritzten Zitrone, 1 Päckchen Vanillezucker, Butterschmalz zum Ausbacken, 1/2 l Rotwein, Zimtstange, 3-4 Nelken, etwas Zucker nach Belieben.

Semmeln halbieren und die Rinde gut abreiben. In einer passenden Schüssel die kalte Milch mit den gut verschlagenen Eiern, etwas Zucker, Zitronenschale und Vanillezucker gut verrühren. Die halbierten Semmeln in der Milch einweichen und vollsaugen lassen. Mit einem Eßlöffel vorsichtig herausnehmen und in den geriebenen Haselnüssen sowie den Semmelbröseln wenden. Danach sofort im heißen Butterschmalz leicht schwimmend goldgelb backen und mit heißer oder kalter Rotweinsoße servieren.

Variante:

Milch ohne Zucker, dafür die Klöße nach dem Backen mit Zucker und Zimt bestreuen. (Etwas weniger Zimt in die Rotweinsoße geben.)

...es ist geschafft!

KURATORIUM ZNS
FÜR UNFALLVERLETZTE
MIT SCHÄDEN DES
ZENTRALEN
NERVENSYSTEMS E.V.

Initiative Lebensmut –
Rehabilitation für hirnverletzte Unfallopfer
Informationen zum Kuratorium ZNS

Etwa 200000 Menschen erleiden jedes Jahr bei Unfällen am Arbeitsplatz, als Verkehrsteilnehmer, beim Sport oder im Haushalt Schädelverletzungen, 10000 bis 20000 tragen wegen einer Hirnverletzung Dauerschäden davon.

Dank der Fortschritte in der Intensiv- und Notfallmedizin überleben heute auch nach schweren Unfällen erheblich mehr Menschen als früher. Hirnverletzungen heilen nicht einfach aus. In einer oft langwierigen Rehabilitation muß der verletzte Mensch verlorengegangene Fähigkeiten wieder erlernen.

Hier will das Kuratorium ZNS für Unfallverletzte mit Schäden des zentralen Nervensystems helfen, das am 21. 12. 1983 in Bonn auf Initiative von Hannelore Kohl gegründet wurde. Sie hat die Präsidentschaft über das Kuratorium übernommen, weil sie viel von dem Leid erfahren hat, das solche Unfälle über die Opfer, ihre Familien und ihre Freunde bringen können, seit sie 1971 Schirmherrin der Neurologischen Rehabilitationsklinik „Walter-Poppelreuter-Haus" in Vallendar am Rhein wurde.

Das Kuratorium unterstützt vorhandene Rehabilitationseinrichtungen bei der Beschaffung von diagnostischem und therapeutischem Gerät, wo dies notwendig und möglich ist.

Das Kuratorium betreibt bei der Geschäftsstelle in Bonn eine zentrale Auskunfts- und Vermittlungsstelle für Rehabilitationsplätze, bei der die behandelnden Ärzte der Akutkrankenhäuser freie Plätze für die Rehabilitation erfahren und vermittelt bekommen können.

Das Kuratorium ZNS will darüber hinaus in der Öffentlichkeit Verständnis und Hilfsbereitschaft für hirnverletzte Unfallopfer anregen und Vorurteile abbauen helfen.

Dem Kuratorium ZNS steht ein Beirat mit Rat und Tat zur Seite. Die Mitglieder des Kuratorium-Vorstandes und Beirates – beide arbeiten ehrenamtlich – sind vor allem Fachärzte und Vertreter von Organisationen und Institutionen, die mit Fragen der Rehabilitation befaßt sind oder Interesse daran haben, bzw. die Arbeit des Kuratoriums ZNS fördern können.

Die Arbeit kann nur erfolgreich sein, wenn viele Bürger helfen. Dies kann geschehen durch Spenden auf eines der folgenden Konten:

Konto 3000

bei der Deutschen Bank, Bonn
der Dresdner Bank, Bonn
der Volksbank, Bonn
der Sparkasse, Bonn
der Bayerischen Vereinsbank, Ludwigshafen,
sowie Konto 3000–504 beim Postgiroamt, Köln.

Auch eine fördernde Mitgliedschaft zu einem Jahresbeitrag von mindestens DM 60,– für Privatpersonen, bzw. DM 600,– für Firmen, Organisationen und Institutionen ist möglich.

Das Kuratorium ZNS ist als gemeinnützig und mildtätigen Zwecken dienend anerkannt, Spende oder Mitgliedsbeitrag sind steuerlich absetzbar.

Herzlichen Dank für Ihre Hilfe und Unterstützung.

Sachregister